寅さんとイエス

［改訂新版］

米田彰男
Yoneda Akio

筑摩選書

寅さんとイエス［改訂新版］　目次

第二章　「フーテン（風天）」について　067

寅さんとイエス［改訂新版］

改訂新版によせて

二〇一二年の夏、『寅さんとイエス』が出版された。この本が世に出るや、思いがけず毎日・朝日・日経新聞に、さらに北海道・愛媛・京都・信濃毎日などの地方新聞に、また松岡正剛『千夜千冊』など、次々と書評が掲載された。どの書評も、本書の目的及び内容を的確に捉えたものであり、書いてくださったお一人お一人に、この場を借りてお礼を申し上げたい。

ラジオでは武田鉄矢さんが「今朝の三枚おろし」で語ってくださった。また、堺雅人さんの「月記」の文章も嬉しかった。産経新聞に短く適切な感想を書いてくださった往来堂書店の笈入さんとは、散歩がてら初めて立ち寄った千駄木の書店の店先でご夫婦共々楽しい会話を交わすことができた。

出版から約十年、幸いにも十四刷まで発行されたが、その間何度か読み返し、改訂の必要を感じていた。というのは、初版に至るまでの執筆作業は、東京の大学での仕事と並行して行っており、京都在住のため、毎週一回京都と東京を往復しながら、同時に老いた母の看病をしていた。その母が、ちょうど第三章「「つらさ」について」を書いていた時、目の前で二度目の脳梗塞を起こし、生死をさまよい、そのため第三章と第四章は、集中力を欠くことを余儀なくされた。

そこで、定年退職により二十五年にわたる大学の講義から解放された今、再び筆を執り、四百字詰め原稿用紙に、一気に書き直してみた。書き終わったら四百六十八枚になっていた。分量全体は、加筆部分と削除部分の関係で、初版と同じくらいだと思う。人それぞれに作業の仕方があるが、私にとって「考えるリズム」は、誰に笑われようと、鉛筆と消しゴムである。効率は確かにパソコンに比べ、物凄く悪いが、この効率の悪さこそ、私の場合は「新しき（カイノス）創造」（第二コリント五章一七節）に結びつく。ちなみに、ニュアンスの問題ではあるが、ギリシャ語のカイノスは、0からの新しさのネオスと異なり、持続の中での「質」の新しさをいう。

ちょうどコロナの時期に書き始め、数カ月で書き上げた。寅さんについても、イエスについてもより生き生きと、読者の皆さんにとって読みやすくなり、表現や論理が曖昧だった箇所はより明確になった。全体の構造、構成そのものは変える必要を感じず、人間の色気・フーテン・つらさ・ユーモアの順で、寅さんの場合とイエスの場合を論じていった。

山田洋次監督が、あるハガキでは改訂版を、あるハガキでは新しい『寅さんとイエス』を楽しみにしている、と言ってくださった。この二つの言葉、「改訂版」と「新しい」を生かして、かつ先ほど述べたカイノスの意味を込めて、『寅さんとイエス〔改訂新版〕』を刊行したい。初版をすでに一読された方も、初めての方も、どうか新たな気持で読み進んでほしいと願っている。

今回もまた、パソコン入力の作業を教え子の藤井さん（森田千恵子）が快く引き受けてくれた。本当にありがとう。また、改訂版を実現してくださった筑摩書房の方々と初版の編集担当者湯原法史氏に厚く感謝する次第である。

二〇二二年　秋

京都　聖トマス修道院にて

米田彰男

プロローグ

Ｂの鉛筆を十二本と四百字詰め縦書き原稿用紙を、京都の河原町三条にある丸善で買ってきた。寅さんとイエスについて何か書きたいと以前から思っていたのだが、寅さんにパソコンは似合わない。ましてや、何一つ書き残さなかったイエスにとってパソコンは必要ではない。鉛筆と消しゴムで作業を始めよう。第四十七作「拝啓車寅次郎様」で寅さんが、子供の頃不器用な自分に、鉛筆を削ってくれた母親の思い出を語りながら、鉛筆を材料にして商売の仕方を満男（妹さくらの息子）に伝授する姿を思い出す。

東京の女子大で講義をするようになって二十年近くになるが、教室で「寅さんの『男はつらいよ』を観たことがある人」と尋ね、「はい」と手を上げる学生がこの数年ほとんどいなくなった。常日頃思うことであるが、我々現代人は、果てしない功利性の追求から、寅さんの聖なる無用性にもう一度帰りゆかねばならない。その思いを込めて、寅さんと、そして世界の多くの人が神と呼ぶイエスの、風貌とユーモアについて何か語ってみよう。

寅さんに関しては、すでに多くの人がそれぞれの関心に従って興味深い文章を書き記している。

それこそインターネットで調べれば極めて多くの関連図書を見出す。今私の机の横にも、井上ひさし監修の『寅さん大全』、都築政昭著『寅さんの風景――山田洋次の世界』、吉村英夫著『男はつらいよ」の世界』等、二十冊ばかり置かれている。今後もいろいろな立場から寅さんの魅力が語り継がれるであろう。それぞれの器に応じ、いくらでも寅さんを語ることができる。それほど、寅さんの懐《ふところ》は深い。

私の人生の歩みの中で、寅さんと共にいつも心に懸っているのは、イエスという人物である。愛媛の松山にある愛光という、カトリック系の学校で学んだため、おのずとイエスの存在を知り、聖書とも出会った。しかし、多くの日本人は一度も聖書を開いたことがないかもしれない。たとえ開いても途中で立ち止まり、閉じてしまう人が少なからずいるのではなかろうか。

イエスについても、決して少なくはない人々がそれぞれの観点から文章をしたためている。日本語で読めるものに限っても、非常に高いレベルのイエスに関する書物に出会う。長年、大学の演習で用いている、田川建三著『イエスという男』やA・ノーラン著『キリスト教以前のイエス』や大貫隆著『イエスという経験』等がその例である。山浦玄嗣の『ナツェラットの男』も興味深い。寅さんに関してと同じように、これからもいろいろな立場からイエスの魅力が語り継がれるであろう。

イエスは歴史の中に実在した人物である。一方、寅さんは実在した人物ではない。しかし寅さんは微妙である。なぜなら、寅さんこと車寅次郎、芸名渥美清、本名田所康雄、俳号風天は、山田洋次監督が指摘するごとく深く結びついている。

「ウーン。〝入れ子〟というのかな、車寅次郎の中に渥美清が入っていて、その中に風天がいて、さらにその中に田所康雄がいて……。そのいちばん中の田所康雄が抜け出して亡くなってしまった。でも、周りは残っている。映画の観客や俳句を詠む人にとってはいつまでも生きている。それが渥美さんの生き方だったんじゃないかな」。また渥美清自身、非売品のビデオ「フーテンの寅さん誕生」の中で、インタビューに次のように答えている。

車寅次郎の役をやるようになりましてから、街を歩いていたりしますとお客さんに「フーテンの寅さんっていう人はいたんですってね」、とよく言われるんですよ。これは全く架空の人物で、山田さんと話して作り上げた人物なんですけども、やってるうちに、ひょっとしたら本当にお客さんの言う通り、柴又か、あるいは浅草か上野かどこかに車寅次郎という人間はいたんじゃないかなぁという、懐かしさというか、あのー、非常に寅と切っても切れない何かそういう血の繋がりみたいなものを段々感じてくるようになってしまったんです。で、正直、車寅次郎をいつも演じている時に、多分におっちょこちょいでバカで直情型で、こういう人間に扮してやってるから役者として面白いんで、渥美清というのは、こんなおっちょこちょいでなくて、もう少ししっかりした人間がこれをやっているんだというような、まぁ役者の一つの、何と言いますか、そんな優越感みたいなものもあったんですけども、最近段々考えてみると、余りこの車寅次郎と渥美清というのはかわらないんじゃないかと。やはり人に非常に笑ってもらってサービスすることが大好きだし、ともかく、自分の居る所を楽しくすることが好きだし、淋しいことは嫌いだし、ひょっとすると、よっぽどしっかりしないと、こらぁ、フーテンの寅という男になんか置いてきぼりされてしまうんじゃないかという気がするんです。

寅さんを捉えるためには第一作から第四十八作全体の中で丸ごと捉えることが必要であり、その時、より一層味わい深いものになる。第一作のはち切れんばかりの若き寅さん、押さえても押さえ切れないエネルギー、常識のはみ出しに顔を背ける人もあろうが、その人が第一作だけではなく第四十八作をも観たなら、あれっと思うことだろう。どちらも渥美清演じる同じ寅さんである。

イエスについても同じことが言える。イエス全体を丸ごと捉えることが大事である。しかしその作業は寅さん以上に困難を極める。イエス自身は何一つ書き残していない。限りなき大物は文章を残さない。ソクラテス然《しか》り、孔子然り、イエス然りである。書いたかも知れぬが残っていない。しかしその記憶は不思議なことに弟子らによって伝えられ今日に至る。

いずれにせよ、丸ごと捉えること、それはちょうどラッキョウを丸ごとかじるごとくである。東大で解剖学を講義しつつ、癌のため若くして亡くなった細川宏[1]の詩に「ラッキョウ」と題するものがある。

ラッキョウはうまいね
一粒ずつ箸につまんでカリッと咬むと
甘ずっぱい独特の味と香り

猿にラッキョウの実をやったら
一枚一枚皮をはいで
とうとう何んにも無くなってしまったとさ

しかしわれわれ人間だって
真理をあばき出そうとして
真理の皮をはいではいではいでは捨て
いつか真理を見失っているのかも知れないよ

もう一度ラッキョウの甘ずっぱい味を
ゆっくり咬みしめて味わってみようや

ちなみに、細川宏という人物は、第一回南氷洋捕鯨船に船医として乗り組み、当時幼かった妹のために絵や詩を残す。それが昭和二十四年に『パック・アイス――南氷洋捕鯨の半年』と題し一冊の本となり、さらに国語の教科書にとり入れられ、戦後の子供らの乾いた心にうるおいを与えたという。「ラッキョウ」の詩は、『病者・花』と題する詩集に含まれているが、これは癌との闘いの日々、見舞い客から贈られた花の一つ一つに詩を作ったもので、実にユーモアに満ちた詩の数々が収録されている。亡くなる一カ月ほど前に残した以下のメモは、まさに寅さんとイエスの生きざまに通じるものがある。

（一）一日一日をていねいに、心をこめて生きること
（二）お互いの人間存在の尊厳をみとめ合って（できればいたわりと愛情をもって）生きること
（三）それと自然との接触を怠らぬこと

あのフーテンの寅さん、ほんとうに「一日一日をていねいに」生きているのかと、首をかしげる人もいるだろう。第三十一作「旅と女と寅次郎」で、「明日、忙しいんじゃない?」と問う、さくらの息子満男に、寅は「安心しろ、他の人になくて俺にあるものと言えば、暇だよ」と答える。

暇といえば、山田洋次監督との対談における関田寛雄牧師の言葉――「『寅次郎サラダ記念

日』で、小諸の駅でおばあちゃんに、次のバスはいつ着くのかと聞くと一時間先だと言われる。「まあいいか、俺の持ってるものは暇だけだから」と答える。そして暇なら家に来ないかとおばあちゃんから誘われると、「俺はこう見えても忙しいんだ」という（笑）。楽しいですね。結局、その夜、おばあちゃんの家に泊めてもらって、楽しいひと時を持ち、その（おばあちゃんの）入院のために奔走する。牧師も一人を追いかけることを、寅さんに学びます。それが羊飼いではないかと思いますね」に対し、山田監督が「そのためには暇でなければなりませんね。（笑）[2]」と述べているごとく、寅さんと暇とは密接に結びつく。

暇を埋めることこそ一日をていねいに生きること、と現代人は思い込んでいるが、実は暇こそ一日をていねいに生きることであるという逆説の中に、我々が見落としてきた真実が隠されている。

さて、『男はつらいよ』をまだ一度も観たことのない人にも、まだ聖書を一度も開いたことのない人にも、寅さんとイエスのよきものを伝えたい。なぜなら、『男はつらいよ』は二十七年間に、何と八千万の人が映画館に足を運んだ映画であり、テレビやビデオで観た人を含めると計り知れない数の日本人の心をとらえたシリーズである。もしイエスが寅さんに似ていたら、イエスもまた日本人の心をとらえるに違いない。果たしてイエスは本当に寅さんに似ているのか？　この途方もない問いかけに、正面から全力で取り組んでみよう。

【補記】

＊『男はつらいよ』に関しては、四十八作を自分の目で何度も見直し、聞き直し、ストーリーをできるだけ忠実に伝えることを心掛けた。それによって、山田洋次監督が捉える寅さんと、発達した現代の聖書学が捉えるイエスを対峙させる手法を取った。

また、一度も『男はつらいよ』を観たことのない、若い世代の人々を考慮して、寅さんの専門家には聞き慣れた事柄も、必要と判断すれば書き加えておいた。なお、紙数の都合上、割愛せざるを得なかった作品も多々あるが、その点は、読者が実際に『男はつらいよ』を鑑賞することによって補ってほしい。

＊＊ 本文中の新約聖書に関しては、翻訳ではなく、ギリシャ語から直接、読者にわかりやすい描写を試みた。それ故、関連箇所は必要に応じ、読者自身が聖書を繙《ひもと》いてほしい。

第一章

「人間の色気」について

1　寅さんの場合

(a)　寅次郎あじさいの恋（第二十九作）

ジュリアーノという人生の道すがらの無二の友が、突然京都の我が家にやって来た。以前訪れたことのある彼の実家は、フィレンツェの郊外にあり、レオナルド・ダ・ヴィンチの生家が見渡せる丘の上に位置していた。「天才とはこういう風土から生まれるのだ」と自慢していたが、確かに糸杉を背景にしたトスカーナの夕暮れは印象深い。シャルル・ド・フーコーという人物の生き方に心打たれ修道士になったジュリアーノは、この数年ニューヨークに住んでいて、その後メキシコに移り、今年からしばらくベルギーに住むという。以前日本でも生活していたこともあり、日本語も堪能で、遠藤周作の小説も読みこなしていた。今回は約十年ぶりの再会で、思いがけぬ邂逅を日本食で祝った。明日はもう用事で敦賀の方に旅立つというので、今宵限りのひと時をどう過ごしたいかと、ほろ酔い気分で尋ねると、『男はつらいよ』が観たいという。

そこで、最終の第四十八作で、寅の妹さくら（倍賞千恵子）の息子満男（吉岡秀隆）が、おじさんの五人のマドンナを回想する場面を思い出し、その五人の女性から一人選ぶよう促した。

一　かがり＝いしだあゆみ「寅次郎あじさいの恋」（二十九作）

二　螢子＝田中裕子「花も嵐も寅次郎」（三十作）
三　朋子＝竹下景子「口笛を吹く寅次郎」（三十二作）
四　真知子＝三田佳子「寅次郎サラダ記念日」（四十作）
五　リリー＝浅丘ルリ子「寅次郎忘れな草」（十一作）・「寅次郎相合い傘」（十五作）・「寅次郎ハイビスカスの花」（二十五作）・「寅次郎紅の花」（四十八作）

この満男の回想のそばには、寅さんと共にリリーがいるのだが、リリー役の浅丘ルリ子は四十八作中なんと四作に出演している。竹下景子も、マドンナとしては名前を変えるが、三船敏郎と共演する「知床慕情」（三十八作）及び唯一の海外ロケ（ウィーン）「寅次郎心の旅路」（四十一作）にも出演しているが、ここで満男が思い出したマドンナは第三十二作の朋子である。

さてジュリアーノに、以上の五人の寅の恋人のうち誰を選ぶかと尋ねたら、かがりを選ぶという。この作品はまだ観てないとのこと。そこで二人静かに、再会の喜びをかみしめながら、「寅次郎あじさいの恋」を観た。

『男はつらいよ』を第一作から順に第四十八作まで観てゆくと、寅さんが段々弱ってゆく姿を目の当たりにする。どの作品から弱り始めたのか、確《しか》と指摘するのは困難だが、確かに次第次第に「あー、寅さん、はち切れんばかりのあの元気がなくなったなぁ」と気づく。それはまあ、渥美さんの健康や老いと共に生じる当たり前の事柄ではあるが、山田洋次監督によると、大きなターニング・ポイントは、なんと第二十九作「寅次郎あじさいの恋」とのことである(3)。

寅さんの健康の転換点が、こんなに早い第二十九作との指摘には驚きを禁じ得ないが、この作品は私が住んでいる京都が舞台であり、人間国宝の陶芸家加納作次郎（十三代片岡仁左衛門）と寅さんが最初に出会う賀茂川のほとりは、我が家から歩いて数分の所ゆえ、特に印象深い。賀茂川は高野川と合流して鴨川になるが、両者の出会いの場所は賀茂川の風景のように思われる。

寅さん、陶芸家の下駄の鼻緒が切れたのに気づき、かっこよく日本手拭いを裂いて直してやる。他の作品もそうだが、寅さんはすぐ一流と仲よしになる。第十七作「寅次郎夕焼け小焼け」（マドンナ・太地喜和子）の画家（宇野重吉）との出会いもそうである。さて友達になった二人は晩餐を共にする。陶芸家に招かれた料亭で寅さんは酔いつぶれ、その夜は五条坂の陶芸家の家で一夜を明かすことになる。

さて、第一章で語りたい事柄の出来事はここから始まる。目覚めた寅さんの部屋に、美人のお手伝いかがり（いしだあゆみ）が入ってくる。出会いの何気ない会話の中に、すでに寅さんの恋の芽生えを感じるのだが、二度目の訪問の際、陶芸家への下駄のプレゼントと一緒に、寅さん、かがりにもかわいい鼻緒の下駄をプレゼントしながら、それとなくかがりの境遇を尋ねる。五年前に夫が亡くなり、小学生の娘を母親に預け、日本海の海辺の漁村丹後から、一人京都に来て陶芸家加納作次郎の許で働いているとのこと。かがりの不幸な境遇を聞くや、寅の心に未だくすぶっていた恋の火が点《とも》る。一人になったかがりも、もらった下駄を嬉しそうに眺める。天真爛漫な寅の振舞に、抑え切れずふと笑うかがりがいる。

その二人の背景に、師匠に心酔する弟子の近藤（柄本明）と寅さんの実にユーモラスなやり取りが介在する。十二年間修業を続けているがなかなか芽の出ない弟子である。このうだつの上がらない弟子の師匠への陶酔と、有名人に全く無頓着な寅さんとの対話には笑いを禁じ得ない。

その時、かがりは出世頭の弟子と恋仲になっていた。それは公認の仲であり、師匠も一番弟子の結婚相手にかがりをと考えていた。ところがこの弟子、東京に出て活躍中、自分の所で焼物の勉強をしていた金持ちの娘と結婚の約束をしてしまう。結局かがりを袖にして振ってしまうのである。その事実を目の当たりにし、師匠はかがりを慰めるどころか、なぜここ一番という時に命をかけなかったのかと諌める。失意のあまり、かがりは娘の住む故郷丹後に帰っていく。帰り行く列車の車窓から、流れゆく景色を眺めるかがりの横顔が寂しく悲しい。

事情を知った寅さん、かがりのいない京都にはもう未練はない。別れ際師匠から、世話になったお礼にと、師匠気に入りの茶碗を渡される。この加納作次郎の名品「打薬《うちぐすり》窯変《ようへん》三彩碗」をめぐって、先ほどのうだつの上がらない弟子近ちゃんと寅さんの、茶碗の扱い方がまた笑いを誘う。寅さん、茶碗片手に、風の吹くまま、気の向くまま、ふらっと宮津の方へ向かう。列車を間違えながら、海岸線をバスで、かがりの住む丹後の漁村を訪ねる。何とか、かがりの家へたどり着くと、そこで母親が丹後ちりめんを織っている。母親、外で遊ぶ孫娘に「母ちゃん、おる」と尋ね、小学二、三年の娘が「おる」と答える。寅さんとのまさかの再会に、驚き喜ぶかがり。静かな海を見つめながら、二人のしみじみとした対話が続く。

「そうかぁ、かがりさんも随分苦労してきたんだなぁ」との寅の言葉、そしてまた今回の、男に振られた事情に対し「誰を恨むってわけにゃいかないんだよねぇ、こういうことは。そりゃ、こっちが惚れてる分、向こうもこっちに惚れてくれりゃ、世の中に失恋なんてなくなっちゃうからなぁ、そうはいかない」といった言葉の中に、かがりは寅さんの温かさ、優しさを感じ取る。

もう宮津に向かう船もなく、結局その夜はかがりの家に泊まることになる。今夜は四人、寅とかがり、かがりの娘と母。しばらくしてかがりの母は姪のお産の手伝いのため、出かけることになる。さあ大変。通常の寅さんなら、「私とかがりさんとの間に、何も起こらないとしても、世間の目があるから」と、ここで退散するところだが、今回は状況がそれを許さない。山田洋次監督の『学校』シリーズ（I）で、「先生の家に泊まる」と言った生徒みどり（裕木奈江）に対する、クロちゃん先生（西田敏行）の寅さん同様の返事を思い出す。

出会い以来、寅の心にほのかな恋の炎が燃え続けているだけではない。わざわざ遠方まで訪ねて来てくれた寅。生い立ちも、今回の事情もみんな知った上で慰めてくれる寅の優しさと温かさが、寂しかったかがりの空洞を満たしつつある。寅の多くの恋が片思いに終わるのに対し、恋の相互的緊張が、寅とマドンナの相互性の側面において、全作品中この作品でひときわ際立っている。

かがりの娘は今日はおばあちゃんの部屋に眠る。ふすま一つ隔て、今寅さんが夕食を食べている。寅が泊まる部屋は、普段かがりと娘が寝ている、離れの二階である。寅とかがりの二人だけの夕餉《ゆうげ》。かがりが寅に酒を求める。コップに酒をついでやる寅。酒盛りは続くが言葉は途切れがちになる。

その時、ふすま越しに、眠っていた娘の「お母さん」と呼ぶむずかる声。かがりは立ち上がり、娘を寝かしつけるため、娘の布団に入る。添い寝するかがりの、浮かび上がる白い足。その素足を、半開きのふすま越しにちらっと盗み見る寅。こういった情景は全四十八作中、特異な一場面である。寅のたてた不意の音に、「どないしたん?」といぶかるかがり。寅の逃げるような、精一杯のひと言、「急に眠くなっちゃったんで、横にならしてもらうよ」。そう言って席を立つ寅を、仕方なく導き、「二階の奥やから」と離れの入口まで案内して去るかがり。

寅一人二階に上がると、すでに布団が敷かれている。静かな夜の海。漁船の音。眠られぬまま、布団に横たわる寅。そこに、残ったコップの酒を飲み干し、娘の赤いランドセルを取りに、かがりが寅の眠る二階に上がってくる。階段のきしむ音に固唾《かたず》を呑み、寝たふりをする寅。「うん」というかがりの切なく忍ぶような声。「寅さん、もう寝たの?」かがりは静かにふすまを開き、「開けっぱなしや」と、海に面する窓を閉めに入る。

「電気つけたまま」と呟《つぶや》くかがり。寅、寝言のような、言葉にならぬ言葉と共に寝返りを打つ。かがり、枕元のスタンドの電気を消し、しばし寅のそばに座る。寅の嘘のいびき、かがりの乱れる呼吸。かがり立ち上がり、部屋を出る。チリンチリンと鳴るランドセルの鈴の音。降りてゆく階段のきしみ。上半身、起き上がり、「ハー」というため息と共に、虚空を見つめる寅。

大阪天王寺の松竹の支配人から山田監督が聞いた有名なエピソードがある。酔っ払いも観に来るある映画館で、そのシーンが来た時、ある客が「いてまえ、いてまえ」と叫んだという。ところが、その叫び声に反応して、どこからか「アホ、寅はそういうことをせんのがええとこやないか」との声。場内大爆笑になったというエピソード(4)。

驚いたのは、数年前、朝日新聞(5)に語られていた、いしだあゆみのこのシーンについての回想である。寅さんに言い寄るこの場面は山田監督によって何度もダメ出しされたという。若きいしだは「私、男じゃないからわからなかった」と語る。そして、山田監督の度重なるダメ出しに、「登校拒否」になりかけたという。

「寅次郎あじさいの恋」完成後、いしだは一人渋谷の映画館に観に行き、チリンチリンと鳴るかがりの娘のランドセルの鈴の音を聞いた時、「そのときね、寅さんに悪いことしたって、私、ブワーッと泣きました。一晩限りの遊びよ、と寅さんの心をもてあそんでしまった自分が恥ずかしくなったの」。いしだあゆみにインタビューした小泉信一は「女優とはこれほど役に没入するものなのか。その場面を、いしだと一緒にもう一度ビデオで見た。『ごめんなさい。やっぱり涙が出ちゃって』。いしだは、そっと目頭を押さえた」と記す。

(b) 純情篇(第六作)

大阪の場末の映画館で、柄《がら》の悪い観客が「いてまえ、いてまえ」と叫んだごとく、あるいは、いしだあゆみが撮影現場で自問したごとく、男にとっても女にとっても、ここは現実には、一線を越えてしまうのがむしろ自然の成りゆきかもしれない。しかし、この場面で踏みとどまる寅は、第六作「男はつらいよ・純情篇」において、以下のような、けじめというか、男気《おとこぎ》をすでに示している。

木枯しの吹く長崎の港で、赤ん坊を背負った一人の女絹代（宮本信子）に、寅さんは遭遇する。「わけあり」の姿に、寅がふと話しかけると、これから五島まで行くのだと言う。「さっき船頭に聞いたけどよ、あしたまで船は出ねぇそうだ」と伝えると、「あのー、すいましぇんけど、お金貸してもらえんでしょうか、少しでよかです。今晩泊まるお金が足らんとです」と、サ行は特にそうだが、五島弁丸出しで乞う女。情にほだされた寅さん、同宿を受け入れる。宿に入ると、絹代は少しずつ複雑な事情を、泣きながら語り始める。父親（森繁久彌）の反対を押し切り、実家の五島を飛び出して結婚をし、子供まで授かったものの、ギャンブル三昧の夫の冷淡な態度に愛想を尽かし、父親の居る古里に戻るところだという。「うん、わかるわかる。よーくわかるよ、一、二度大穴を当てて、それが病みつきになって競輪場通い、あげくの果てにゃ女房子供に愛想尽かされてよ、乞食《こじき》同様の暮らししてる男を俺も何人か知ってらーな。……これをしおにあっさりあきらめちまいな。それが一番いいよ」と、絹代を慰める寅。その時、宿のおかみが入って来て、翌日の朝の予定を打ち合わせる。おかみが出てゆくや、「さーて、じゃ寝るか」と、寅さん、ふすま一つ隔てたすでに布団の敷かれている部屋に立ち去ろうとする。その時突然、片隅にいた絹代が、「お金ば借りて、なーんもお礼できんし」と、なんと服を脱ぎ始める。振り返り、絹代を見つめる寅に「子供のおるけん、電気ば消してください」とひと言。寅、真剣なまなざしで「俺の故郷にな、ちょうどあんたと同じ年頃の妹がいるんだよ。もし、もしもだよ、その妹が、ゆきずりの旅の男に、わずかばかりの宿賃でよ、その男がもし、妹のからだをなんとかしてぇなんて気持ちを起こしたとしたら、おらぁ、その男を殺すよ。五島とかいう、あんたの故郷で待ってるおとっつぁんだって、俺と同じ気持ちだよ……」と言いつつ、隣の部屋に退きながら、ふすまを閉める寅さんの、うしろ姿が心を打つ。

(c) 寅次郎紅の花(第四十八作)

最終作でいみじくもリリー(浅丘ルリ子)が寅さんに向かって放つひと言、「かっこうなんて悪くたっていいから、男の気持ちをちゃんと伝えて欲しいんだよ、女は。大体、男と女の間っていうのはどっかみっともないもんなんだ。後で考えてみると顔から火が出るような恥ずかしいことだってたくさんあるさ。でも、愛するってことはそういうことなんだろう、きれいごとなんかじゃないんだろう」。確かにこの言葉は説得力があり、寅さんの女性に対する決断のなさ、意気地なさを指摘しているとも言えよう。

しかし一方、寅さんの姿勢は、「非接触・非破壊[6]」による、他者の未来の可能性への開きであり、他者への尊敬を示す勇気ある決断とも言える。すなわち一線を越えないこと、触れないことは、相手を大切に思う心の現れであり、今後の新しい出会いに対して、相互にとってより開かれた可能性を残す。

全作品中、寅さんが愛情を込めて女性に接触しようとしたシーンが一度だけある。挨拶としての接触ではなく、切ない愛《いと》おしさからくる接触である。この場面には四十八作品全部のユーモアとペーソスが凝縮しているといっても過言ではない。その名場面を説明するため、そこに至るまでのあらすじを述べておこう。

「寅次郎あじさいの恋」で丹後を去った寅は、妹さくらや、おじちゃんおばちゃんの待つ柴又に帰ってゆく。寅の恋はかがりとの別離によって一層深まり、まさに恋の病に陥る。食事も喉に通らない寅だが、二階に寝ている寅に、小学生の満男（吉岡秀隆）が、おばちゃんの作ったふきの煮付けと白身の魚と大根おろしと梅干しを持って行く。「おじさん、具合いかがですか？」うなされるように寅は「満男」と声をかける。恐がり後ずさりしながら「はい」と答える満男に「お前もいずれ恋をするんだなぁ。あーあー、かわいそうに」と寅。

まさに寅さんの予言通り、「ぼくの伯父さん」（第四十二作）から満男の恋が始まる。大学受験に失敗し、高校の後輩の泉（後藤久美子）に恋心を抱く。紆余曲折があり、第四十八作で泉はお母さん（夏木マリ）の気持ちなどを考慮し、悩みに悩んだ末、医者の卵と結婚を決意、嫁ぎ先は岡山県の津山である。その事実を泉から打ち明けられた満男は、家を飛び出し、津山に向かう。花婿、花嫁と共に先導車に乗るおじさん（笹野高史）の言葉「花嫁さんを乗せた車は、どんなことがあってもバックできんのじゃ。戻るゆうのはゲンが悪いゆうてな、一センチでもバックしたら大ごとなんじゃ。頼むで運転手さん！」まさにその時、満男の車が路地を直進、泉の乗った車を押し戻してしまう。その日の結婚式は中止になり、泉は結婚を諦める。失意の中、破れかぶれで満男が辿り着いた場所が奄美大島。そこには何とリリーと寅さんが住んでいた。満男はさとうきび畑などで働きながら、寅とリリーと共に生活していたのだが、満男を探し求める泉が柴又を経て奄美にやってくる。

一連の行為を後悔する満男に、「リリー、まるでがきだよ、こいつのしていることは」と寅。この言葉に対し、リリーは満男の滅茶苦茶な行為を弁護して、「かっこうなんて悪くたっていいから、男の気持ちをちゃんと伝えて欲しいんだよ、女は。満男君のやったことは間違ってなんかいないよ」と反論する。

さて、ある日満男は一人波打ち際で、砂に棒で泉という字を書いている。寄せ来る波が泉という文字を消してゆく。潮騒を背景に海に向かって寂しく座り込む満男。

そこへ、寅とリリー、そして泉を乗せた車が到着。運転はマー君（神戸浩）である。リリー「あー、いたいた、あんなとこに」。海に石を投げている満男の姿を見つける。三〇メートルくらいあろうか。「早く行ってやりなさいよ、驚くわよ、きっと」。泉、果敢に満男のいる波打ち際に向かって歩き始める。傘をさして立つリリー、そのそばに寅、うしろであくびするマー君。リリー「ちょっと見ててごらん。おもしろいから」。じっと見守るリリーと寅。「満男君びっくりしてるよ、寅さん」「泉ちゃん、どう出るかだ」。

泉と満男の対話が始まる。「なんであんなことしたの？」つめ寄る泉、後ずさりする満男。「どうして！」たじろいで海に入ってゆく満男。見守る寅のひと言、「何やってるんだろうなぁ満男、しっかりしろよ」。泉はますます満男にせまりながら、「黙ってないで何とか言ってよ、どうしてなの、なぜなの、なぜ⁉」「それはね」「何？」「あのね」「うん」「あのー」「言って、わけを言って！」「愛しているからだよ」「も一回言って！」「おれは泉ちゃんを……」と言いながら、海の中に転ぶ。手を差しのべる泉。

全作品中、ユーモアとペーソスが凝縮している名場面はここからである。

寅　あー、ぶざまだねぇ、あの男は。何とかならないのかねぇ。

リリー　いいじゃないか、ぶざまで。若いんだもの、私達とは違うのよ。

そう言いながら涙ぐむリリー。そのリリーを寅はちらっと横目でみつめるが、リリーは見ない。その時、まさにその時、寅の左手がそっとリリーを抱き包もうとする。全作品中、唯一の寅の意識的接触場面である。しかも優しさと愛おしさを込めて。寅の手がリリーの肩に触れる寸前、「そばに行ってやろう」と、寅と目も合わせぬまま、涙を浮かべ鼻をむずむずさせながら、リリーは波打ち際の二人のもとへ歩き始める。

リリーの肩に触れぬまま、抱こうとした寅の腕が、抱こうとしたままになって残る。その宙ぶらりんになった自分の左手を寅はじっと見つめる。あるはずのリリーの肩はそこにない。あるのは、中腰のままうしろで成り行きを見つめていたマー君の姿。いつもの神戸浩の名演技である。

数日前、満男とマー君との間に、次のような対話があった。

「ここで寝るのは、ぼくと」との満男の質問に、「寅さんに決まってるだろう」「マーちゃん、あ、マーちゃん」「ひとのこと気安くマーちゃんなんて呼ぶな」「どうもすみませんでした、政夫さん」「なんだ」「ちょっと聞きたいことがあるんだけど、ぼくの伯父さん、つまり寅さんとあのリリーさんは、事実上は夫婦なんでしょうか？　あなたからみて」「バカなこと言うな。あの美しいリリーさんと、お前のへんなおじさんとが、夫婦であるもんか」「わかりました。それを聞いて安心しました。おやすみなさい」。立ち去りながらマー君のひと言「バカ！」

満男とマー君の対話は、何ともユーモラスなやり取りである。このマー君が今ポカンと口を開けて背後から寅さんを見つめている。甥の満男（第二十九作の「寅次郎あじさいの恋」で、「満男、お前もいずれ恋をするんだなぁ」と寅さんが予言した満男）と泉の、浜辺でくりひろげられる恋の結末をリリーと共に眺めながら、そのリリーの肩をあらん限りの優しさを込めて、左手で抱き包もうとする寅さんをマー君が見つめている。リリーの姿はもうそこにはない。マー君と目が合う寅。宙に浮いた左腕を、あたかも何もなかったかのように、見られていたマー君への照れ隠しのように、まるで体操をしているように、回す寅さん。

この一連の動作には、四十八作すべてを凝縮したさわやかな笑いが込み上げてくるのを禁じ得ない。そこには非接触、非破壊を守り通した寅さんの、人間の気品、人間の色気が漂う。

人間の色気といえば、山田監督の語るほほえましいエピソード[7]を思い出す。それは若き山田監督とタクシー運転手との、ちょうど『男はつらいよ』シリーズが軌道に乗り始めた時期の、ある夜の対話である。

運転手　映画見てもピンクばっかりだしよ。
山田　そうかいピンクはつまんないかい。
運転手　銭出して見にいくもんじゃねぇよ、あんなもんは。やっぱりこうグッとくるもんでなきゃつまんねえや。
山田　しかしたまにはおもしろい映画もあるだろう。
運転手　うーん、そういや、最近おもしろいのが一つあった。
山田　それはなんて映画だい。
運転手　『男はつらいよ』って、お客さん知ってるかい。
山田　うん、知ってる、知ってる。
運転手　あれはいいよ。
山田　どんな風にいいんだい。
運転手　色気があるね、あの映画には。
山田　色気？　というと裸でも出てくるのかい。
運転手　そうじゃねぇんだよ。なんていうのかな、つまり……人間の色気ってことだよ。

山田監督、気分を良くし、お札を渡し「おつりはいらないよ」と言って、タクシーから降りたそうだ。『寅さんの風景』で都築政昭は次のように指摘している。「運転手が言った謎めいた〝人間の色気〟とは、豊かな人情であり、笑いであり、生活の潤いであり、男と女の純情であろう。殺伐とした現代の中で『男はつらいよ』の中には失われた人間のぬくもりがいっぱいある。それを運転手は「色気があるね、あの映画には」と表現したのである」。《人間の色気》、期せずして運転手が放ったこの言葉、この言葉の奥行きこそ、本書の探究の目的の一つにほかならない。

2　イエスの場合

(a)　情欲をもって女を見る者は誰でも、すでに心の中で女を姦淫したことになる（マタイ五章二八節）

聖書を開いたことのない人も、この言葉はどこかで耳にしたことのある、何とも執拗に心にまといついて離れない言葉である。こんなことを言われたら、普通の健全な男性なら、おいおい、そこまで言うなよ、それは余りに途方もない要求だよ、と言いたくなる。ある聖書の翻訳のように「その女に対し心の中ですでに姦淫の罪を犯したことになる」と、わざわざ罪という語を加えて訳されると、あー、おれはまた今日も罪を犯したなということになってしまう。

例えば、『男はつらいよ』の場面のいくつかを想い起こしてみよう。第二十九作「寅次郎あじさいの恋」で、子供を寝かしつける娘と添い寝するかがり（いしだあゆみ）の白い足を、ふすま越しにふと見つめてしまった寅さんは、すでに心の中で姦淫の罪を犯したのであろうか。あるいは第四十二作「ぼくの伯父さん」で、満男（吉岡秀隆）が初恋の心の葛藤を伯父さんに打ち明ける場面がある。どじょう屋で初めて二人で酒を飲みながら、

寅　よし全部言っちゃえ。なっ、全部話したら気が楽になるから。

満男　あれは六月の終わり頃だったっけなぁ。その娘《こ》から突然手紙が来て、「先輩と一緒だった葛飾の高校が懐かしくてたまりません」て、そんなことが書いてあって。その時からおれ勉強が全然手につかなくなっちゃって。参考書を見てるんだけど頭の中はあの娘のことで一杯なんだ。じっとしてると段々胸が痛くなって、吐き気がしたりして。おれはバカじゃねぇかなぁ。自分が情けなくて。恋というのは美しい人を美しく思う気持ちのことだろ。でも、おれのはちっとも美しくなんかないよ。不潔なんだよ。だっておれふと気づくと、あの娘の唇とか胸とか、そんなことばっかり考えてんだよ。おれに女の人を愛する資格なんかないよ。

（涙ぐむ満男）

寅　まあ聞け。おれはな、学問つぅものがないから、うまいことは言えないけど、博がいつかおれにこう言ってくれたぞ。自分を醜いと知った人間は、決して醜くねぇって。なっ、考えてみろ、田舎から出て来て、タコの経営する印刷工場で職工として働いていたお前のおやじ

が、三年間じーっとさくらに恋をして何を悩んでいたか、今のお前と変わらないと思うぞ。そんなおやじをお前、不潔だと思うか？

（満男、コップに残った酒を飲み干しながら）

満男　やっぱりおじさんは、苦労していたんだなぁ。

この会話に出てくる満男のおやじ博（前田吟）の三年間の恋については、第一作「男はつらいよ」の中で、寅の仲介によって失恋したと思い込んだ博の、絶望の淵からさくら（倍賞千恵子）を前にしての告白が思い出される。

「ぼくの部屋から、さくらさんの部屋の窓が見えるんだ。朝目を覚まして見ているとね、あなたがカーテンを開けて、あくびをしたり、布団を片付けたり、日曜日なんか楽しそうに歌を歌ったり、冬の夜、本を読みながら泣いていたり。あの工場に来てから三年間、毎朝あなたに会えるのが楽しみで、考えてみれば、それだけが楽しみで、この三年間を……ぼくは出て行きますけど、さくらさん幸せになって下さい。さようなら」

満男は泉の写真を見つめながら、あるいはまた博は毎朝さくらの部屋を眺めながら、恋心を抱いたが故に、心の中で恋しい人と姦淫の罪を犯したなどと言えるだろうか。第六作「純情篇」では、寅が旅に出ている間に、寅の部屋に下宿した夕子（若尾文子）の風呂の場面をめぐっての、寅とおいちゃん（森川信）との実にユーモラスな対話が展開される。そしてこの対話の中にも、「心の中で欲情を抱いて女を見る」問題があらわれるが、この箇所は、第四章で取り上げることにしよう。
イエスは我々ができもしないことは決して語らない。なぜなら、できもしないことを「やれ」と言っても無意味だからだ。人間にとって実行不可能な内容が、イエスの口からこぼれている場合、我々はその言葉を鵜呑みにせず、立ちどまって考える必要がある。イエスが生きた歴史の現場で、本当にイエスはその言葉を口にしたのか？　もし口にしたとしたら、どういう状況で、どういう思いを込めて語ったのか？　想像力をたくましくして吟味する必要がある。

その言葉を笑いながら言ったのか、平然として言ったのか、怒りながら言ったのか、あるいは皮肉を込めて逆説的に言ったのかによって、同じ言葉であっても意味はそれぞれ異なってくる。逆説的に語っている場合も、温かいユーモアの雰囲気に包んで言った可能性もあれば、ぐさりと皮肉を込めて辛辣に語った可能性もある。

なぜこんなことを書いたのか。実はイエスの言葉を理解する場合、以上述べたような事柄が、抜き差しならぬ重要性を帯びてくるからだ。もしイエスが歴史の現場で、逆説的に憤りを込めて発した言葉を、読者が順接的に「永遠のみ言葉」としてありがたく受け止めてしまうと、当時の悪や矛盾に立ち向かったイエスの叫びを、感じ取ることなく通り過ぎることになる。

イエスは今から約二千年前に生きた人物である。我々日本人には驚くべきことであるが、二十億を超える、世界のそれはそれは多くの人たちが、このイエスを神さまだと信じている。イエスという男は実際にパレスチナの地で生き、十字架上でなくなった、具体的な歴史の中に生きた人物である。パレスチナといっても、エルサレムのあるユダヤ地方ではなく、有名な譬え話「よきサマリア人」のサマリア地方でもなく、その北に位置する辺境の地、ガリラヤ地方で生きた人である（巻末の地図を参照）。

寅さんの故郷、おじちゃんやおばちゃんや妹のさくらが住む葛飾柴又も、東京のど真ん中ではなく下町であり、寅さんがめぐり歩く旅先も、都会ではなく農村や漁村や地方の静かな町であった。沈黙を失い、騒音のるつぼと化した都会を避け、まだ人間の顔にも景色にも沈黙を残している田舎を寅さんは好んで旅した。

それと同じようにイエスもガリラヤ地方の山間《やまあい》の村ナザレで育ち、いつからかガリラヤ湖畔の町々村々で仕事をした。当時のガリラヤ地方の大きな町ティベリアスやセッフォリスではなく、マグダラのマリアの出身地マグダラでもなく、その近郊のカファルナウムを生活の拠点とした。第二章で語る「税金」もカファルナウムで納めている。イエスの舞台も、寅さんと同じように大都会ではなく、自然が豊かで穏やかな田舎の小さな町や村であった。

母親の名はマリアであり、職業は、大工である父親ヨセフの仕事を受け継いだ可能性が高い。イエスの言葉、とりわけ譬え話などに、イエスの農業や漁業についての知識の豊かさが垣間見られるのは、イエスが農村や漁村を経巡って、比較的豊かな家庭にもあるいは貧しい家庭にも足を運んで、農具や漁具を修繕していたからであろう。家を建てる石工ではなく、舟大工のような大工であったと思われる。イエスが日常使っていた言葉はアラム語であり、しかもガリラヤなまりのアラム語である。アラム語は旧約聖書が書かれたヘブライ語に似ている。

さて問題は、イエス自身何一つ文章を残していないということだ。紀元前六年頃誕生したイエス（ヘロデ大王は紀元前四年に亡くなっており、その頃イエスはすでに生まれていた）は、三十年余り生きたのだが、最期はユダヤの死刑手段である石殺しではなく、ローマ帝国が編み出した極悪非道な死刑手段である十字架刑で殺害された。このような殺され方をしたということは、逆に言えば、それに値する凄まじい生き方をしたということであり、それ故その生きざまは当時の人々に強烈な印象を残した。その印象、思い出が、イエスの死後、それぞれの町や村で語り継がれていった。

口頭で伝承されたイエスの言葉と行動が書き物として残されてくるのは、諸説あるが、イエスが亡くなってから数十年を経てからである。イエスの生涯のうち「受難物語」だけは、原始キリスト教会内でいち早く文書化された可能性が高いが、口頭で伝承されたものを蒐集して、最初に筆を執ったのはマルコという人物である。新約聖書はギリシャ語で書かれるが、新約聖書を繙《ひもと》くと、まず「マタイ・マルコ・ルカ・ヨハネ」の順で四つの福音書が出てくる。しかし口頭伝承の資料をもとに、自らの編集句を加えながら、最初に福音書を完成させたのはマルコである。

福音（ギリシャ語でエウアンゲリオン）とは、よい知らせ、喜ばしい知らせという意味である。この四つの福音書が正典（カノーン）として最終的に選び取られるが、後に簡単に触れるように、正典福音書以外に数多くの福音書が存在する。また正典福音書の中ではヨハネ福音書が最も遅く、一世紀の終わり頃成立するが、ヨハネは、共観福音書と呼ばれる「マタイ・マルコ・ルカ」とはかなり色彩が異なる。

マタイとルカは、マルコが書かれてから数十年後、マルコを手元に置きながら、それぞれが集めてきた特殊資料を加味して福音書を書く。

その際、共観福音書を詳細に分析してゆく時、マルコ以外に、マルコは用いなかった、マタイとルカのみが利用した文書の存在が想定される。その資料が見つかっているわけではなく、実体は定かではないが、それが存在したと想定しない限り、説明が困難となる。その資料集をドイツ語の資料（Quelle）の頭文字を取って聖書学者らはQ資料と呼ぶ。

数年前、小説としても映画としても世界中で話題となった『ダ・ヴィンチ・コード』の中にQ資料について次のような説明がある。「また、ヴァチカンでさえその実在の可能性を認めた、名高いQ資料も含まれているという説もある。それは教義が記された資料だが、おそらくイエス直筆のものだろうと言われている[8]」と記しているが、この説明は明らかに嘘である。

Q資料とは、『ダ・ヴィンチ・コード』で言われているような、教義が記された資料ではなく、ましてやイエス直筆のものではない。それは『論語』の孔子の言葉のように、「子曰《いわ》く、……」といった様式でイエスの言葉が羅列された資料集であったと考えられる。イエスの発言の羅列だけではなかったかもしれないが[9]、とにかくマタイとルカが共通して利用したQ資料と呼ばれる、文書で書かれた資料集がマルコ以外に存在したと想定される。

マルコもマタイもルカもヨハネも、書かれた時、書かれた場所、そして誰に語りかけながら書いているかが異なると同時に、形成されつつあるそれぞれの共同体の意向に応じて、用いる資料に微妙な削除や付加がなされる。またたとえ同じ資料を手にしていても、例えば伝承された同じ譬え話であっても、その譬え話をどのようなコンテキストの中に置くか、イエスにどのような状況の中で誰に向かって語らせるかは、それぞれの福音書で異なってくる。イエスが具体的などのような現場で発した言葉であるかは、イエスの死後三十年、四十年経ってみれば、もはや確かなことはわからない。

残念なことに、イエスが生きた歴史の現場で言ってはいないことまで、イエスが実際に言ったかのごとくイエスの口に乗せてしまった言葉も福音書には記されている。しかし、聖書学の進歩は、かなり正確にイエスが実際に語った、イエスの生《なま》の言葉を割り出すことを可能にした。山本七平が述べるように(10)、「二十世紀でもっとも進んでいる学問は原子物理学と聖書学であるといわれるほど発達し、……聖書の内容は、いかなる学問的分析にも耐えられるものであり、どれほど深く学問のメスを入れても、びくともするものではない」。

ちなみに、若き頃、イザヤ・ベンダサン著『日本人とユダヤ人』がベストセラーになり、イザヤ・ベンダサンとは何者か、その正体がつかめず話題を呼んだが、訳者と称した山本七平こそイザヤ・ベンダサンであった。

古代人の記憶、ことにユダヤ人の記憶は信頼に値するものであり、それ故、イエスが生きた歴史の現場で発した生《なま》の言葉も、かなり正確に伝わっていると考えることができる。当時西ドイツ（現在、ドイツ連邦共和国）の大統領であったヴァイツゼッカーが、ドイツの敗戦四十周年にあたり、一九八五年五月八日に行ったみごとな演説[11]の中でも指摘しているごとく、ユダヤ民族にとって「記憶」（ヘブライ語でズィカーローン）は下記のごとく極めて重要である。

……問題は過去を克服することではありません。さようなことはできるわけはありません。後になって過去を変えたり、起こらなかったことにするわけにはまいりません。しかし、過去に目を閉ざす者は、結局のところ現在にも目を覆っていることになります。非人間的な行為を心に刻もうとしない者は、またそうした危険に陥りやすいのです。ユダヤ民族は今も心に刻み、これからも刻み続けるでありましょう。……心に刻むというのはユダヤの信仰の本質だからです。……

ユダヤ人の記憶、ことに古代人の記憶は現代人の記憶より確かであると考えられる。なぜなら沈黙[12]を失った現代人は、喧騒の中で出来事自体が輪郭を失い、その記憶は瞬く間に消失する。しかし、古代人にとっては、村で起こった具体的な出来事は、かけがえのないものとして明確な輪郭をもって記憶され、口伝えにその記憶が伝承されてゆく。

したがって、イエスが生きた具体的な状況の中で発した「生《なま》の言葉自体」は独立してかなり正確に見極めることができる。しかし、その言葉がどのような状況の中で語られたか、いつ、どこで、誰に、どのような意向を持って語られたか、憤って言ったのか、悲しみを込めて言ったのか、温かいユーモアに包んで言ったのかは、一番最初に書かれたマルコは別にして、Q資料を用いたマタイ、ルカ及び一世紀末に書かれたヨハネが筆を執った時には、すでに正確なことはわからなくなっている。

先ほど述べたように、聞き手を取り巻く集団がかかえる問題に即応して、福音書を書いている各々は、同じ資料や言葉を扱っても、異なった状況設定のもとに置くことが可能であり、削除や付加も可能である。それ故、例えばイエスが教えた唯一の祈りとされる「主《しゅ》の祈り」もマタイ（六章九〜一三節）とルカ（一一章二〜四節）では異なってくる。

イエスの言葉の真意に迫るため、必要最小限と思われることを述べてきたが、「情欲をもって女を見る者は……」という言葉を、イエスがどのような思いを込めて語ったかを探るためには、さらにどうしても為さねばならない仕事が残っている。それはイエスの時代のユダヤの社会における、一般的な女性観はいかなるものであったか、という問題である。

イエスの時代の女性観を把握する上での重要な文献は、聖書は言うに及ばず、ユダヤ教の聖典の一つ『ミシュナー』である。『ミシュナー』の解釈が『ゲマラ』と呼ばれ、両者が合わさって『タルムード』を構成する。ちなみに『ミシュナー』は、ラビ・アキバ（五〇〜一三五頃）が口火を切り、弟子ラビ・メイル（一一〇〜一七五）があとを継ぎ、最後に総主教ラビ・ユダ・ハ・ナスィ（一三五～二一七）が莫大な伝承を集大成したものである。

ミシュナー及びタルムードは、社会生活、宗教生活、はては私生活に至る生活全般に関わる律法書である。その中で女性は、一方では家庭生活の中で重要な役割を認められ、女性に対する敬意も払われているが、一方で、「男性は毎日三つの感謝の祈りを捧げる必要がある。すなわち、かのお方がわたしをイスラエル人に造られたこと、かのお方がわたしを女に造られなかったこと、かのお方がわたしを無教養な者にされなかったことをである」（バビロニア・タルムードのメナホート四三b）などの記述がみられる。

また、ミシュナーの中の「離縁状についての規定」ギッティン九・一〇には、旧約聖書の申命記二四章一節の「人が妻をめとって、夫になった時、妻に何か恥ずべきことを発見し、気に入らなくなったら、離縁状を渡して家を去らせなければならない」の「恥ずべきこと」について、ラビたちの呆れた解釈がいろいろ記されている。例えば、妻が食べ物をこげつかせて彼の料理を台無しにした場合、あるいは、髪をきっちり結ばず、ほどいたまま外出したり、頭を覆わないで公的な場所に出かけた場合、あるいはまた、屋外で糸を紡ぐ女や衣服が破れて腕があらわになった女、さらに街をぶらぶらして他の男とおしゃべりする女など、離縁してかまわない。ラビ・アキバに至っては、他にもっと美しい女を見つけたら、離縁してよいと解釈したという。

姦淫という言葉を聞くと、どうしても性道徳の問題のように我々は考えてしまう。しかし、まず押さえておかねばならぬことは、イエスが生きた社会においては、姦淫の問題はむしろ「盗み」にかかわること、すなわち所有物、私有財産の侵害の問題であった。女性にとって遣り切れない事実なのだが、イエスの時代、女性は男性の所有物であり、女性がある男と結婚することは、その女性は結婚した男性の所有物になることであった。

とすると、ある男が他人の妻を犯した場合、その男は、寝取った他人の妻の夫に対して、その夫の私有物に手をつけたことになる。したがって姦淫の罪が問われるのは、その女が人妻である限りであって、男の所有物になっていない未婚の女に手を出しても、人妻に手を出した時ほどの厳罰は与えられなかった。

しかも、深刻な問題は、もし姦淫現場を見つけられるや、当時の規定により石で打ち殺されたという事実である。男の方はたとえ見つけられても、何とか必死でその場を逃げ出すこともできたであろうが、女の方は往々にして逃げ遅れ、そのまま取り押さえられ、引っ張り出されて石打ちにされた。自分の意思に反し、夫でない男にからだを奪われている現場を見つけられた、ただそれだけで、その婦人のそれまでの人生のすべてが、当時の旧約律法の石殺しという掟によって抹殺される。生活の細部にわたり、六一三（ムイミと記憶しているのだが）にも及ぶ規定によって、庶民の生活は縛り上げられていた。

『タルムード』には死刑手段が四つ、厳しい方から順に、石打ち刑、火刑、斬首刑、絞殺刑が記され、それぞれについて、具体的な罪と罰が事細かに書かれている。旧約聖書の申命記の中に、姦淫について、以下のごとく明記されている。

「男が人妻と寝ているところを見つけたならば、女と寝た男もその女も共に殺して、イスラエルの中から悪を取り除かねばならない。ある男と婚約している処女の娘がいて、別の男が町で彼女と出会い、床を共にしたならば、その二人を町の門に引き出し、石で打ち殺さねばならない。その娘は町の中で助けを求めず、男は隣人の妻を辱めたからである。……ある男がまだ婚約していない処女の娘と出会い、これを捕らえ、共に寝たところを見つけられたならば、共に寝た男はその娘の父親に銀五十シェケルを支払って、彼女を妻としなければならない。彼女を辱めたのであるから、生涯彼女を離縁することはできない」（申命記二二章二二〜二九節）

そういう掟社会の根幹に潜んでいるものは何か。それは「清さと汚れの領域」の意識である。この社会は、「清さや聖性の領域」からはみ出した者を罪人として排除する世界であった。差別され疎外された人々の中には次のような人たちが含まれる。ユダヤ教徒でない人々、取税人や遊女、レプラの人たちであった。

レプラはギリシャ語で、旧約聖書のギリシャ語訳である『七十人訳聖書《セプトゥアギンタ》』以来、ヘブライ語のツァラアトの訳語として使われてきた。日本語では癩病《らいびょう》と訳されてきたが、今日差別語として一般に使用が避けられている。一九五二年、アメリカの医学会で改名が実現し、翌年日本でも、療養所に入所している人らを中心に「ハンゼン氏病」（ドイツ語読み）が用いられ始め、数年後「ハンセン氏病」となり、さらに一九八三年には「ハンセン病」と呼び名が変化し、一九九六年のらい予防法廃止後は、「ハンセン病」が正式な用語となり、私の兄と共に所属していた「日本らい学会」も、「日本ハンセン病学会」と改称された。

聖書を翻訳する上で困ることは、レプラも癩もハンセン病以外の皮膚疾患を含むため、ハンセン病と訳すこともできず、かと言って『新共同訳聖書』のように「重い皮膚病」と訳したのでは話にならない。レプラは具体的な病であり、重い皮膚病という抽象的なものではない。ちなみに、ハンセンは「らい菌」を発見したノルウェーの医学者、アルマウェル・ハンセンの名に由来している。

レプラを癩病と呼ぼうと、ハンセン病と呼ぼうと、病名である単語自体に問題があるわけではない。問題は、この病のもとで繰り広げられてきた悲惨な歴史である。日本の内外を問わず、残酷な差別と偏見の中で、この病にかかった人たち、そしてその家族が、苦悩と絶望を背負わされ続けてきた事実である。そしてイエスが癒したのは、決して抽象的な「重い皮膚病」の人ではなく、暗く絶望的な運命を背負って生きていたレプラの人々であった。

新約聖書のレプラをどのように訳すか、長い苦闘の歴史がある。元来「らい病」と訳されてきたが、『新改訳聖書』改定第三版ではヘブライ語のツァラアトがそのまま使われ、聖書協会共同訳は「規定の病」となり、新共同訳では「重い皮膚病」と訳した。私としてはギリシャ語原文のまま音訳して「レプラ」とするのも一考に値すると考えている。

イエスが生きた社会にあっては、レプラを含む先に挙げた人々は、清さや聖性の領域からはみ出した汚れたものとして蔑《さげす》まれ排除された。そして、細部にわたる多くの法律によって、敬虔ないわゆる義人たちは「清さと汚れ」の体制を固守していた。イエスはこの体制をまとめて全部拒絶した。イエスの行動の動機の根底に、人間として当然正しいことは何かという問いかけがあり、今眼前で苦しみ悩んでいる人間にとって、この掟はおかしいと判断する時、掟には目もくれず、ことごとく掟破りの人生を送った。

ここで、聖書についての基本的な知識を簡単に整理しておこう。ユダヤ教にとっては、ヘブライ語で書かれる旧約聖書が聖典である。もっとも旧約という概念は、新約という概念の産物であるから、ユダヤ教には旧約という概念は存在しないが、とりあえず旧約聖書と呼んでおこう。ユダヤ教においてはこのいわゆる旧約聖書と共にもう一つ、タルムードが聖典になる。ユダヤ教から生まれてくるキリスト教も、やがて正典化の歩みの中で旧約聖書も聖典として受け入れるのであるが、新約聖書が聖典である。イスラム教においても旧約聖書が基本であるが、聖典はコーラン（アラビア語でクルアーン）である。

イエスの生きざまについては、新約聖書の中の特に四つの福音書の中で語られる。一世紀に書かれる「マルコ・マタイ・ルカ・ヨハネ」と共に、二、三世紀、特にグノーシス[13]という思想に基づく数多くの福音書が書かれる。その多くの福音書の中から、紆余曲折の末、「マルコ・マタイ・ルカ・ヨハネ」がキリスト教の正典福音書として確立されてゆくが、この正典化の歩みを促したのはマルキオンという、異端とされた人物であるとする、カンペンハウゼン説が有力である。

キリスト教の歴史の中で、キリスト教独自の正典を最初に持とうとした人物がマルキオンである、とカンペンハウゼンは主張する。マルキオンは旧約聖書を排除し、ルカ福音書とパウロの書簡のみを正典として採用する。これは正統派キリスト教からすれば許し難い正典設定である。しかし、正統派に先がけて正典化に着手したのはマルキオンであり、このマルキオンの試みが、正統派キリスト教の正典化の歩みに拍車をかけた。

旧約聖書の中の「箴言《しんげん》」や「シラ書」には確かに女性の美徳をたたえる言葉も見出し得るが、ユダヤ教の社会では一般に女性は否定的にとらえられている。イエスが生きた時代も女性蔑視ははなはだしく、例えば新約聖書の中の「女、子供を除いて四千人であった」等の表現にみられるように、子供と同様、女性も人の数に入っていなかった。すでに述べたように、女性は男性の所有物であり、この所有の関係をマルコ一〇章の離縁の話に示されるように、イエスは男と女が対等に向かい合う関係に置きなおす。

よくキリスト教の結婚式で朗読される「神は人を男と女に創った。それ故、人はその父母を離れ、二人は一体となる」もマルコのこの離縁の話の中に出てくる。男性社会の一つのあらわれとして、いわゆる十二使徒と呼ばれるイエスの重要な弟子はみな男性であったが、皮肉なことに、イエスの死の十字架のかたわらまで付き従って行ったのは、イエスを慕う何人かの婦人たちであり、重要な男の弟子たちのほとんどは恐くてその場から逃げ去ってしまった。

「『姦淫するなかれ』ということを聞いているはずだ。しかし私は言う、情欲を抱いて女を見る者は誰でも、すでにその女に対して心の中で姦淫したことになるのだ」。この言葉の真意を探るため、必要と思われる事柄を語ってきた。

確かに、イエスの多くの言葉は、イエスが生活したどのような場所で語られたのか、どのような感情を込めてイエスは語ったのか、我々はもはや正確には把握することはできない。それは伝承された資料をもとに福音書を書いた人たちが、それぞれの語りかけている集会（一般的に「教会」と訳されているエクレーシアというギリシャ語は、キリスト教において使われ出してからは「神から呼び出された人々の集会」という意味であり、「教会」という訳は今一つしっくりこない）の必要に従って、イエスの言葉を設定しているからだ。しかし一方で、聖書学の発展により、「情欲を抱いて女を見る者は……」の言葉が、イエスが生きた歴史の現場でイエス自らの口から発せられた生《なま》の言葉であることは、ほぼ確実である。

さて旧約聖書の「出エジプト記」を開くと、有名なモーセの十戒が出てくる。その中の一つに「隣人の家を欲してはならない。隣人の妻、男女の奴隷、牛、ろばなど隣人のものを一切欲してはならない」（二〇章一七節）があり、欲してはならない対象として、他人の「家、妻、奴隷、牛、ろば」が並列に挙げられている。

「情欲を抱いて女を見る」は、ギリシャ語を端的に訳すと「女を、その女を欲するために、見る」である。このギリシャ語「ギュネー」は妻とも訳し得る。それ故、『新共同訳聖書』（この聖書は、プロテスタントとカトリックの共同訳である。キリスト教の教会と呼ばれているものは、名称が多数で一般の人にはわかりにくいが、大雑把に言うと、東方教会と西方教会の流れがあり、ギリシャ正教やロシア正教などが東方教会に属し、カトリックやプロテスタントが西方教会に属する）は、「みだらな思いで他人の妻を見る者」と訳している。「他人の」はギリシャ語にない部分を新共同訳が付加したものだが、この付加は旧約の十戒をそのまま踏襲するための付加である。

ギリシャ語を字義通りに訳した「欲するために女を見る」の欲するとは具体的にどういうことか。イエスの時代の「姦淫」が他人の妻を盗むことであり、私有財産の侵害であることに注目して、ここは「情欲」の問題ではなく「あらゆる策略をもって女をわが物にしたいと望むこと」と解釈をした人物がいる。この人は、岩手県気仙地方のふるさとの仲間に、ふるさとの言葉でイエスのよき知らせ（福音）を伝えたいと望み、二十五年の歳月をかけて『ケセン語大辞典』を作り上げ、その後医者として働きながら、また奥さんと共に八人の子供を育てながら、ギリシャ語を一から勉強し、みごとに『ケセン語訳新約聖書』の福音書の部を完成させた。

その名は山浦玄嗣と言い、問題の箇所を以下のように大胆に訳している。「お前さんたちも聞いているとおり、『他人の女房に手を出すな』と言われている。加えて俺は言っておく。他人の女房に目をつけて、何とかしてその女をわが物にしたいものだと渇望している輩《やから》は誰でも、心の中ではすでに他人の女房を盗んでいるのだ」。この解釈は旧約の戒律を踏まえ、その姦淫の内容を他人の妻を盗みわが物とすることと解釈し、実際に女を寝取る行為のみでなく、「心の中で他人の女房を何とかして自分の物にしようとつけ狙っている」未遂の状態もまた姦淫であるとしている。

そして、「夕闇の迫る路地裏をカラコロと素足に下駄の音を響かせながら、浴衣姿の若いきれいな女が、銭湯帰りと見えて手に石鹸箱とまだ濡れている手拭いを持って、小急ぎに歩いてくるのとすれ違うとき、ちらとこちらを見て、目元にかすかな笑みを見せて伏し目がちに道を譲る。洗い髪と香水と女の肌の匂いがふわりと漂うときに、思わず胸がときめかない青年などあるものだろうか[15]」と述べ、このようなおのずからに込み上げてくる健全な色情について、イエスは語っているのではないことを力強く言い切っている。

しかし、イエスの新しさは何処にあるのだろう。旧約の十戒を踏襲して語ったのであろうか。恐らくそうではなく、何百という戒律によって苦しんでいる弱者に対する、法の縛りからの解き放ちではなかろうか。虐《しいた》げられていた当時の女性の立場に風穴を開け、生きる希望を投じたのではなかろうか。

多くは自分の意思に反し、男にからだをもてあそばれ、たまたま姦淫現場を捕らえられた女性、ただそれだけでその女の一生は終わってしまう。戒律に違反している男女を見つけて石殺しにしようと嗅ぎまわっている宗教的掟に敬虔な輩《やから》こそ問題であり、そんな輩にイエスは叩きつけて言う、「姦淫、姦淫と言うならば、実際に女を犯さなくとも情欲をもって女を見る者は、すでに心の中でその女を犯していることになるぞ。お前さんら今まで情欲を抱いて女を見たことは一度もないのか」。

ちなみに、吉本隆明は『マチウ書試論』において、このイエスの言葉を、原始キリスト教が、ユダヤ教に対する激しい近親憎悪のもとに創り上げた、教義的ロギア（イエスの言葉）を原型として、マタイの作者がイエスの口に乗せたものと理解している。この吉本隆明の解釈の致命的欠陥については、次作『イエスは四度笑った』（仮題）において詳細に言及するので参照されたい。

今まで述べてきた我々の考えに従えば、ギリシャ語の「ギュネー」は、やはり「他人の妻」と訳すべきではなく、単に「女」と訳すべきである。何の限定も加えず女と訳すことによって、法を「無制約に拡張(16)」し、拡張することによって法自体を人間にとって実行不可能なものとする。実行不可能なものとすることによって、法を無力化し、それによって法で泣いている弱い立場の人々を守る。

イエスの意図がここにあったことは、ヨハネ福音書八章冒頭の有名な「姦淫の女」の話がずばり証明している。この箇所はヨハネ福音書の古い重要な写本にはないが、イエスの風貌が躍如として伝わってくる出来事である。

朝早く神殿の境内でイエスが座って民衆に何かを語っている。その時敬虔な律法学者やファリサイ派の人々が、姦淫の現場で捕まえた一人の女を引きずってくる。当時の掟に従えば、この女は石打ちの刑である。この女を真ん中に立たせ、イエスに質問する。当時の常識となっている掟に従うのか、それとも掟を無視するのかイエスを試そうとして、「この女を姦淫の現場で捕まえたが、あんたはどう考えるか」と興味本位で問いかける。

イエスは屈《かが》み込み、地面に何かを書き始める。律法学者らはしつこく問い続ける。イエスは身を起こし、ひと言「お前さんたちの中で罪を犯したことの無い者が、まずこの女に石を投げるがいい」。そう言って、また屈み込み何かを書き続ける。その時年老いた者から始まり、一人また一人とその場を立ち去って行く。イエスと女、残された二人だけの沈黙が流れる。「あの人たちは何処にいるのか。誰も罪に定めなかったのか？」女は「誰も」と答える。

右のイエスの言葉「罪を犯したことの無い者」の箇所は、「情欲をもって女を見たことのない者」がまさに符合する。すなわちヨハネ八章冒頭のこの出来事におけるイエスの行為と言葉は、「情欲をもって女を見る者は……」のイエスの真意をみごとに説明していると言い得るのではなかろうか。

(b) イエスをめぐる女性たち

さてイエス自身の女性関係はどうだったのか？　確かに映画や小説の中では、十分歴史的資料を考慮することなく、いろいろ興味本位に語られてきた。

数年前に話題になった『ダ・ヴィンチ・コード』の主題がまさにイエスをめぐる女性であり、しかもこの小説においては特定の女性である。その名はマグダラのマリア。イエスが生活し活動したガリラヤ湖畔の町マグダラ出身のマリアである。このマグダラは第二章で述べる「ペトロの魚」がよく捕れ、黒鯛に似たその魚は古くから塩漬け（ギリシャ語でタリケイア）にされて輸出された。それ故マグダラはギリシャ人たちによって塩魚（タリコス）の町と呼ばれた。

その町で育ったマグダラのマリアだが、この一人の女性をめぐって何と多くの伝説が生まれたことだろう。この謎の人物、多くの伝説を生み出すほどの魅力あふれる女性であったのかも知れないが、四つの正典福音書には、ごくわずかな事柄しか記録されていない。一つはイエスに七つの悪霊を追い出してもらったということ、そしてイエスの十字架の死の場面に立ち会ったということ、もう一つは復活したイエスが「マリア」と呼びかけた女性であったということだけである。それがいつの間にか、後に述べるルカ福音書七章の「罪の女」にされたり、挙句の果ては「売春婦」にされたり、その他いろいろな伝説に包まれ、多くの絵画にも描かれてきた。

なぜ、世界の至る所で『ダ・ヴィンチ・コード』が騒ぎになったのか。それは二千年間、一般のキリスト教徒が考えてきた常識から甚だしく逸脱していたからだ。その内容とは、マグダラのマリアはイエスの恋人であり、二人の間には子供がいて、子孫が今日まで伝わっている、ということだ。そして、最後の晩餐の時に使った杯（聖杯）の秘密を守り続けるシオン修道会という組織があり、レオナルド・ダ・ヴィンチもそのシオン修道会の歴代の総長の一人であった。レオナルド・ダ・ヴィンチはあの有名な「最後の晩餐」の絵の中で、聖杯の秘密を示している。

聖杯とは物ではなく人であり、この絵のイエスとイエスの右の人物がなすVの構図は女性を表わし、Mなる構図はラテン語のマトリモニウム（結婚）のMあるいはマグダラのマリアのMを示しており、イエスの右にいる人物は通常考えられているヨハネではなく、マグダラのマリアだという。『ダ・ヴィンチ・コード』はまさにマグダラのマリアをめぐっての話だが、この小説の中に以下のような一節がある。

「さっき話したナグ・ハマディ文書と死海文書の写真だ」ティービングは言った。「キリスト教の最古の記録だよ。厄介にも、聖書の福音書の内容と一致していない」中ほどを開いて、一節を指で示した。「ピリポによる福音書からはじめるのがいちばんだ」

ソフィーは読んだ。


そして主《しゅ》の連れはマグダラのマリアである。キリストはどの弟子よりも彼女を愛し、しばしば唇に接吻《せっぷん》した。ほかの弟子たちはこれに苛立《いらだ》ち、非難の意をあらわにした。弟子たちは言った。「なぜわたしたちよりも彼女を愛するのですか」（同書〔中〕156－157頁参照）

すでに述べたQ資料の説明箇所でも指摘したが、『ダ・ヴィンチ・コード』にはしばしば嘘がある。引用した文章に出てくる死海文書の説明も間違っている。この小説では、イエスに関する資料も死海のほとりで見つかっているかのごとく書かれているが、今日に至るまでに発掘されたものは、旧約聖書などユダヤ教に関する資料であって、イエスに言及する資料は見つかっていない。

さらにもう一つ重要な誤りは、引用した箇所の「キリスト教の最古の記録」という部分である。

イエスにまつわる最古の記録は、正典とされた「マルコ・マタイ・ルカ・ヨハネ」の各福音書であり、その中でもマルコが最も古い記録であることはすでに述べた通りである。『ダ・ヴィンチ・コード』が資料として用いた「フィリポ（ピリポ）福音書」は、一世紀に書かれた正典福音書より遅く書かれ、二世紀後半以降と考えられている。結論として言えることは、歴史の中に生きたイエスやマグダラのマリアの実像に迫るためには、やはりどうしても正典とされた福音書に信頼を置かざるを得ない。

ここで聖書学の発展を大きく促した、二十世紀における、ユダヤ教及びキリスト教にかかわる三大発見に触れておこう。

その一つは、今引用した『ダ・ヴィンチ・コード』の中にも出てくるナグ・ハマディ文書である。一九四五年、エジプトのナイル川流域のナグ・ハマディで農民らによって発見された。『ダ・ヴィンチ・コード』の作者にとって重要な資料となった「フィリポ福音書」や「トマス福音書」など五十二文書が見つかり、多くはグノーシス思想に基づいて記されたものである。これらはコプト語[17]で書かれ、ギリシャ語原典からの翻訳であり、冊子本（コデックス）の形をとっている。

二つ目の発見は、これこそ世界に衝撃を与えた二十世紀最大の発見であり、これも先ほど引用した『ダ・ヴィンチ・コード』にも登場する死海文書である。

状況が定かでない点も多いのだが、一九四七年頃、パレスチナの死海のほとりのクムランで、一人の牧童が逃げた家畜を追っかけている時、洞窟を発見し、洞穴《ほらあな》に向かって石を投げ入れたところ、その石が瓶《かめ》に当たり、その中から巻物（スクロール）が見つかった。

以後、古代イスラエル史の権威、ドミニコ会のＲ・ドゥ・ヴォー神父らによって発掘作業が始まり、今日に至る。

『ダ・ヴィンチ・コード』が述べる「コンスタンティヌスが抹殺しようとした福音書のなかには、かろうじて残ったものがある。一九四〇年代から五〇年代にかけて、パレスチナの砂漠にあるクムラン付近の洞窟で、死海文書が発見された」は、あたかも死海文書の中に福音書が含まれているかの如き内容であるが、これは嘘である。

今日に至るまで、十一の洞穴から出土したおびただしい数の断片の中には、イエスや新約聖書に登場する人物に関する資料は含まれていない。

三つ目はチャコス写本と言われるもので、一九七八年頃、これもナイル川流域のミニヤー県で発見され、その中には話題を呼んだ「ユダの福音書」が含まれている。このユダはイエスを裏切ったとされるあのイスカリオテのユダのことだが、もちろん彼が書いたということではない。この書はコプト語のサイード方言で書かれ、ギリシャ語原典からの翻訳である。

この「ユダの福音書」の存在は、一八〇年頃、リヨンの司教エイレナイオス（イレネウス）が書いた書物『異端反駁』の中に登場し、この書の存在については知られていたが、千六百年間土の中に埋もれていた。発掘されたものの年代は、今では放射性炭素年代測定法でかなり正確に割り出すことが出来る。

「ユダの福音書」は三十三枚六十六頁の形で発見され、その時点で、はなはだしく劣化していたのだが、見つかってからもなお十六年間、さまざまな経緯で、古美術商や学者らによってぞんざいに扱われ、スイスやアメリカの貸金庫に眠る時期もあった。

劣化に劣化を重ねた末、スイスの修復専門家フロランス・ダルブルの工房で修復作業が行われ、このチャコス写本の名称となったスイスの古美術商フリーダ・ヌスバーガー・チャコスらの協力により、今日の姿に整えられた。ぼろぼろに劣化した「ユダの福音書」を我々が読める形に修復される過程で、この二人の女性の貢献は大きい。

いま述べた一つ目と三つ目の、共にナイル川流域で発見されたものの多くは、グノーシス思想に基づく福音書で、『ダ・ヴィンチ・コード』がイエスとマグダラのマリアの関係を語るにあたり資料としたものも例外ではない。根底となる資料がグノーシス思想に基づく福音書である以上、イエスをめぐる女性について論ずるためには信憑性《しんぴょうせい》を欠いたものとならざるを得ない。

グノーシスとはギリシャ語で「知識」を意味するが、その系譜は複雑で、大貫隆訳著『グノーシスの神話』（岩波書店）など多くの研究がなされている。グノーシスはどのような必要性から生まれたのか？

その一つは、この世界を見る時、地震、暴風雨、洪水、飢饉、干魃《かんばつ》、伝染病、貧困、苦痛など、災いだらけである。どうして、この世はすばらしい世界だなどと言えようか、という問いかけに発する。この世界を創造した神は唯一でもなければ全能でもなく、むしろ劣位の神である。しかし、この世界の責任を神に負わせることはできない。救済は、この世界と物質の牢獄から逃れる方法を学び、認識（グノーシス）した人だけが得られる、とする思想である。

ここで当面の主題、イエスのまわりの女性たちを語る場合、グノーシス思想のどこに問題があるかを三点、簡単に指摘しておこう。

一つは、グノーシス主義の福音書は、早いもので二世紀前半に書かれるが、正典福音書（「マルコ・マタイ・ルカ・ヨハネ」）はさらに古く、イエスの死後最も早く書かれた福音書であり、生身のイエスやマグダラのマリアの歴史的実像を知るためには、正典福音書の方がグノーシス主義の福音書よりはるかに信頼に値する。

二つ目は、グノーシス思想の根本に、この世を「悪」と見なし、それ故宇宙の創造主を悪玉とする考えがある。一方、ユダヤ教やキリスト教やイスラム教は、この唯一の創造主を全能の神として礼拝しており、神のとらえ方が両者の間で著しく異なる。

三つ目は、グノーシス主義におけるイエスは、仮現説（ドケティズム。ギリシャ語の動詞ドケインに由来し、「〜であるように見える」の意。天的キリストが人間イエスと洗礼時に合体し、イエスの死の前に離脱したとする説）で説明されるイエスで、要するにその肉体は幻に過ぎず、死ねばまたグノーシスの神の世界にその魂が帰ってゆく。仮現説のようなイエス理解がどうして生まれてきたのか？　それは、イエスの死後百年以上の月日が流れると、生前のイエスと共に生活した人たちは誰もいなくなる。そうすると、イエスは神であると頭の中で信じる一方で、生身の人間であった事実は抜け落ちてゆくところから生まれてくる。

ところが一方、キリスト教においては、イエスは我々と同じ肉体を持ち、我々と同じように苦しみ、悲しみ、喜び、その生涯の果てに十字架上で死ぬ。そのイエスの全生涯を神は「よし」とし、からだごと復活させる。しかし、グノーシス主義においては、イエスのからだは幻のようなものであるから、十字架上で苦しむこともなく、それ故死も復活も意味を持たない。

イエスをめぐる女性に関し、多くの映画や小説が、いかに歴史的資料に基づかない想像の産物であるかを説明するため、『ダ・ヴィンチ・コード』を例にあげて最小限必要と思われる事柄を述べてきた。では、「マルコ・マタイ・ルカ・ヨハネ」の正典福音書は、イエスをめぐる女性について何を語っているのか。

福音書から浮かび上がってくるイエスの風貌は、一切の依存、一切の権威を必要としない人物であったこと。旧約の預言者たちは、自ら語る言葉の真実を証明するため、「神」や「聖書」の権威を盾にして語ったのに対し、イエスは自らの言動の真実性を証明するため、一切の権威に頼らず、事柄そのものの真実性に全てを託した。それ故にこそ、周りの人々には、逆に、イエスが「権威ある者のように」（マルコ一章二二節）感じられた。このようにイエスは物事自体の真実性のみに、言葉や行動の動機を置く、確信に満ちた人であった。人からの評価も、スキャンダルの種になることも、自らの生命を失うことも恐れない、勇気ある人であったこと。さらに澄み渡る洞察力と共感力を持ち、今困っている人、悲しんでいる人と共に歩もうとした心温かく、優しい心根の人物であったことなどである。
そうであってみれば当然、魅力を感じ心を奪われた女性もたくさんいたに違いない。事実、イエスとの出会いによって、その瞬間から生き方を変えた女性もいた。
四つの福音書すべてが語る印象的な出来事がある。それはゲーテの『ファウスト』でも語られる場面である。森鷗外は次のように訳している。

ファリセイの人々に嘲《あざけ》られつつも、
神々しく浄められたる御子《みこ》の御足《みあし》のもとに、
バルサムなす涙を流しし
愛に頼りて願ひまつる。
奇しき香《か》をいと多く滴《したた》らせし
瓶《へい》に頼りて願ひまつる。
尊き御手御足《みてみあし》を柔かに拭ひまつりし
髪に頼りて願ひまつる。(18)

右の情景はルカ七章に基づくものだが、ファリサイ派の人にイエスが招かれ食事をしていた時の出来事である。マルコ一四章やマタイ二六章に出てくる類似した仕草の女は、香油をイエスの足ではなく頭に垂らす。四つの福音書はそれぞれ微妙に場面も意味合いも異なるが、イエスの生きた歴史の現場においては、一度限りのかけがえのない出来事であり、この女の仕草は強烈な印象を残すものであった。

庶民生活の隠れた場において、生活を支配する細かい規則がどれくらい忠実に守られていたかは甚だ疑問だが、男と女が親しく語り合うことすらままならぬ社会であったことは確かである。家族同士の食事ではないこのような食事の席に、一人の女が入って来て背後から一人の男に近づき、涙で足を濡らし、自分の髪の毛でその足をぬぐい、高価な香油を垂らすという行為はやはり異常である。

この女は以前イエスとの出会いによって、生き方を変えられたのかもしれぬ。間近に迫るイエスの死を予感し、秘めていた切ない思いがその計画を生み、このような行為となって迸《ほとばし》り出たのかもしれぬ。愛は計画し、確実に実行する。

その時イエスは足も引かず、身動き一つせず女の仕草に身を委ねた。この女の真実の思いをイエスは受け止め受け入れたのだ。そこには互いに向かい合う男と女の、豊かな感情の交錯と喜びが漂っていたに違いない。

イエスは、「情欲を抱いて女を見る者は誰も、心の中ですでにその女と姦淫の罪を犯したことになるぞ。罪を犯したことのない者が、まずこの女に石を投げつけるがいい」という言葉を、敬虔な宗教家たちに叩きつけることによって、石殺しに直面している姦淫の現場で捕らえられた一人の女の命を守り抜く。そのイエスが、今やある女性の心の底からの切実な情愛の前に、身動きせず静かに身を委ねたほほえましい場面である。

この章の最後にもう一つ、十字架上での死の後、神によって復活させられたイエスに、マグダラのマリアが出会った場面を想像してみよう。この話はヨハネ二〇章一一節から一七節で語られている以下のような出来事である。

墓の外に立ってマグダラのマリアが泣いている。イエスの身体が置いてあるはずの墓が空になっていたからだ。泣きながら身をかがめて空の墓を覗き込む。イエスの遺体の置いてあった所に、天使のような白い衣を着た者が二人、座っているのが見える。彼らが「なぜ泣くのか」と尋ねる。マリアは「私の主が取り去られました。どこに置かれているのかわかりません」と答える。そう言いながら後ろを振り向くと、一人の男が立っている。まさにその男こそイエスであったが、マリアは気づかない。

男が「なぜ泣いているのか。誰を捜しているのか」と尋ねると、マリアはその男は園の番人だと思い、「あなたがあの方を運び去ったのでしたら、どこに置いたか教えてください。わたしがあの方を引き取ります」と言う。その時、まさにその時「マリア！」というイエスの呼び声が響く。マリアは振り向き「ラボニ！」と答える。ヘブライ語で師匠という意味である。マリアは喜びの余り、イエスにしがみつく。イエスはマリアに言う、「すがり続けるのはよしなさい。早くみなの所に行って、『私はこれから神のもとに昇る』と告げなさい」と。

美術展などに行くと、この場面を描いた絵画の題によく「ノリメタンゲレ」と書かれたラテン語の横に「我に触れるなかれ」と日本語訳が書かれているのを目にする。しかしここでイエスはマリアに「触るな」と言っているのではない。

このニュアンスは決定的である。「すがり続けてはいけないよ」と言うのと、「触るな」と言うのとでは大きな違いだ。ギリシャ語の命令法の時制（この箇所は不定過去でなく現在で、前者が瞬間的動作の命令に対し、後者は継続的動作の命令）を考慮して訳すと、「いつまでもしがみついていちゃいけないよ」という意味である。

イエスは決して「触るな」とは言わない。このニュアンスこそまさに、この章でとり上げた「人間の色気」である。寅さんとイエスに共通する、人間としての色気である。

そこには、涙でイエスの足を潤し、自らの髪の毛で師の足を拭い、高価な香油を足に垂らした一人の女性に注がれるイエスの温かい眼差しがある。そしてまた、十字架上で師の死を見届けたマグダラのマリアが、空の墓でイエスに出会った時、絶望から希望への喜びの中で、思わず師にしがみつく行為に対する、イエスの静かな言葉がある。

その仕草や眼差しの中に、またマリアへの「すがり続けてはいけないよ」というイエスの言葉の中に、そして『男はつらいよ』最終作「寅次郎紅の花」で、リリーの肩をあらん限りの愛情を込めて片手でそっと抱こうとした寅さんの動作の中に、ほのかな人間の色気を感じざるを得ない。

第二章

「フーテン（風天）」について

1 「ふうてん」という言葉

初めに「ふうてん」という言葉について触れざるを得ない。まず手近にある十三の異なる国語辞典[19]を調べてみたところ興味深いことが分かった。「ふうてん」は二つに別れ、①風天、②瘋癲があるが、両者を明記しているのは、『広辞苑・第六版』（岩波）と『精選版日本国語大辞典3』（小学館）と『大辞泉』（小学館）と『大辞林・第三版』（三省堂）であり、『大辞林』だけ順序が①②でなく②①と逆になっている。その他の九つの辞書は「風天」を削除ないし割愛している。「風天」は元来インド神話から来ており、風の神で、名誉・福徳などを与えるとの説明であるが、すべての辞書が取り上げている「瘋癲」は総じて次の二つの意味に細分される。一つは精神状態が正常でないこと、またそういう人。もう一つは定まった仕事も持たず、ぶらぶらしている人の意である。そして後者に「フーテン」とも書く、が添えられている。

『日本語大辞典・第二版』（講談社）だけ、前者と後者が逆の順に置かれ、「フーテン」に「風癲」の漢字が充てられ、「瘋癲」と区別している。そしてこの辞書だけ、次のような具体的な説明が加えられている。「昭和四十二年（一九六七）夏、東京新宿駅前広場にたむろしていた若者たち。一見ヒッピー風だが特別な主張や思想もなく無気力な生活を送っていた。フーテン族」。

興味深いことは、「男はつらいよ」と題する、第一作の公開が一九六九年八月二十七日であり、後で述べる『男はつらいよ』テレビ版がその前年の一九六八年十月三日から一九六九年三月二十七日までであるから、フーテン族の現象は、『男はつらいよ』テレビ版の前年ということになる。「私、生まれも育ちも葛飾柴又です。帝釈天で産湯をつかい、姓は車、名は寅次郎、人呼んでフーテンの寅と発します」。朗々たる寅さんの鮮やかな口上とフーテン族の社会現象の相乗効果で、辞書にも瘋癲の第二の意味が加わったと考えられる。

なぜなら、例えば『広辞苑・第一版』(一九五五年)には、瘋癲は「後天的精神病の中で、言行錯乱・意識混濁・感情激発の著しいものの俗称」と説明され、『第四版』(一九九一年)では「精神状態が正常でないこと。またそういう人」に変わり、『第五版』(一九九八年)に至って初めて「(「フーテン」とも書く) 定まった仕事を持たず、ぶらぶらしている人」が加わる。

なお、小学館の『精選版日本国語大辞典3』によると、フーテン族やフーテンの寅以前に、一九六〇年から六三年にかけて雑誌『文學界』に連載された高見順の小説『いやな感じ』の中に、『ああいうのをニヒルというのかな』『あれはフウテンだ』」という瘋癲の新たな使い方が出ているとして紹介されている。

調べた十三の異なる国語辞典の中で、ずばり「フーテンの寅」が明記されているのは『国語辞典・第七版』(岩波) である。①精神状態が正常でないこと。そういう人。②定職 (というほどのもの) を持たず、ぶらぶら暮らす人。③「――の寅」(普通「フーテン」と書く)。この②の意味に『新国語辞典』(角川) や『国語辞典・第十版』(旺文社) では「既成の社会秩序からはみ出た」言動をする者が加わり、『新明解国語辞典・第六版』（三省堂）では「奇抜な服装をしたり世間のひんしゅくを買うような行動をしたりする人」が加わる。

整理しよう。「フーテンの寅」のフーテンの意味は「国語辞典」では、（一）定職というほどのものを持たず、ぶらぶら暮らしている者、（二）既成の社会秩序からはみ出た言動をする者、を指し示している。

国語辞典の意味としては、それはそれでいいのだが、この本で書きたい事柄は、「フーテンの寅」の「フーテン」にはさらに深く新しい意味が含まれていること、「風天のイエス」の「風天」にもさらに深く新しい意味が含まれていることであり、「フーテンの寅・風天のイエス」はまた同時に「風天の寅・フーテンのイエス」でもあるということである。この本を読み終わるまでに、ほんの僅かでもそれを感じ取っていただけたなら、この拙著の目的の一つは成就されたことになる。

まずは「男はつらいよ」第一作からフーテン性の深みを探ってみよう。

2　寅さんの場合——フーテンの寅

(a) フーテン性（I）——常識をはみ出した者

†男はつらいよ（第一作）

井上ひさしが監修した『寅さん大全』[20]の中で、『男はつらいよ』は三つの安定した基本構造を備えていることを指摘している。一つは貴種流離譚《きしゅりゅうりたん》の形式。二つ目は、道中記あるいは道行きの形式。三つ目は〈兄と妹〉の物語形式。

山田洋次は、神話・説話の形式を現代に引きずり出してフーテン男とその家族のことを描いているうちに、ついに現代の神話・説話そのものを創造してしまったのである。これはすばらしい作業であり、わたしなどから見ると、うらやましくて仕方がない。もう素直に、脱帽。

以上のように『男はつらいよ』の磐石の構造を称賛する井上ひさしは、貴種流離譚を自分なりに次のように定義づける。

〈貴い家柄に生まれた英雄が、運命の命じるところによって本郷を離れて流浪し、幾多の苦難を女性の助けなどをかりて克服し、ついに本郷へ凱旋する物語〉

そして、右の構造の中身をあべこべにしたものが『男はつらいよ』である。つまり、「ごくフツーの家に生まれた烏滸《おこ》な男が、つまらないことで本郷を離れて流浪し、たいした苦難もないままにむやみに女性に惚れたりして一向に向上もせず、なすところなく本郷へ帰って、またそこで悶着を引き起こす物語」。

さて、テレビ版『男はつらいよ』は、今から五十年以上前、団塊の世代の人達が二十歳前後の一九六八年十月から翌年三月までの約半年、木曜日午後十時から四十五分間、二十六回にわたって放映されたもので、実際に観ていたという人は今はもう多くはいないだろう。というのも、テレビ版が始まった翌年の一九六九年といえば、忘れもしない東大安田講堂に全共闘が立てこもるなど学生紛争たけなわの年であり、この頃若者らはテレビドラマどころではなかったからだ。いずれにせよ、テレビ版『男はつらいよ』は旅に出た寅が奄美大島でハブに咬まれ死んでしまって幕を閉じる。

ところが幕を閉じてから一騒動、フジテレビに電話が殺到、「なぜ寅を殺したのだ！」の猛抗議。多くの人の心の中に寅さんは生き続け、こうして翌年再び映画版となって寅さんは復活した。ちょうど十字架上で完全に息を引き取ったイエスが、数日後神により復活させられ、多くの弟子らに現れたように。キリスト教はこの不思議な出来事の、弟子たちの体験の証言から始まる。

復活した車寅次郎の第一声は印象的である。

桜が咲いておりますす。懐かしい葛飾の桜が今年も咲いております。思い起こせば二十年前、つまらねぇことで親爺と大喧嘩、頭を血の出る程ぶん殴られて、そのままプイッと家をおん出て、もう一生帰らねぇ覚悟でおりましたものの、花の咲く頃になると、決まって思い出すのは故郷のこと、餓鬼の時分、鼻垂れ仲間を相手に暴れ回った水元公園や、江戸川の土手や、帝釈様の境内のことでございました。風の便りに二親《ふたおや》も秀才の兄貴も死んじまって、今はたった一人の妹だけが生きていることは知っておりましたが、どうしても帰る気になれず、今日の今日まで、こうしてご無沙汰に打ち過ぎてしまいましたが、今こうして江戸川の土手の上に立って、生まれ故郷を眺めておりますと、何やらこの胸の奥がポッポッと火照って来るような気が致します。そうです。私の故郷と申しますのは、東京、葛飾の柴又でございます。

ここで亡くなった二親とは、妹さくらと秀才の兄貴の両親で、寅の母親（ミヤコ蝶々）はまだ生きており第二作に登場する。寅の父親は相当な遊び人で、へべれけの時、芸者菊に生ませたのが寅であり、第一作のさくらの見合いの席で「あんちゃん悔しかったなぁ。酔っぱらって作ったんだもんな俺のこと。真面目にやってもらいたかったよ、俺は本当に」と、寅もへべれけの状態で告白する。

さて、貴種流離譚に話を戻すが、井上ひさし流〈貴種流離譚のあべこべ〉の形がここに実現している。すなわち、ごく普通の家に生まれた愚かな男が、つまらないことで故郷を離れる。つまらないことというのは、寅自身の言葉を借りれば、十六歳の春「不良仲間とヤツデの植込みの陰でもってエンタ、失礼、モクを吹かしていた」（第三十二作「口笛を吹く寅次郎」）ところ、そのたばこの煙が便所に入っていた父親の所に流れ込んだのが運の尽き、親爺にぶん殴られ、父が一番大事にしていた万年青《おもと》の鉢を投げつけ、出て行った。出て行く寅さんを柴又の駅まで見送ったのは幼い妹のさくらだけだった。

こうして、つまらないことで故郷を離れ、二十年間流浪し、なすところなく故郷に帰り、そこでまた悶着を引き起こすという、貴種流離譚さかさまの構造である。

この「悶着」にこそフーテンの深さが潜んでいるのだが、その悶着については後に語ることにして、実はイエスの場合がまさに貴種流離譚の構造なのである。キリスト教の最もオーソドックスな神学に基づくと、「イエス貴種流離譚」を次のように説明することができる。

宇宙万物が創られる以前に、無限の神が憩《いこ》っていた。その神が永遠の相において子を生んだ。子もまた無限の神である。生んだ神を比喩的に父と言い、生まれた神を子と言う。この「子なる神」をヨハネ福音書は「言葉」(ギリシャ語でロゴス)と呼ぶ。

ある時、無限なるロゴスが父なる神のもとを離れ、ある片田舎に住む名もなき娘マリアの胎を通して「人間」の姿になった。神であるロゴスが「人間」の姿をとったが故に、その「人間」はまことの神であるが、人間マリアから生まれたその「人間」は、我々と同じからだを持ち、我々と同じように喜び、悲しみ、怒る、まことの人でもある。その名をイエスという。そのイエスは波瀾万丈の生涯の後、十字架上に吊《つる》し上げられ、殺害される。

しかし父なる神はイエスの全生涯を「よし」とし、復活させる。復活させられたイエスは、しばらく地上で共に生活した人々のもとに現れた後、再び永遠なる神の命の中に帰ってゆく。まさに貴種流離譚の構造である。

ここで「男はつらいよ」第一作の「悶着」を、さくらの見合いから結婚に至る一連の出来事に限定して振り返ってみよう。この第一作は全体が九十一分であり、百分を超えてくる他の作品と比べれば短く、早いテンポで話が展開してゆく。内容の密度も高く、エネルギーも凝縮しているが、それだけに寅さんのはみ出し度も尋常ではない。

第一作だけを観て、寅の常軌を逸した姿に目を覆う人もいるであろう。辞書で定義しているフーテンの「既成の社会秩序からはみ出た」あるいは社会常識からはみ出した灰汁《あく》の強い寅の姿が、第四十八作に向かって、次第に滋味と円みを帯びた寅に変貌してゆく。

確かに円みを帯びた寅も魅力であるが、しかしこの若き寅さんのエネルギー溢れるはみ出しは重要である。目も覆いたくなるような常軌を逸したはみ出しの背後に、寅のフーテン性の深みが隠れている。後に述べるイエスも、掟破りの人生であり、当時の常識から悉く逸脱していた。しかしこの逸脱にこそ深い意味が隠されている。寅とイエスの両者に共通する逸脱は、他者を生かすための他者への思いやりであり、表層の嘘を暴き真相を露《あらわ》にする、いわば道化の姿である。

それでは常軌を逸した第一作の寅の姿、その背後に隠された真実を作品そのものから捉えてみよう。場面を（A）から（G）の七つに分け、その推移の中で露になってくるものを洞察してみよう。

場面（A）――今日は妹さくらの見合いの日。おいちゃんが家族代表で付き添う予定だったが、昨夜の深酒で二日酔い、行けそうにもない。

さくら　いいわ、私一人で行くから。どうせ部長さんが押し付けた話だもん。

（おばちゃん＝つね〔三崎千恵子〕、だらしないおいちゃん＝竜造〔森川信〕を凄い剣幕で叱っている。中庭で歯を磨いていた寅がやって来る）

寅　よーよー、おばちゃんよー、一体どうしたんだい。

つね　いやね、今日はさくらちゃんのお見合いの日なんですよ。

竜造　なあ寅さん、おめぇ、俺の代わりに行ってくれないかなぁ。

寅さんはその場の雰囲気で、妹さくらにとっていい話には違いないが、さくらはそれほどこの縁談に乗り気ではないことを直感的につかんでいる。寅の恋に関する勘は、二十年のフーテン暮らしが磨きに磨きをかけている。第十作「寅次郎夢枕」では、東大理学部助（准）教授の岡倉先生（米倉斉加年）の、第三十五作「寅次郎恋愛塾」では若菜（樋口可南子）に恋する青年（平田満）の恋愛指南に打って出る寅さんである。さくらの今回の話は部長が押し付けた話であり、さくら自身それほど乗り気ではないことを寅はすでに了解している。確かに世間的にはいい話には違いないが。

場面（B）――大きなホテルの一室。部長、下請け会社の社長とその妻、見合いする息子とおそらくその妹、寅とさくらの七名。洋食を食べながらの見合い。寅はもともと大きなホテルとか気取った洋食は気に入らない。四十八作全編を通じて、寅の舞台は大都会ではなく田舎であり、泊まる宿はホテルでなく安宿であり、好んで食べるものは洋食でなく和食である。このお上品な雰囲気は最初から受け入れ難いものである。この雰囲気から漂う上層階級のうわべを繕う皮相な体裁や常識を、寅は初めから丸ごと壊しにかかっている。会話は次第に盛り上がり、話題はさくらという名前について。

寅　いやこの櫻っていう字がねぇ、面白ござんしてね。えー、木偏に貝二つでしょ、それに女ですから。えー、二かいの女はキにかかると、こう読めるんですよ。

ここまではまだよかった。しかし、マナーを外す寅に注ぐ軽蔑の眼差しに、意識的にと言うよりも単純な寅は無意識的に、妹さくらはこの縁談がうまくいっても所詮幸せにはなれない、こんな青二才に大切な妹を渡すわけにはいかないと、心の深層の中で結論づけている。

座が白ける中、高校生くらいの見合い相手の妹だけは、抑えきれず本当に可笑《おか》しそうに笑っている。この無邪気な笑いは救いである。この白けの雰囲気の中にあっても、寅の無垢《むく》を感じ取る、腹の底からの無邪気な笑い、高校生の健康な笑いである。さくらはひやひや、「お兄ちゃんやめて」とあの手この手で伝えても、お兄ちゃんは聞かない、どんどんエスカレートしてゆく。酒も進み、もうぶっ壊しである。

「私、失礼します」と言い残し、母親退散。そこで、さらにますます寅の言葉はとどまるところなくエスカレートしてゆく。この話の誇大化の痛快さに、映画の観客は笑いを禁じ得ない。さて、座は白け、寅はへべれけ状態、万事ぶっ壊しで見合いは終わる。一緒にとらやに帰宅。さくらの悲しそうな顔。翌日さくらは部長に呼ばれ、当然のことながら、この見合いがうまくいかなかったことを告げられる。

場面（C）――そんなある日、寅は舎弟の登（津坂匡章）を連れてとらやに帰宅。そこでおいちゃん、おばちゃん、さくらを含め大喧嘩となる。今回の縁談を断られたことを知らされる。

寅　あっそう、へー、断られたの、さくら。そりゃかえって好都合だよ。冗談じゃねぇよ、あんな青二才よー、こっちで断ってやりてぇぐらいだよ。

（おいちゃん、おばちゃん激怒。断られたのは寅のせいだと言う。激しい口論となり、おいちゃん、おばちゃんをじじー、ばばー呼ばわりする寅をさくらが諌める）

さくら　さんざん世話になったおじさんたちにそんな言い方ないでしょう。あやまりなさい！

（寅、さくらの「あやまりなさい」にカッとなる）

寅　このやろう、妹のくせにてめぇ生意気だぞ。

さくら　お兄ちゃんこそ何よ、兄貴づらしていい気になって。昨日から今日にかけて、私がお兄ちゃんのためにどんなつらい思いしてるかわからないの。

「うるせぇ」。そう発しつつ、寅、さくらを殴ってしまう。全四十八作中、兄と妹の最も激しい喧嘩である。おいちゃんも怒り心頭に発し、中庭に出て取っ組み合いの喧嘩が始まる。博（前田吟）が止めに入り、寅を羽交い締め、その寅をおいちゃんは殴りつける。死んだ寅のおやじの思いも込め、殴りに殴る。寅、抵抗せず殴られるに委す。

ここに寅の優しさがある。力のあり余る若き寅がその気になれば、年老いたおいちゃんを負かすことは易しいが、そこまではしないところに、愚かな自分への自覚と他者への思いやりがある。フーテンとしての愚かさの自己認識こそ、この章で扱うフーテン性の深みである。

しゃがみ込む寅のもとに、さくらも来てしゃがむ。妹と寅、そして博。「貸せ」と博の腰の手拭いを抜き取り、自分の顔を拭く寅。油と汗まみれの手拭いで寅の顔は真っ黒。それを見てさくら笑う。無心に笑う。寅も笑う。寅、さくらの笑いに釣られて笑うが、なぜさくらが笑っているのかわからない。ただ無邪気に笑い合う二人。やがて、腕をその手拭いで拭いた時、寅はさくらの笑いの原因に気づく。大喧嘩の後のスカッとした、なんとも微笑ましい情景である。

寅、反省して旅に出る。旅先の奈良で葛飾柴又の題経寺（通称帝釈天）の御前様（笠智衆）と御前様の娘で幼な友達の冬子（光本幸子）に出会う。そして、やがて一緒に故郷柴又に帰って来る。

場面（D）

博　御免下さい。あのー、団子を二百円下さい。

さくら　私持って行ってあげるわ。

博の働く印刷工場は、タコ社長（太宰久雄）がいつもするように、とらやの内側から行き来できるのだが、店の表から帰ろうとする博においちゃんは、「博さん、裏からお帰りよ、何も遠回りして行くこたぁねぇやな」と言う。そこへさくらが鼻唄まじりで、とらやの中庭に集まっている職工らの元へ、博が注文した団子を持っていく。その鼻唄においちゃんとおばちゃんは、さくらも博にまんざらでもないことを悟る。

その時、冬子がとらやの連中に挨拶に訪れ、少し遅れて御前様を寺まで送って来た寅が帰ってくる。寅はさくらを探す。さくらは中庭で職工らとギターを弾きながら歌を歌っている。そこへ寅がやって来て二人は再会を心から喜び合う。

職工　お帰りなさい。よかったですねぇ。さくらさん心配してましたよ。

寅　さくらさん？　気安いぞこの野郎。何だ、人の家に図々しく入り込みやがってよぉ。断っておくけどなぁ、うちのさくら引っ掛けようたって、そうは問屋が卸さねぇぞ。あいつは大学出のサラリーマンと結婚させるんだい。てめぇらみてぇな菜っ葉服の職工には高嶺の花だい。わかったたか。

博は寅を睨み付け、職工ら皆怒り心頭。翌朝寅に決闘を申し出る。江戸川沿いでの果し合い。タコ社長、何とか止めようと現場に駆けつけてくる。

場面（E）――（江戸川岸に浮かぶ船の中で寅と博が口論をしている）

博　大学も出ていない職工には、さくらさんを嫁にやれないと言うのか。

寅　おぅ、当たりめぇよぉ。文句あるんだったら腕で来るか。

博　じゃ聞くけどなぁ、あんた大学出か？　もし仮にあんたに好きな人がいて、その人の兄さんが、お前は大学出じゃないから妹はやれないと言ったら、あんたどうする。

……

兄さん、それじゃ聞きますが、あんた女の人に惚れたことありますか。どうなんですか、一度もありませんか？　兄さんも男なら一度くらいは心の底から女の人を愛したことがあるはずだ。あるでしょう。

（いつの間にか、気安く「兄さん、兄さん」と呼ぶ博の顔をじっと見つめる寅。「あれぇ」。人差し指で博の額をつつきながら）

寅　この野郎、てめぇ、さくらに惚れてやがんな。この野郎、女だとか愛だとか蜂《はち》の頭だとか蟻《あり》の金玉だとか、御託並べやがって。おい、てめぇ、要するにさくらのこと女房にもらいてえんだろう。

博　いやぁ、何もそこまでは。

寅　じゃてめぇ、惚れてねぇってのか？

博　いや、惚れてます。

一見くだらないこうしたやり取りの中で、寅はみごとに博の腹の内を聞き出す。妹さくらに博が惚れていることを確信した寅は、さっそくその晩、博を飲みに連れてゆき、女のくどき方を手ほどきする。そして翌日、寅はさくらの会社を訪ね、さくらの気持ちを遠回しに確かめるのだが、さくらの答えを待たず、「やっぱり無理だろうなぁ」と勝手に思い込みつつ、さっさと話を切って引き上げる。

確かに見合いの席での振舞といい、さくらにまつわる職工への言葉といい、さくらに博をどう思っているか確かめるやり方といい、軽率の一言につきるが、しかしこの軽率さの背後に誰にも負けない、妹さくらへの真実の思いが潜んでいる。さくらを大切に思う気持ち、幸せになって欲しいと願う気持ちが一貫して流れており、この軽率さのなかに含まれるまことが、うわべだけの表層的な事柄を浮き彫りにし、それを打ち砕いている。寅のフーテン性の軽率な言動が含む真実の深淵である。

場面（F）――印刷工場で働きながら寅の返事を待っている博の所に寅がやって来る。「どうでした?」と尋ねる博に、「パーだよ、パーで一ころだよ、あれは諦めろよ、脈ねぇから」と寅。「言ってくれたんでしょうねぇ。あの一つまり結婚して欲しいっていうふうに」と必死の思いで確かめる博。それに対し、寅はそっけなく「うーん、ちゃんと言ったよ。だめだよ。取り付く島ねぇもんな」という。もはや失望、いや絶望の中で博のひと言、「そうですか」。ここで博はとらやに行き、さくらの前で第一章で記した（36頁）、三年間の熱い思いを告白する。すべての思いを込めた博の真剣な告白の終わりに、「ぼくは出て行きますけど、さくらさん幸せになって下さい」と言い残し去って行く。そこに寅がやって来る。博が仕事を辞めるということで、タコ社長も慌てふためいてやって来る。

「ちょっとお兄ちゃん、お兄ちゃん、ねぇ、はっきり言って。何をしたの、何を言ったの博さんに」。何かを予感したさくらが思い詰めた面持ちで問い質す。「うん別に、ただ、さくらのこと諦めろと言ったんだよ」と寅。「じゃ今日会社に来たの」「そうだよ。だってお前返事つれなかったじゃねぇか」「そんなー。バカ！　お兄ちゃんのバカ！」さくら、博を追っかける。

名場面である。柴又の駅。「博さん！」叫びつつ改札口を通り抜け、息を切らして博のもとへ。見つめあう二人。電車の発車の合図。そのまま一緒に電車に乗り込む二人。二人を乗せ、遠退《とおの》く電車の残す余韻。電車の中で見つめ合う二人の心に、三年間の互いの熱い思いが一瞬のうちに込み上げてきたに違いない。沈黙は破られ、さくらは思いのすべてを込めて「博さん、わたし、うれしかった」と応答したに違いない。

場面（G）――一連の出来事の最後の場面である。寅さんのフーテン性の中に含まれる深淵を示すため、一つ一つの場面をていねいに示してきた。そこには寅の底知れぬ優しさが存在する。

とらやでは再び大喧嘩。電車の中の博とさくらを知る由もない、おいちゃん、おばちゃん、タコ社長は、ひたすら寅を責める。寅のせいでこうなったと。おばちゃん堪《こら》え切れず「出て行っておくれ」。おいちゃんも「そうだ、それが一番だ。もともとなぁ、お前が帰って来なかったら、こんなことにはならなかったんだ」と、口走ってしまう。

「言ったな、俺に出て行けってぇのかよー、おいちゃんの口からそれが出てくりゃ御仕舞いだよ。よーし、どうせ俺は邪魔者なんだい。俺はもう一生、このうちに帰って来ねぇからな」。そう言い終わるか終わらない時、さくらが帰って来る。「ただいま！」

さて、この一連の話の結論、寅のフーテン性に含まれる測り知れない深淵は、以下の場面によって端的に示されている。

さくら、真っ先に寅の所へ行き座る。「お兄ちゃん、わたし博さんと結婚する」と突然告げるさくら。一瞬驚く寅。「決めちゃったの、いいでしょ、ねぇお兄ちゃん、いいでしょ」。「うん、うん、うん、うん」、小さく首を振り黙って頷く寅。唇を少し震わせ涙ぐむ寅と、喜びをかみ締めたさくらの、見つめ合う二人の描写は、四十八作全編に流れる兄と妹の、寅とさくらの、相互に支え合うかけがえなき信頼を凝縮している十数秒である。静かに背を向ける寅に、さくらのひと言、「いろいろ有難う！」

このさくらの言葉の中に、兄さんの一連の恥ずかしい軽薄な振舞は、隠れた心の奥底では、妹の私を大切に思っての行為であり、現実には、一見カッコいい世間体を気にした軽はずみな結婚を受け入れるのではなく、真実の愛情で結ばれる博との結婚に、結果として行き着いたことへの、筆舌に尽くし難い感謝が込められている。

一方、寅の方も、こんな滅茶苦茶な振舞をしてきた自分に、別れてからの二十年間、そして今回も兄として何もしてやれなかったばかりか、恥ずかしい思いをさせた自分に、「いいでしょう！」と真っ先に許可を求め、兄を立ててくれた妹への、ただただ「有難う」の気持ちである。自分の愚かさ、右に行こうとしても左に行ってしまう人間の愚かさを、いやというほど味わい尽くしてきた寅のフーテン性の深淵が、「うん、いいよ」と、沈黙のうちに頷きながら妹を見つめる十数秒の眼差しの中に滲み出ている。

†寅次郎忘れな草（第十一作）

「あぶく」としてのフーテンが語られるのは、「寅次郎忘れな草」においてである。フーテンに含まれる「あぶく」の自覚、自分のやっていることはあってもなくてもいいような、泡のように消えてゆく、取るに足らない者としての自覚である。この自覚の底から他者への思いやりが生まれる。ヤクザな自分、無益な自分、迷惑ばかりかけてきた自分ゆえ、今何か少しでも人のためになれるならとの思いが生まれる。

全四十八作中、同じ名前で四作品に登場するのがリリーである。フーテンとしての寅に一番近いのが、フーテンのレコード歌手リリーである。北海道の夜汽車の中、寅とは少し離れた席で涙を流している女がいる。それが寅とリリーとの最初の出会いである。場所は網走、レコードの叩き売りをしている寅に、「さっぱり売れないじゃないか」とリリーが近づく。「不景気だからかなぁ、お互い様じゃねぇか。何の商売してんだい？」と尋ねる寅に、「わたし歌、歌ってんの。わたしもレコード出したことあるんだけどね、ここにはないかな、あるわけないね」と答えるリリー。

笑い合いながらの海岸での対話。「故郷《くに》は何処なんだい？」「故郷？」「あー」「それがね、ないね、わたし」「へー」「生まれたのは東京らしいけどね。中学生の頃からほら、うち出ちゃってフーテンみたいになっちゃってたから」「へへへ、ちょいとした俺だねぇ。流れ流れの渡り鳥か」リリー「流れ流れの渡り鳥か」と鼻唄まじりに口ずさむ。

海岸に座るリリー。そこへ白い漁船が入って来る。リリー「おーい、お帰り」と手を振る。漁船も汽笛で答える。寅、ふと昨夜の夜汽車を思い出し、「どうしたい、夕べは泣いてたじゃないか」と尋ねる。「あーいやだ、見てたの」とリリー。「何かつらいことでもあるのか？」「ううん、別に。ただ何となく泣いちゃったの」「何となく？」と寅。

リリー　うん、兄さんなんかそんなことないかなぁ。夜汽車に乗ってさ、外《そと》見てるだろう。そうすると、なんにもない真暗な畑の中なんかに一つポツンと灯りが点《つ》いてて、あー、こういうとこにも人が住んでるんだろうなぁ。そう思ったら何だか悲しくなっちゃって、涙が出ちゃいそうになる時ってないかい？

寅　うん。こんな小っちゃな灯りが、こう、遠くの方へすーっと遠ざかって行ってなぁ、あの灯りの下は茶の間かなぁ。もう遅いから子供たちは寝ちまって、父ちゃん母ちゃんが二人で湿気《しけ》た煎餅《せんべい》でも食いながら、紡績工場に働きに行った娘のことを話してるんだよ、心配して。暗い外見てそんなこと考えてると、汽笛がポーと聞こえてよー、何だかふーっと涙が出て来ちゃうなんて、そんなこたぁあるなぁ、わかるよ。

リリーは煙草を吸う手を休め、二人は黙って白い漁船を見ている。「父ちゃんのお出かけかなぁ」。三人の小さな子供と妻。「バイバイ、お父さんバイバイ」と、漁に出発する漁船の父に手を振る家族。そこから「あぶく」の話が始まる。

リリー　ねぇ、わたしたちみたいな生活ってさぁ、普通の人とは違うのよね、それもいい方に違うんじゃなくて、何て言うのかなぁ、あってもなくても、どうでもいいみたいな、つまりさぁあぶくみたいなもんだね。

寅　うん、あぶくだよ。それも上等のあぶくじゃねぇやな、風呂の中でこいた屁じゃねぇけども、背中の方にまわってパチンだ。

リリー、思わず笑う。「可笑《おか》しいか？」「面白いねぇ、お兄さん……今何時？　そろそろ商売にかからなくっちゃ」「行くのかい？」「うん、じゃまた何処かで会おう」「あー、日本の何処かでなぁ」「うん、じゃあね」「うん……兄さん、兄さん何て名前」「えー、俺か、俺は葛飾柴又の車寅次郎って言うんだい」「車寅次郎、じゃ寅さん」「うん」「いい名前だねぇ」。リリー、笑いながら、後《うし》ろも向かず駆けて去ってゆく。残された寅、一人海を眺めながら、しみじみと「あぶくかぁ」と呟《つぶや》く。

最終作の第四十八作「寅次郎紅の花」にもリリーが登場するが、この作品ではちょうど阪神・淡路大震災と直面する。あのどん底のさなか、絶望の淵にたたずむ人たちに、何がしたいかと尋ねると、多くの人が寅さんの『男はつらいよ』が見たいと答えたという。希望なき時、人々は笑いに明日への希望を求める。第四十八作での博の言葉を思い出す。寅さんが神戸でボランティアとして働いてる姿がテレビに映る。博と息子の満男との対話。

満男　ボランティアで活躍してたんだって、おじさん。

博　ボランティアという言葉が当てはまるかどうか知らないけど、何ていうのかなぁ、つまり、兄さんみたいな既成の秩序もしくは価値観とは関係のない、言ってみれば滅茶苦茶な人がだよ、ああいう非常事態では意外な力を発揮する、まあそういうことになるのかなぁ。

満男　何だよ、全然わかんねぇや。

博　要するに、皆さんのお役に立ったということだよ。

まさに満男が「全然わからない」といった事柄を解明する試みこそ、フーテン性の第一の意味の探究である。そして奇《く》しくも博が語るように、フーテンの寅さんのような「既成の秩序もしくは価値観とは関係のない、言ってみれば滅茶苦茶な人が（実は、後で述べるイエスの風貌にも、この側面が垣間見られるのだが）、ああいう非常事態では意外な力を発揮する」ということになる。

忘れもしない阪神・淡路大震災、一九九五年真冬の出来事。この悲惨な災害の中で、まず最初に動いたのは誰であったか？　政府でもなく、市民団体でもなく、なんと日本最大の暴力団組織山口組であった。その時の山口組五代目組長渡辺芳則のインタビューのメモがある。この資料は甲子園に住む友の安否が気になり、私がその友を訪ねる途中の電車の中で拾ったデイリー・スポーツのインタビュー(21)である。

このみごとな質疑応答を聞く時、これほどの言葉と行動を示す暴力団が、もしそのエネルギーを闇の力としてではなく光の力に用いたならと、生き方のメタノイア（回心）を願わずにはいられない。

渥美清が『わがフーテン人生(22)』の中で、若き頃の思い出の一つとして「終戦直後の上野ってぇとこは、まことにすさまじいところでございましたよ。与太もの、暴力団、浮浪者、男娼、スリ──全部これ、上野ですから……別の言葉でいいますと、地下道、悪臭、けんか、麻薬、覚せい剤、酒、女、屋台、いずれにしてもそんなところ、ほかになかったと思うのでございます。（中略）わたくし、終戦後すぐに、そんな毎日を過ごしておりましたが、幸いなことに何々組とか、何々一家というものに、とんと興味がなかったのでございます。と申しますのは、わたくし、人から拘束されるのはきらいなタチでございましたから」と語っている。

ちなみに、山口組五代目渡辺組長は、晩年現役から引退している。引退という形で極道人生に幕を下ろしたのは、戦後の山口組史上初めてである。最期は、孤独死のような形で自宅で倒れているところを発見されたが、彼の炊《た》き出しなどの姿に接した人々は、「めっちゃいい人だった」と言う。イタリアのメディアも「マフィアが救援活動」と報じた。

さて、特筆に値する渡辺組長の応答に耳を傾けてみよう。

問　大地震直後から山口組の活動が注目を集めている。なぜ暴力団が、ボランティア活動をしているのか？

答　人が人を助けるのに、理屈はいらん。売名行為とかいろんなこと言うのが、必ず出て来るやろうと思うとる。しかしそんなことは気にしない。人がどない言おうと、今はその場で、誰がどういうことをしたかなんや。弱っている人を目の前に見て、人間らしい在り方をしただけや。十七日はとにかく弱者を救済しようという使命感だけやった。その結果として喜んでくれる人がおる。事実はそれだけや。計算も予算もない。

問　それにしても地震当日から、対応は早かった。行政の立ち遅れが指摘される中で、当日はこの周辺も大混乱だった。組本部そのものが被災地のど真ん中なのに、この対応の早さは？

答　もちろん組員で死んだヤツもようけおる。普段はこんなん言うのは嫌いやけど、今回ばかりは怪我もせんかって、神さんへの礼をせなアカンと思うた。まず水を自由に使うてくれと家の前に出した。誰もが助けてくれる人を求めとった。ヤクザかどうかやない。有識者やから助けてもらう、暴力団やったら助けていらんじゃない。わしらの方は助ける人を選んだりしてないで。家の前に来る人は、誰もが顔を引きつらせとった。一人で生活してた老人は、家をなくして大勢がここへ来た。底辺の人が一番、可哀想なんや。

問 それにしても水や物資を、直後から供給できたのは、万一の備えがあったのか？

答 たまたま去年の渇水騒ぎで庭に井戸を掘ったら、地下一一〇メートルから六甲の水が出て十一月に飲料水の検査もしとった。今回もすぐ井戸屋を呼んで自家発電から、誰にでも自由にとってもらうように流した。物資はたまたまお歳暮でもらったモンとか、わしの冷蔵庫の中まで空っぽにして配っただけや。やろうと思ったら何でもできる。

問 どうして迅速に、組織力の強さが発揮できたのか？

答 うちも縦割行政なんは、あっちと同じや。違うのはハンコがないっちゅうこっちゃな。まず自分が動くことや。わしが動けばほっといても皆が動いてくれる。全国から見舞いに来たのも、一番早かったんはヘリで来たヤツやった。次が船や。陸、海、空、わしらでも工夫したら、どないかなるもんや。それを国がやるんやったら、どんなことでもできたんちゃうか。

問 今も自宅前に毎日、一千人以上が並んで配給を受けている。避難所へもトラックで何十台と物資を配っている。いつまでこの活動を続けるのか？

答 今回は自分らにとって身近な災害やった。普賢岳の時も義援金を送ったりしたが、離れていれば実感もわかんかった。やはり足元で起こると気持も違う。売名だけでやるんやったら、これはしんどいで。後日、褒められるか謗《そし》られるかしらんけど、そんな計算してやってない。

行政が十分機能して、もう我々の出番がないとなるまでは、続けるしかない。

問　今の渡辺組長の気持を正直に聞かせて欲しい。

答　日本人の特徴というんか、日本古来の国民性か、隣近所で声を掛け合う、助け合うのが昔は当たり前やった。わしも今は疲れとるけど、気持のええ疲れや。若いモンも何をすべきか、体験して身につけたら生き方も変わるやろ。涙のない人間はあかん。人間はロボットやないんやから。大切なんは〝ぬくもり〟やと思うな。

第十一作「寅次郎忘れな草」に関連して、フーテンの寅と最も心が通い合ったフーテンのリリーの孤独と優しさに触れておこう。フーテン性の第一の意味の奥深さは、言葉を変えれば深い孤独に裏打ちされた優しさである。そのフーテンの孤独が寅とリリーのかけがえのない信頼を生む。『渥美清さんとお別れする会』でリリー役の浅丘ルリ子が「リリーから寅さんへ手紙を書きました」で始まる弔辞を読んだ。

「『リリー、それでもお前、女か？　可愛くないね』『どうして女は可愛くなきゃいけないんだい』（第十五作「寅次郎相合い傘」）。お互い好きでたまらないのに、それをスパッと口に出せないで、意地の突っぱりあいばかりやって、また別れ別れになってしまう。寅さんと私は似た者同士、宿無しの流れ者、世間に振りまわされず、自分の行きたい所をいつも旅してきた。でも、さくらさんと博さんが望んでくれるように、寅さんと所帯を持ちたかった。だから、寅さん、いつかそうなる日を、リリーはいつまでも待っているからね。寅さんへ、リリー」

リリーの孤独と優しさが垣間見られるのは、第十一作（利根はる恵）と第四十八作（千石規子）の母親との会話の場面である。母ひとり子ひとりだが、母親は飲み屋をやっており、だらしない生活をしている。リリーは時々母親に無心され、お金を届けに行く。第十一作では次のように喧嘩別れをしてしまう。肉親ゆえの激しさがここにある。

リリー　お店で私の名前なんか出さないでって言っただろう。

母　だって親子なんだからいいだろう。

リリー　親のつもりなの、それでも。はっきり言うけど私あんたなんか大嫌いよ。いなくなればいいと思ってるの。

母　何てことをそんな。私だってね、あんたに言えないつらいことだってあるんだよ。バカ！泣き出す母親。その母を見つめ、溜め息をつき、去って行くリリー。その背に向けて母親は再び「バカ！」と叫ぶ。

最終作（第四十八作）で再びリリーが母親を訪ねる場面。母はもう年老い、特別養護老人ホーム青陽園に入っている。

母　あんた今どこにいるの？

リリー　お母ちゃん何遍言ったらわかるの。奄美大島。きれいな海のそば。

母　母親ほったらかしにして、そんな遠いとこ行っちゃって。

リリー　よく言うよう。ほったらかされたのは娘の私の方だよ。好きな男と遊び歩いて、ろくにうちにも帰って来ないで。私はねぇ、中学の時から、お母ちゃんの世話になんかなってないの。

母、泣きながら、「一年に一度、ここに来ちゃ私のこといじめるんだよ、お前は」。リリー、ハンカチを出して涙をぬぐってやりながら、「お母ちゃん、島に来る？　一緒に暮らしてもいいんだよ。空気はきれいだし、魚はおいしいし、長生きできるよ」「いやだよ、私暑いとこきらいだよ」。

フーテンの孤独に培われたリリーの優しさが凝縮している、印象に残る場面である。

人生の道すがら、人は時として予期せぬ事態に遭遇する。阪神・淡路大震災のようなとてつもない出来事もあれば、日常生活の中での思わぬ出来事もある。考えてみれば、一日一日、出会う出来事というものはどれも新しい。その新しい一つ一つの出来事に対し、どのように向かい合い、どのように対処してゆくかで、その人物はどういう人物かが決まってくる。社会的地位の如何によらず、学歴の如何によらず、男女の如何によらず、一人の裸の人間として具体的な出来事に対し如何に応じるか、人間の価値はそこで決まる。

「フーテン性（Ⅰ）「常識をはみ出した者」」の項目の最後に、今まで述べてきた「出来事性」の重要さを浮き彫りにする「マルコ福音書」の特異性について述べておこう。

†マルコの手法とイチローの打法

実はマルコ福音書は、出来事の中に現れる真実を伝えようとして最初に書かれた福音書である。すなわち、「イエスとは誰か?」を語るに際し、イエスに称号を当てはめて理解するのではなく、例えばイエスは「神の子」であるとか、イエスは「キリスト（油を注がれた者）」であるとか、イエスは「メシア（救い主）」であるとか、イエスは「主《しゅ》」であるとか、そうした称号で理解するのではなく、イエスが具体的な出来事に出会って何をしたかを、一つ一つていねいに描くことによって「イエスとは誰か」を示そうとした試みである。

人はとかく称号というかレッテルに惑わされてしまう。どういう職歴か、どういう学歴かでその人物がわかったように思ってしまう。そうした称号やレッテルを一切取り外し、その人物が一つ一つの新しい具体的な出来事に、如何に応じていったかを描くことによって、その人物の質を捉えようとした試みがマルコ福音書である。

このマルコの描き方は、イチローの打法に符合する。「古典の現代性――マルコの手法とイチローの打法」と題して十年ほど前、短い文章を書いたことがあるが、二〇一〇年九月二十四日現在、イチローは日米通算三千五百本安打を達成し、十年連続二百本安打という偉業を成就した。イチローの打法とは一体何であろう?　弱冠二十歳で二百本安打という記録を樹立し、その後アメリカに渡り、大リーグで日本人として未曾有の大活躍をしている。

イチローのスイングは他の誰にも似ていない。一本足打法の時も王貞治のそれとは異なっていた。従来の考え方からすれば、決して「正しい」スイングではない。しかし困ったことに、この正しくない打法が前代未聞の成功を収めてしまった。

澤野雅樹は一九九四年十月三日の「朝日新聞」の夕刊で、「野球には野球のエリート主義があり、正しいフォームを強要する教育体制がある。正しい打法で活躍する一流の選手は、こうしたエリート主義の申し子である。小論文さえもマニュアル通りに書かれるこの時代に、イチローはまるで野性の革命家のようにもみえることだろう」と述べている。

イチローの座右の銘は「継続は力なり」である。既成概念を離れ、不断の錬磨の末生み出した、初期の独特の振り子打法、そこには長い長い砂をかむような訓練から生まれる「我流」がある。新しい一球一球、その新しい一球一球に、子供の頃から鍛え上げた集中力で無心に立ち向かう。どの一球もみな新しい。どの一球も疎《おろそ》かにしない。万事、一安打一安打の積み重ねである。「正しいフォームとは何か」といった既成概念にとらわれず、新しい一球一球にただ無心に集中するイチローの打法こそ、まさにマルコの描き方にほかならない。マルコはイエスを既成概念でとらえるのではなく、新しい一つ一つの出来事をていねいに描き上げることにより「イエスとは誰か」を示そうとした。

なお澤野雅樹の次の言葉も意味深い。「しかし、イチローが大記録を達成した試合は、残念ながらテレビで全国中継されることはなかった。その代わりにテレビ画面から流れたものといえば、飼い慣らされたゴジラの姿のほかには、父子の涙ぐましい物語だの、大打者イチロー誕生秘話といった、現場の出来事とは無縁のおしゃべりだけだった。そう、マスメディアは無残なまでにワイドショー化されてしまったのだ。われわれが抵抗せねばならないのは、ゲームとは無縁の物語によってイチローを賛美してしまうことである」。

　実にマルコはイエスを描く際、澤野が指摘する危険性をみごとに克服している。マタイ、ルカにみられるイエスの誕生秘話もマルコにはない。そこに在るのは、現場でのイエスの出来事である。素朴な名もなき民衆の記憶を頼りに、イエスの出来事をていねいに描いてゆく。マルコ福音書とは、イエスにキリスト論的称号を着せてイエスを理解しようとした当時の主流に対し、そうした既成概念を離れ、生きたイエスの具体的な出来事を描くことを通じて、イエスを理解し賛美した一つの試みに他ならない。そして描き出すイエスの風貌は、まさにイチローと同じ「野性の革命家」であった。

　誰かから馬鹿にされようと、自分の愚かさ弱さを曝《さら》け出しながら、自分を必要とする他者のために暇を差し出すフーテンの寅もまた、ある意味で「野性の革命家」である。誰が寅のように常識をはみ出して生きることができよう。人間、口ではいくらでもいいことが言える。いくらでも美しく格調高い文章を書くこともできる。しかし、具体的な出来事を前にして、自分を必要としている人が眼前にいるにもかかわらず、そこから逃げてゆく人の如何に多いことか。そしてあとで理由を付けて、逃げた行為を弁解する。

　自分はフーテンである、自分はヤクザである、自分はあぶくであり、社会のくずとして生きてきた、「ごめんなあ」と、心の底から自覚している者こそ、いざとなった時、不測の出来事に遭遇した時、自分を捨て他者のために生きることができる、人生のパラドックス（逆説）がここにある。

（b）フーテン性（Ⅱ）――故郷を捨てた者

『男はつらいよ』全作品の中で、フーテンの意味を寅さん自身がずばり語った箇所がある。それは第二十八作「寅次郎紙風船」で、旅先で一人のフーテン娘（岸本加世子）と相部屋を余儀なくされる場面である。団体の客で混んでいて他に部屋がないので、宿代は勉強させてもらうからと頼まれたのだが、泊り客が若い娘だという。娘もここ以外に宿はなく、最終バスも出てしまい、男と相部屋でもかまわないと言う。

　仕方なく寅さんも承諾し、娘が寅さんの部屋に案内される。寅さんは親しみを込めて笑って見せるのだが、その時突然娘からの一発、「初めに断っとくけど、おんなじ部屋に寝たって、私とおじさんとは関係ないんですからね。口きかないで欲しいの。それに私、見掛けよりねぇ、ガード固いんだから」。寅、ちょっと驚くが、笑いながら「あーなるほどねぇ。じゃ、お姉ちゃんは男にひどい目に遇ったんだ」。「黙っててって言ってるでしょう！　私いま、落ち込んでるの」。寅、再び笑いながら次のように話しかける。

寅　わかった。しかしなぁ姉ちゃん、この広い世の中に星の数ほど男と女がいる中で、あんたと俺が同じ部屋で一夜を送るというのも何かの縁なんだぃ。お互い名前だけでも名乗ろうじゃないか、な。俺はねぇ、東京は葛飾柴又の生まれで、車寅次郎、人呼んでフーテンの寅という男だ。よろしく頼むよ。

娘は「フーテンの寅」という言い方が気にかかり、「あのぅ、どうしてフーテンって言うの」と尋ねる。そこで寅さん自身がフーテンの意味を答える。それがまさに次の言葉である。

寅　故郷を捨てた男だからよ。

娘　ということは奥さんとか子供とも別れたっていうわけ？

寅　そんな面倒な者は最初からいやしねぇよ。

娘　第一印象と随分違っちゃったなぁ。ねぇどうしてフーテンになったの？　仕事に失敗したから？　失恋？　家庭の事情？

寅　まぁ、あのー、お互いにさ、そういう過去に余り触れねぇ方がいいんじゃないか。

娘　そう、私もね、そういう考え方。

さて、ここで寅さん自身が、フーテンとは故郷を捨てた者であると明言する。故郷を捨てるということは、旅の空に身を置くということであり、そこには自由と共に寂しさも伴う。しかも、旅にあっても生きて行かねばならないから、生活の糧《かて》をどうするかという具体的な問題も出てくる。安定した仕事に就けば、もはやフーテンではなくなり、地道《じみち》な生活に戻ってしまう。フーテンとしての誇りは、どこまでも安住定着を拒否する。拒否すると言えばかっこいいが、もともと定着できない性分だから旅に出るのである。そこには地道な生活からくる安心はなく、不安や孤独が伴う。

地道な生活によって安定を得るためには、汗水垂らして真面目に働かねばならない。それは忍耐と退屈と定着を余儀なくされる。そしてそこから自由への憧《あこが》れ、旅への憧れが生まれる。しかし、一旦故郷を離れ、『家族と別れ、旅烏《たびがらす》として生きる時、逆に寂しさや不安定さに耐え切れず、故郷に帰りたい、家族の温かさに触れたい、地道な生活に戻りたいという憧れも生じる。

この相互の憧憬を第五作と第八作と第十作の順に眺めながら、フーテン性・第二の意味、故郷を捨てた者の側面を掘り下げてみよう。なお、「相互憧憬」に関しては吉村英夫が『「男はつらいよ」の世界』『放浪と日本人』等で重要なテーマとして展開している。

ところで、故郷を捨てた寅さんの旅先での仕事はテキヤ稼業である。テキヤと暴力団とはもともと別なものであって、ヤクザとはテキヤと博打《ばくち》打ちを言うが、二つの稼業は異なる。テキヤは露店で叩き売りなどをする露店商である。テキヤの世界は礼儀正しく秩序を重んじ、親分・子分・兄弟分の結びつきは強く、寅さんは「故あって親一家持ちません」と仁義を切ってはいるが、第五作では世話になった政吉親分の臨終の床を北海道まで訪ねてゆく。

テキヤは地位の高さによって扱うものが違い、生《なま》ものを扱うのは低身分であり、寅さんのように高市《たかいち》（祭縁日）でバイ（商売）ができるのは、地位の高いテキヤである。しかも寅さんの場合はタンカバイ、みごとな口上の叩き売りであり、商売というより芸能の域にある。(23)

まず第五作「男はつらいよ・望郷篇」を観てみよう。先ほど述べた政吉親分危篤の報を受け、渡世の義理を果たすため札幌を訪ねる。臨終の床で政吉親分は、昔函館で女中に生ませた息子に一度会いたいという。寅さん、その願いをかなえてやろうと小樽に息子を訪ねるが、蒸気機関車のかま焚きをしている息子（松山省二）は会うことを承諾せず、結局親分は一人寂しく息を引き取る。この情景に寅さんは渡世人の侘しさを痛感する。

同時に、旅立つ前、妹さくらに言われたひと言を思い出す。「額に汗して、油まみれになって働く人と、いいカッコしてぶらぶらしている人と、どっちが偉いと思うの。地道に働くってことは尊いことなのよ」。そこで寅さん、政吉親分を一緒に訪ねた舎弟の登（津坂匡章）に、「人間、額に汗して油にまみれて地道に暮らさなきゃいけねぇ。そこに早く気がつかなきゃいけねぇんだ」と諭し、自らもカタギになろうと一大決心をする。

まずは第一作で「お前も早く真面目な暮らしをせんといかん。いい年して、草履《ぞうり》ばきじゃ人に笑われるからなぁ」と諭された御前様（笠智衆）に挨拶に上がる。それからタコ社長の朝日印刷で働くことを試みるが、結局「勘弁してくれ」と断られ、寿司屋、天ぷら屋、風呂屋もうまく行かず、とうとう寅さんへソを曲げ、疲れ果てて江戸川に浮いていた船の中で眠りこけ、浦安まで流されて行く。

ある日、心配していたとらやのもとに「一生地道に暮らすかもしれない」との寅さんからの手紙が届く。「一生地道」、この言葉においちゃん（森川信）は「只事じゃないよ、一生っていうのは。さくら、これ何かあるぜ、何かあるよ。俺知らねぇぞ、俺知らねぇよ」と呟《つぶや》いたが、案の定、浦安の豆腐屋で油揚げを揚げていた寅のもとへさくらが訪ねてゆくと、寅は豆腐屋を営む母（杉山とく子）と美容師をしている一人娘節子（長山藍子）と共に生活しており、おいちゃんの勘が的中。帰り際さくらは、「あのね、お兄ちゃん、地道に暮らして、それから考えることも地道にね、あんまり飛躍しちゃだめよ」と忠告する。

さくらの心配通り寅はどんどん飛躍し、国鉄（ＪＲ）に勤める恋人（井川比佐志）の転勤で、母の家を出るかどうかで悩む節子の「ずっと居てくれない」という言葉をプロポーズと間違える。そばで隠れて聞いていた源公（佐藤蛾次郎）も今度は本当と思い、「兄貴、おめでとうございます。今のプロポーズやな」と、寅の思い違いに拍車を掛けるのだが。ある日の晩餐で節子の「ずっと居てくれない」の意味が、豆腐屋を営むお母さんを一人残すことへの危惧であり、プロポーズの言葉ではなく、時々豆腐を買いに来る博に似たクソ真面目な男が節子の恋人であったことを知る。

恋に破れた寅さんは、翌朝浦安を去り、とらやに戻り、いつもの腹巻き、お守り、雪駄《せった》を履いてトランク片手に旅立って行く。「また行っちゃうの」と追っかけるさくらに寅のひと言、「やっぱり地道な暮らしは無理だったよ。俺は昔からバカだったもんなあ。だけどよぉ、さくら、あんちゃんはよー、今度は、今度だけは地道に暮らせると思ってたよ」。

第一作では御前様に「真面目な暮らしをせんといかん」と言われ、第二作では散歩先生（東野英治郎）から額に汗して労働することの尊さを懇々と諭された後、「正業に就きなさい」と言われる。第五作では妹さくらから、「額に汗して油まみれになって働く人と、いいカッコしてぶらぶらしている人と、どっちが偉いと思うの」と諫められ、確かに今回奮起一発、地道な暮らしを試みたものの、根が放浪者で遊び人、定着することなく、フーテンの寅は再び故郷を離れ旅に出るのである。

第三作「男はつらいよ・フーテンの寅」は森﨑東監督であり、第四作「新・男はつらいよ」は小林俊一監督である。この二作だけが山田洋次以外の監督ということになるが、第五作以後次第に、初期のフーテン性・第一の意味、常識をはみ出した者から、フーテン性・第二の意味の故郷を捨てた者に強調点が移行してゆく。

すなわち、故郷を捨てた孤独とその寂しさから生じる平凡で定着した生活への憧れと同時に、故郷を離れ旅の自由に憧れる相互憧憬の主題が、年を重ねるに従って円みを帯びてくる寅さんと共に、常識をはみ出した者としての寅さんの主題を徐々にではあるが凌《しの》いでくる。

この事実が如実に展開されるのが第八作「寅次郎恋歌」であるが、この第八作はまた寅さんとマドンナの恋が、それまでの片思いの切なさから初めて相互性を帯びてくる作品である。

博の母親の死に伴う葬式の後、寅さんは博の父親を励ます意味で一人岡山に留まるのだが、そこで逆に父飈一郎《ひょういちろう》（志村喬）から、頑《かたく》なに一人で生きるのではなく、運命に逆らわず平凡な家庭生活を営むことの中に真実の人間の姿、幸せがあることを諭される。

「そう、あれはもう十年も昔のことだがね、私は信州の安曇野《あずみの》という所に旅をしたんだ。バスに乗り遅れて、田舎道を一人で歩いているうちに、日が暮れちまってねぇ、暗い夜道を心細く歩いていると、ポツンと一軒の農家が建ってるんだ。庭一面に咲いたりんどうの花、明々と灯《あか》りの点《つ》いた茶の間、賑《にぎ》やかに食事をする家族たち、私はその時、それが、それが本当の人間の生活ってもんじゃないかと、ふとそう思ったら、急に涙が出て来ちゃってね。人間は絶対に一人じゃ生きていけない。逆らっちゃいかん。人間は人間の運命に逆らっちゃいかん。そこに早く気が付かないと不幸な一生を送ることになる。わかるね、寅次郎君、わかるね」

寅はこの言葉に「へぇ、わかります。よーくわかります」と答え、翌日早朝、手紙を残し柴又に帰って行く。とらやの夕食の席で寅は、インドの古代哲学専門の博の父の言葉を寅さん流に語るが、おばちゃんやおいちゃんの受け答えが実に愉快である。それについては「第四章『ユーモア』について」で語ろう。

さて帝釈天の近くに、貴子（池内淳子）という女性が喫茶店を開く。寅がこの女性に会えば、その後の筋書きは見えているので、とらやの連中は極力会わせまいとする。ある日、お寺の入口にしょんぼりとしゃがんでいる小学三年生くらいの男の子に寅は話しかける。その時、寺の鐘が、運命の鐘が鳴り響き、子供を迎えに来た貴子と出会う。運命の出会いに、一瞬にして寅は恋に落ちる。

寅は部屋の壁に「反省」「忍耐」「色即是空」と書き、落ちる恋にブレーキをかけるものの、落下は如何ともし難い。ある日、甘党の子供と団子を買いに来た貴子に、帰り際寅は「あのー、坊やのお父さんによろしく」と言い、「実は主人は三年ばかり前に亡くなりまして」と答えたものだから、恋の落下にさらなる拍車が掛かる。

ある夕べ、店の保証金などの契約を巡るトラブルで思い悩む貴子の家に、夜店で買ったりんどうを持って寅がやって来る。できることなら、指の一本や二本、片腕片足を失ってでも力になろうとする寅の優しさに、貴子は涙ぐみながら「有難う、本当に有難う寅さん。うれしいわ、私とってもうれしいの。そんな風に言われたの、今、今の寅さんみたいに言われたこと、私、生まれて初めてなのよ」と答える。これまでの七作にみられない、相互の感情の高まりが窺《うかが》える。

さて、以下の会話の中に、フーテン性・第二の要素、故郷を捨てた者の孤独から来る平凡な営みへの憧れと、逆に地道な生活、現実の煩《わずら》いから来る旅の自由への憧れの補完的交流がみられる。全作品を通じ、最も格調高い男女の語らいに耳を傾けてみよう。

寅 いい月夜でございますねぇ。
貴子 寅さんも旅先で、こんなお月様見ながら、柴又のこと思い出すことあるでしょうねぇ。
寅 ありますよ。
貴子 いいわねぇ、旅の暮らしって。
寅 てめぇが好きで飛び込んだ稼業だから、今更愚痴も言えませんが、傍目《はため》で見るほど楽なもんじゃないですよ。

「そう」「そうですよ」「例えばどんなこと?」。貴子の問いに、寅は例のりんどうの話を語り始める。

寅　例えば、そうですねぇ、例えば夕暮れ時、田舎の畦道《あぜみち》を一人で歩いていたんですがね、丁度りんどうの花が、いっぱい農家の庭に咲き溢《こぼ》れて、電灯は明々と灯《とも》って、その下で親子が水入らずの晩飯を食ってるんです。そんな姿を垣根越しにふっと見た時に、あー、これが本当の人間の生活じゃねぇかなあ、ふっとそんなことを思ったりしましてねぇ。

貴子　わかるわぁ、寂しいでしょうねぇ、そんな時は。

寅　仕方がねぇから、行き当たりばったりの飲み屋で、無愛想な娘相手にきゅっと一杯ひっかけましてね、駅前の商人宿か何かの薄い煎餅《せんべい》布団《ぶとん》に包《くる》まって寝るとしますわ、なかなか寝付かれねぇ耳に、夜汽車の汽笛がポーっと聞こえて来ましてねぇ、朝カラコロ下駄の音で目が覚めて、あれー俺は一体何処にいるんだろう？　あーここは四国の高知か、そんな時に、今柴又じゃさくらやおばちゃんたちがあの台所で味噌汁の実をコトコト刻んでいるんだなぁ、なんて思ったりしましてねぇ。

貴子　いいわねぇ。あー羨《うらや》ましいわ。私もそんな旅がしてみたいなぁ。

寅　そうですか。

貴子　ええ、女学生の頃からの憧れだったのよ。好きな人がいてね、例えばその人が、旅役者かなんかで、私も一緒にね、ねんねこばんてんなんかで赤ちゃん背負って旅から旅の暮らしをするの。お金がなくてねぇ、お腹《なか》ぺこぺこだったり、雨が降っても傘がなくて、肩を寄せ合って濡れながら歩いたり、でもね時には心から楽しいことに出会って、大声で笑い合ったり。あー、いいなぁ旅って。私も今すぐにでも行っちゃいたいわ。こんなお店も何もかもみんな捨てちゃって。ねっ、寅さん。

この「ねっ、寅さん」には、貴子の寅への真実な愛情が感じられ、現実の煩わしさから解放されて、寅と二人でどこか遠くへ行きたい、自由な旅をしたいとの願望が込められている。

寅 えっ！　そうですねぇ。

貴子 寅さん、またいつか旅に行くの？

寅 えー、そりゃそうですねぇ。

貴子 そう、いつ頃？

寅 いつ頃でしょうか？　風に誘われるっとでも申しましょうか、ある日ふらっと出て行くんです。

貴子 羨ましいわ、私も一緒に付いて行きたいなぁ。

寅 そうですかねぇ。そんなに羨ましがられるほどのもんじゃねぇんですけどねぇ。

旅の孤独と苦悩を知り尽くす寅と、地道な定着生活の忍耐と煩わしさから解放され自由になりたい貴子の旅への憧れが、男と女の優しさに包まれ、美しく格調高い対話を生み出している。突然電話のベルが鳴り、貴子は奥に入る。ほんのわずかな間隙に寅は無言のまま去ってゆく。開いたままの垣根の戸がギーギーと風に揺れる。

もう一作、同じテーマで触れておきたいのは第十作「寅次郎夢枕」である。この作品はユーモアに満ちたもので「第四章「ユーモア」について」で語りたいと思うが、全四十八作中唯一、マドンナ（八千草薫）の側からの積極的なプロポーズが為される作品である。

しかし、この作品をめぐってここで取り上げたいのは、私たちの生活に付きまとう「税金」の問題である。故郷を捨て、旅先ではテキヤをなりわいとしていた寅さん、果して税金はどうなっていたのか。もうすでに『寅さんは税金を払っていたのか？』と題する書物[24]が出版されているが、この税金の問題はイエスの時代にも同様の問題を抱え、イエスを語る際、看過できない事柄である。

いつの時代も、庶民が汗水流して働いた金で払う税金が、正しく分配されず不当に浪費されるところに悪の構造が潜む。前述の書によると、税金の世界には、十五三一（とーごーさんぴん）という言葉があるとのこと。これは各業種の人たちがどれほど忠実に税金を払っているかを示すもので、十割きちんと払っているのがサラリーマン、五は自営業者、三は農家、一が政治家を指し示している。

時の推移でこの様相も次第に変わって来ようが、政治家は税金の抜け道の特権を有しているということである。さて寅さんの時代の税金は制度が今より緩《ゆる》かったということもあるが、第十作の中のタコ社長と寅さんの税金問答に注視すると、やっぱり寅さんは税金を払っていなかったという結論に達する。

例によってとらやでの喧嘩の場面である。寅の嫁探しをみんなでやるのだが、どれもこれも結局うまく行かず、寅は腹を立てて旅に出ようとする。

博　社長は今日税務署に行く用ほっぽり出して一日中走り回ってたんですよ。

寅　何だ、えらそうに。税務署がどうした。朝っぱらからガタガタ働いてやがってこの野郎、税金を納めるのは国民の義務でしょ、え。

つね　あんたよくそんなことが言えるねぇ。

博　払ったことない人がそんなこと言っちゃいけませんよ。

寅　てめぇ、従業員だからこの野郎、肩持つのか！

タコ社長　口惜しかったら一遍でも払ってみろ！

寅　何にぃー、この野郎。向こうから一遍でも、俺の所に下さいって来たか！

まあ、税金というものは、確かに向こうから言って来なければ払わなくてもいいというものではないが。

(c) 甘えの場

†「甘え」について

多くの人に読まれた名著『「甘え」の構造』が世に出てから久しい。第一版が昭和四十六年であるから、一九七〇年の大阪万博の翌年である。その後『続「甘え」の構造』『「甘え」雑稿』

『表と裏』『「甘え」の周辺』『「甘え」さまざま』『「甘え」の思想』『漱石の心的世界』等、「甘え」をめぐって多くの著作が書かれ、平成十九年に『「甘え」の構造』（増補普及版）が出版された。その約二年後、「甘え」理論の著者土居健郎《どいたけお》は亡くなられた。弟さんが私の古里松山の実家のごく近くで歯科医をしておられ、そのこともあって親しかったのだが、オタワで勉強していた頃、ご夫婦でわざわざ寄ってくださり、一緒に中華料理を食べながら、甘えのこと、漱石のこと、アウグスティヌスのこと等語り合った懐かしい思い出がある。

増補版の中で、甘えは親しい二者関係を前提とし、「一方が相手は自分に対し好意を持っていることがわかっていて、それにふさわしく振舞うことが『甘える』ことなのである。ここで肝腎なのは相手の好意がわかっているということである。この『わかっている』というのは体験されて身に覚えがあるということであり、知的に認識されているということではない。身に覚えがあればこそ自然に甘えるのであり、……『甘えている』という自覚すら伴わないことが多いだろう」と述べ、甘やかしや甘ったれとは一線を画している。

著者自身、『「甘え」の構造』を世に出した時には甘やかしや甘ったれは明確に意識していなかったが、今日ではむしろ甘えに含まれる深さや重さを考慮することなく、人々は甘やかしや甘ったれの方を思い浮かべてしまう。著者が指摘するように、本来の甘えが無自覚的で、相手方の好意が前提されているのに対し、甘やかしや甘ったれは自覚的であり、好意は前提になっていない。自覚的というのは、好意があると思わせたいか、そう思いたい意図が隠れているということで、その結果相手に甘える振りをさせることが甘やかしであり、自ら甘える振りをしてみせることが甘ったれである。

著者は近年、家庭をめぐる事件や犯罪が急増していることを案じ、「本来なら家庭こそ「甘え」の育つ場所であったはずだ。しかしその家庭が今や不安定となり、こわれやすく、多くの悲劇の現場となっている」と述べ、いじめの深刻化も、家庭という甘えの場、頼れる逃げ場を失いつつあることと無関係でないことを指摘し、人間は誰しも独りでは生きられないこと、本来の意味で甘える場が必要であることを強調している[25]。

本来の意味の甘えの喪失は、家庭のみならず職場や学校においてもそうであり、社会全体に潤滑油というか潤いを失いつつある。互いの無意識的好意関係を前提とする真の意味での甘えの喪失は、言葉を言い換えれば互いの好意関係、信頼関係の喪失を意味し、そこから諸々《もろもろ》のハラスメントが生じ、訴え訴えられ訴え返す、ぎすぎすした社会環境を生み出している。

†寅さんと甘え

寅さんにとって、江戸川が流れ、門前町である葛飾柴又という故郷、そしておいちゃんやおばちゃん、さくらや博や満男、タコ社長などが集う「とらや」(第四十作から「くるまや」)の茶の間、御前様や源公など町内の人々、そしてマドンナもみな必要な甘えの場であり、豊かな心の成長の場である。そこには時に克服されるべき甘やかしや甘ったれも含まれるであろうが、それもまた脆《もろ》く弱い人間の現実であり、許し合う場でもある。
それでは、フーテン性・第二の意味、故郷を捨てた者の孤独から来る必要な甘えについて、第六作「純情篇」を観てみよう。
第六作の冒頭は通常の寅の夢で始まるのではなく、柴又や江戸川の風景がテレビで放映され、それを旅先の山口で観た寅が、とらやに電話をする場面で始まる。山口から長崎へ、そして五島へと旅は続くが、長崎の船着場で子連れの女絹代（宮本信子）と出会い、第一章で述べたごとく、同じ宿に一泊した寅さん、女の父親（森繁久彌）の住む五島の家まで同伴する。

絹代　何で、何であげんひどか男んとこば帰らんといかんとかね。うちはもうあんな男の顔も見たくもなか。思い出したくもなか、うち父ちゃんと一緒に……。

父　できんて、あしたの船で帰れ。

絹代　どうして、どうしてそげん酷《むご》かこと。

（泣きじゃくる絹代）

父　絹代、三年も便り一つ寄越さず、急に戻って来て。父ちゃんが死んどったら、どげんする気やった。おいはそう長くは生きとらんぞ。おいが死んだらお前はもう帰る所はないようになる。その時になってお前がつらかことがあって、故郷《くに》に帰りたいと思っても、もうそりゃできんぞ。

絹代　でも、うち、もうあげん男と……。

父　お前が好いて一緒になった男じゃろうが。そんならどこか一つくらい、好《よ》かところのあっとじゃろ。その好かところをお前がきちーんと育ててやらんば、そん気持ちがのうて、どんな男と一緒になったって同じたい。おいの反対ば押し切って一緒になったんなら、それぐらいの覚悟しとらんで、どげんするか。そんな意気地のないことじゃ父ちゃん心配で死ぬこともできん。

泣き続ける絹代。傍らにいる寅に「えらい娘が世話になりまして」と礼を言いつつ、「母親をこまい時に亡くしましてね」と語る。父親が突然帰って来た一人娘に語る、一つ一つの言葉に耳を傾けている寅。「全くだ。おじさんの言う通りだよ。帰れる所があると思うからいけねぇんだよ。失敗すりゃまた故郷に帰りゃいいと思ってるからよ、おらいつまで経っても一人前になれねぇもんな、おじさん」と、娘への言葉を自分への訓戒として受け取る。

父　故郷《くに》はどこかな？

寅　故郷かい、故郷は東京は葛飾の柴又よ。

父　ほー、親御さんはおるのかな？

寅　うーん、もう死んだ。でもなあ、親代わりにおいちゃんとおばちゃんがいるんだ。それに妹が一人いるよ。おじさんの娘と同じ位の年頃だよ。

父　幸せかな、妹さんは？

寅　あー子供がいるよ。その亭主ってのがね、俺みてぇな遊び人とはまるで違うんだ。真面目の上にクソって字が付く位の奴なんだよ。印刷工場の職工やってるよ。その印刷工場の裏手でもってね、俺のおいちゃんてのが、けちな団子屋やってるんだ。さくらがよー、あーこら俺の妹だけどね、……うん、買い物の帰りなんか、子供連れてね、団子屋にちょくちょく顔出してよ、くだらないこと喋《しゃべ》ってるうちに、日が暮れらーな。「どうだい、晩ご飯食べておいきよ」「いーよ悪いから」「何を言ってるんだい、これからじゃ面倒だろ、ねっ、さ、裏に亭主がいるんだから、博さん呼んどいで」。皆がまーるく賑やかに晩飯よ。その時になって決まって出るのがさぁ、この俺だぁ。

自分に酔ったか、故郷が恋しくなったたか、寅涙ぐんで「俺はもう二度と帰らねぇよ、いつでも帰れるとこがあると思うからいけねぇんだ。うん」と言いつつ、自分が帰った時、とらやの連中が喜んでくれる光景を思い浮かべる。その時、船の汽笛が鳴る。「風が出てきたなあ」「今の汽笛は何だい?」「あれは渡し舟の最終がもうぼつぼつ出るちゅう合図だよ」。寅、そこで寅流のユーモラスな激しい葛藤。

寅　俺は帰らねぇとも、どんなことがあったたって二度と帰りゃしねぇよ、帰るとこがあると思うからいけねぇんだ。でもよぉ、俺帰ると、おいちゃんやおばちゃんたち喜ぶしなあ、さくらなんか、お兄ちゃんバカねぇ、何処行って来たのなんて、目に一杯涙溜めてそう言うんだ。それ考えるとやっぱり帰りたくなっちゃったなあ。でも私は二度と帰りませんよ。でも、やっぱり帰るなぁ。

カバンを持って「アバよー」と言い残し、「おい、その船待ってくれよ、おい、待ってくれ！」と叫びつつ船着場に駆けて行く。父、ポツリとひと言「あの人はちょっと、からだ悪かとね、かわいそうに」。森繁のつぶやきゆえに、笑いを禁じ得ない。

ここには先ほど述べた本来的な意味での「甘え」の問題と同時に、愛の問題が存在する。寅さんの「甘えと愛」に触れる前に、「愛」について簡潔に整理しておこう。

「愛」という語の本来の意味や使い方を考える時、また同時に愛という言葉の使用が、日本の社会や文学の中で、どのように変遷し拡大し定着していったかを考える時、聖書の中で愛とか愛すると訳されている多くの箇所を、いかに訳すべきか、重要な課題が残されている。本書304－306頁の、ガリラヤ湖畔における復活のイエスの記事の中で、「愛・愛する」に関する私訳を試みている。

『日本国語大辞典（第二版）』（小学館）によると、「愛する」という表現の変遷を以下のようにまとめることができる。

①「愛する」は平安時代から見られ、人に対して使う場合は、目上から目下への傾向が著しかった。

②明治中期に英語（love）や独語（lieben）等の翻訳語として採用され、西洋の「愛」と結びついた結果、人に対しては、対等の関係での愛情を示すようになる。

③現代の用法は明治中期以降の流れに沿うもので、口頭語としての使用も増えているが、文章

語の性格をとどめ、語感に個人差や年齢差が大きい。

第三十六作「柴又より愛をこめて」の中に、下田の海を見つめながら、寅とタコ社長の娘あけみ（美保純）の愛についての次のような対話がある。

あけみが「ねぇ、愛って何だろう」と問う。「ほう、お前もまた面倒なこと聞くねぇ」「だってわかんないんだもん」。すると寅は、「ほら、いい女がいたとするだろう。な、男はそれを見て、あーいい女だなあ、この女を俺は大事にしてぇ、そう思うだろう。それが愛ってもんじゃないか」と答える。単純な対話であるが、実に穿《うが》った答えである。すなわち、愛という語を使わずに、その意味を言い表わすなら、相手を大事に思い、大切にすることである。

ここには、相手を大切に思う心、自分を必要としてくれる対象におのずからに近づいて行く情動の問題が潜んでいる。このことは第四章で「放蕩息子」の譬えを取り上げる時に語るが、仏教とキリスト教のそれぞれの本質に触れる興味深い事柄を含んでいる。

寅の心は揺れ動く。故郷に帰りたい、いや故郷があると思うからいけないんだ。この葛藤を単なる「甘ったれ」と片付けてはいけない。第一章冒頭に登場する私の無二の友ジュリアーノが以前こんな意味深長なことを言っていた。

「寅さんは、商売上で旅人だが、それ以上のものがある。彼は自分の町を誇りにしていて、しばしば我が家に帰ってくる。が、客として。自分の家に居ても、自分の家に居ないかのようだ。

彼は絶えず旅に出掛けていく。それは時々つらいが、道路に吸い込まれているかのようだ。前方にある別の古里、見つかることのない停泊地を探しているのかもしれない。悲しみとメランコリーを伴う追求だが、それは彼の幸せの探求に広がりを与えるものだ。

人を歓迎し受け入れるのは大きな喜びだが、待ってくれる人の客になって、受け入れてもらうことも大変嬉しいことだ。神様は、わたしたちの客になってくださったのではなかろうか？」

ジュリアーノはイタリア人であるから、ほとんどのイタリア人がそうであるように彼もカトリックであり、したがってここでいう神様とはイエスのことで、イエスが神の懐《ふところ》から抜け出して、待っている我々のもとへ客としてやって来たことを述べている。寅もまた客となって、待ってくれているとらやの人々のもとに帰ってくる。待ってくれている人にとっても喜びであり、その喜びを感じ取って待ってくれている人の客となることも喜びである。

イエスもまた旅人であった。三つの意味で旅人であったように思う。

一つは今ジュリアーノが述べた、父なる神の懐から、子なる御言葉《みことば》（ヨハネ福音書はこれをロゴスと呼ぶ）がマリアを通して我々と同じ人間となり、旅人として我々の世界にやって来たという意味である。ここで父とか子と言っているのは、言い表わし得ない神の生命《いのち》を比喩的に表現しているのだが、キリスト教は神の命を父と子と聖霊の永遠無限の交わりとして捉える。二つ目は、イエスが大工として家具や漁具や農具を修理するために、家々を巡り歩いたという意味での旅人。そして三つ目は、十字架上で殺害される前に、死の臭いを嗅《か》いで逃亡の旅人となったことである。

旅人としての寅さんを思う時、三人の旅の先達が偲《しの》ばれる。芭蕉であり良寛であり山頭火である。寅にとって「とらや」が仮の宿であったごとく、芭蕉にとっては深川の草庵が帰って来てまた出かける仮の宿であった。芭蕉にとって旅が仮の姿であるとは言えず、旅の中に本領が発揮されるごとく、寅にとっても、ジュリアーノが理解したように「とらや」は仮の宿であり、旅こそ見えざる幸福探求の真の古里であるとの見方も可能である。

　第二十九作「寅次郎あじさいの恋」のかがりの言葉、「私が会いたいなぁと思った寅さんは、もっと優しくて、楽しくて、風に吹かれるタンポポの種みたいに自由で気ままで……そやけどあれは旅先の寅さんやったんやね。今はうちに居るんやもんね、あんな優しい人たちに大事にされて」が、その真実性を裏付けている。

　寅と良寛は最もイメージとして符合する。第八作「寅次郎恋歌」や何本かの作品の冒頭で、子供たちと無邪気に遊ぶ寅の姿は、子供らと手《て》毬《まり》や隠れんぼうをして無心に遊ぶ良寛を思い浮かべる。『男はつらいよ魅力大全』（講談社、一九九二年）の中に、筆者吉村英夫が寅さんの最期について山田洋次に尋ねた箇所がある。

「ある日、境内で子どもと遊んでるんだろうと思うんですよ。良寛様なんですね。その頃、彼はもう子どもみたいになってると思うんです。……かくれんぼなんかしてるうちに、いつまでたっても鬼の寅さんが出てこないんで、子どもたちが「おじさん、おじさん」と呼んだら、お寺の本堂の縁の下かなんかで夕陽に照らされて、もういいかいという恰好のまま死んでるかもしれない。そういうのがきっと寅さんらしい最期ではないか」。この言葉からも良寛と寅との深い結びつきが感じられる。

もう一人は山頭火である。渥美清も種田山頭火が好きだった。友達の脚本家早坂暁が渥美主演の山頭火を企画し、防府、下関、熊本、湯布院、松山と山頭火ゆかりの地を巡り、ロケの準備もなされていたのだが、最後の最後になって「暁さん、寅が山頭火になったら、みんなが笑わないかねぇ」と渥美は自問し断念したという。その後ＮＨＫでフランキー堺主演の「山頭火・なんでこんなに淋しい風ふく」が放映された。

もう随分昔の話だが、我が故郷の松山に里帰りした際、今は亡き父と郊外を自転車でのんびり楽しんでいた。その時偶然、山頭火最期の庵《いおり》「一草庵」が初公開されているのに遭遇し、父と二人でしみじみと山頭火を偲んだ記憶がある。

渥美清の生涯の趣味も山頭火に倣《なら》い俳句で、二百句ほど残っている。最も知られているのは次の一句である。

お遍路が　一列に行く　虹の中

早坂暁は今は松山市となった北条の出身で、渥美清も北条を何度か訪ねたとのこと故、お遍路さんを四国のあちこちで見かけたのであろう。我が実家の前にも遍路石があり、子供の頃はよくお遍路さんを見かけたものだ。

あるいはまた、アフリカの旅の中で「虹」について、「そんないかにもアフリカらしい自然現象を楽しんでいるうちにはるかかなたの地平線にスーッと虹がかかりました。アフリカの虹というやつは、土地柄にふさわしくまことにもって豪華ケンランたるものでございますよ。わたくし、その虹を見つめていますうちに、ふとこんなことを考えました。やっぱり、この宇宙のどこかに神さまは実在していて、ああいう美しいものを造型しているんだ。車に揺られながら、いつまでもそんなことを考え続けたのでございます」(『渥美清　わがフーテン人生』128頁)と述懐している。

こうした体験も、お遍路と虹の句の背景になったのかもしれない。

小諸の懐古園の近くにある「渥美清こもろ寅さん会館」の館長、井出勢可宛のハガキの中に渥美清自筆の山頭火の句がある。

この旅果てもないつくつくぼうし　　山頭火

鹿島にて　渥美

鹿島は早坂暁の故郷北条の目の前の瀬戸内海に浮かぶ島である。この一句からも渥美清が山頭火を慕っていたことが窺《うかが》われる。

芭蕉・良寛・山頭火の他に、「寅さん」の源流をさぐって、在原業平・西行・行基・一遍・伊能忠敬・大黒屋光太夫・肥前船越村杢助《もくすけ》・国定忠治・高野長英・甲州犬目村兵助・盛岡藩栗林命助・井上井月《せいげつ》・石川啄木・永井荷風・尾崎放哉《ほうさい》・山崎方代《ほうだい》の足跡を辿った吉村英夫著『放浪と日本人──「寅さん」の源流を探る』（実業之日本社、二〇〇五年）がある。

この書の視点は二つ、《放浪と定着》《有用と無用》である。映画というものに精通し、特に山田洋次の世界、とりわけ『男はつらいよ』を深く理解する著者の力作である。フーテンの寅・風天のイエスの視点からこの書について二点だけ率直に思うところを述べておこう。一つは甘えの問題である。以下の箇所は、寅さんと甘えに関して、洞察の欠如がみられる。

寅は帰るべき場所が確保されている。これでは真の放浪でも漂泊でもない。旅は仮の姿という思いが意識の奥にある。いざとなればさくらがおり、とらやが自分を温かく迎えてくれる。第一一作では、病気の寅が心配でさくらが北海道まで出向いてきてくれた。寅にも甘えがあるが、さくらも寅のこととなると甘ちゃんであり、べたべたである。さくらには母性とでもいうべき甘やかしがあるし、寅はもっと甘い。寅の場合は、いわばナルシズム傾向が濃厚なのだといってもよい。あるいはエゴイストと酷評するむきもある。多くの旅人や放浪者の先達の系譜を見てきたが、比べてみると、寅の放浪は大変軽くて甘い。国民映画ともいわれるほどに大衆に支持されたのだから、甘い部分を持たねばならなかったろうが、それにしても甘えたフーテンである。故郷という保険をかけた旅人なのである。（『放浪と日本人』290－291頁）

土居健郎も指摘するごとく、人間は独りでは生きられず、本来の意味で甘える相手が必要である。それは甘やかしや甘ったれと一線を画する、生きていく上に必要な甘えである。確かに、今日の社会に見られる温かさの欠如や余裕のなさは、本来の意味での甘えの場の喪失と無関係ではなかろう。寅さんの場合、二十年に亘り故郷から離れ、家族から離れて生きてきたのであるから、言わば真の意味で必要な甘えの欠乏状態の中にあり、故郷と家庭への帰還は、寅さんの成長を促す上で、欠如した甘えを補う場となった。

さらに重要なことは前述のジュリアーノが指摘した側面である。人を歓迎し受け入れる喜び、待ってくれる人の客となって受け入れてもらう喜び、これは甘やかしでも甘ったれでもなく、ここには愛の対象というか、大切なものに自ずからに素直に向かっていく人間存在の深みが存する。この側面については、「第四章「ユーモア」について」で、ルカ福音書の放蕩息子の譬え話と法華経の長者窮子《ぐうじ》の譬えを比較しながら語ることにしよう。

†「存在」の重み

『放浪と日本人』について、フーテンの寅・風天のイエスの視点からもう一つ述べたい事柄は次の箇所の内容である。

寅次郎の放浪と漂泊、さらには寅の存在と彼の言動には、無用の「用」がたっぷりと盛り込まれているには違いないのだが、その「用」をまったく意識もしなければ、それを掲げたりするという愚を犯さないのがすばらしい。無用は無用であり空だからこそ寅は輝いている。無用の用という、「用」などとまわりくどいことで寅の存在意義を哲学するなどは、しないにこしたことはない。実は、寅はスカブラのように逆の意味で「用」を果たしているのだと注釈をつけた瞬間に、寅は寅でなくなり、本物の無用者であることから滑り落ちてしまうということも、どこかで意識しておかねばならないのかもしれない。（317頁）

スカブラとは、ストレスがたまる炭鉱で、バカ話やホラ話などをして労働者を笑わせ、息抜きをさせる職業である。本文の最終頁に記されたこの文章は、ずばりその通りと共感する。類似の内容が三〇七頁にも示されている。「広漠の野の大樹は、ただ、それだけの意味しかなく、何の役にも立たない。『有用』に対していわくありげに、それに対峙する『無用の用』を付け加えれば、裏側から見たにすぎないことになる。寅次郎がそれを欲しているのだろうか、という疑問だけを付して、ここは閉じておきたい」。

まさにこの疑問が重要である。有用無用を問わず、大切なことは寅の存在自体の「重さ」である。「栄光・輝き」のことをギリシャ語でドクサと言うが、これはヘブライ語でカヴォード、すなわち「重さ」である。重さと言えば、『男はつらいよ』の歌の二番を思い出す。以前、音楽家の友が、この主題曲とグレゴリオ聖歌のサルヴェ・レジナ（聖母マリアへの賛歌で、いろいろなサルヴェ・レジナが存在する）に少なからず共通性があると、楽譜を書いて説明してくれたことがある。とにかくいい歌だ。

どうせ俺らはやくざな兄貴
わかっちゃいるんだ妹よ
いつかお前の喜ぶような
偉い兄貴になりたくて
奮闘努力の甲斐もなく
今日も涙の今日も涙の陽が落ちる
陽が落ちる

どぶに落ちても根のある奴は
いつかは蓮《はちす》の花と咲く
意地は張っても心の中じゃ
泣いているんだ兄さんは
目方で男が売れるなら
こんな苦労もこんな苦労もかけまいに

かけまいに

（作詞・星野哲郎　作曲・山本直純）

確かに寅さん、特に若き日の寅さんは、いかにも目方があり重厚さを感じるが、カヴォードとはまさに「内からにじみ出る存在の重さ」である。

『放浪と日本人』の中に、興味深いエピソードが記されている。渥美清が亡くなる八カ月前、第四十八作の製作時にＮＨＫの『クローズアップ現代』で「渥美清の素顔」と題するものが放映された。疲れ果てた寅さん、いや渥美清に、「あれー、どうしたんだろう」と観ていて驚いたものだ。

その時は気づかず、この本で気づかされた言葉であるが、この番組の中で倍賞千恵子（さくら）が次のように語っている。「贅肉のない方ですね。余分なことをしない。公私ともに余分なものがひっついてくるのが普通なのに、渥美さんはだんだんなくなっていく」。不思議なことに、いや当然のことなのか、寅さんの風貌もまた倍賞千恵子の渥美評に似てくる。

これは実に興味深いことである。十三世紀の卓越した思想家トマス・アクィナスは神をエッセ（ラテン語でesse「存在」の意味）と捉え、そこから世界を説明する。[26]否定神学のように神を「非存在」として把握するのではなく、肯定神学[27]のように神をボーヌム（ラテン語でbonum「善」の意味）として把握するのでもなく、神を「存在」として把握するところに、トマス・アクィナスの独自性がある。

神は存在そのものであり、言わば存在の静かな無限の大海である。神以外の一切の事物、あの大空の静けさ、バラの花の輝き、種々の騒乱や闘争、諸々の美、諸々の苦しみや悲しみ、路傍の石も人間も、こうした一切のものは確かに無ではなく現実に存在してはいるが、存在そのものの神の前には無と言っても差し支えないところの存在である。

一方でまた、存在の原点を神に置くトマスの視点は、存在そのものである神からの照明によって、世界の一つ一つの存在のかけがえのない価値を明らかにする。そして同時に、神によって在らしめられている一つ一つの存在に対し、深い関心と透明な眼差しを向けさせる。美しくあるか醜くあるか、有用であるか無用であるかの如何を問わず、どんなに小さな存在も、在ること自体が、かけがえなく美しく重い。たとえ誰も見向きもしない存在であっても、いや、見向きもしない存在であればこそ。

一方、このエッセの哲学は人間存在の捉え方において、先ほどの倍賞千恵子が渥美清を評した言葉が如何に穿《うが》ったものであるかを証明する。

この立場において「人間の完成」とは、人間として完全になるために多くの徳を身に付けたり、この徳によって人間らしい活動をしつつより善き人間になってゆくというのではなく、倍賞千恵子の言う「余分なもの」を削ぎ落とすことによって、本来の人間存在をあらわにしてゆくことである。余分なもの余計なものから解放され、本来の人間存在に回復してゆく時、まさにそこに自由がある。

ちなみに、ギリシャ語で「完成された、完全な」はテレイオスであるが、ヘブライ語はシャレームで、「人間がまだ鑿《のみ》を当てない状態」のことをいう。すなわち、人間の手で加工していない、神の手で造られたままの姿こそ、本来の意味での人間の完成である。

余計なものがまだ付着していない無邪気な子供と、余分なものを削ぎ落とした良寛や寅さんとは、心が相通ずる所以である。イエスにもまた子供が自然に近づいて来る情景が聖書に描かれている。まさに「花無心にして蝶自《おの》ずからに舞う」である。

さて、「フーテン性（Ⅱ）——故郷を捨てた者」において、甘えの場としての故郷、家族の重要性について述べてきた。甘えに関連して次の風天のイエスでは、甘えの場としての「アッバ」（「父さん」という呼びかけ）について語りたいが、フーテンの寅の総括として、有名なメロン事件を観てみよう。

†メロン事件

山田監督によると、この場面は、映画館の客層によって反応が違っていたという。例えば、浅草の観客はどちらかというと寅に同情的であったのに対し、サラリーマンや学生の多かった新宿では「メロン一つくらいで」と批判的な雰囲気もあったという。『男はつらいよ』の楽しさの一つは、映画館でお客さんがほんとうに面白そうに腹を抱えて笑うのに遭遇することだ。「ああ、この人は人生に相当疲れているな」と、笑い声を聞きながらふと感じたりもする。

いずれにせよ、第十五作「寅次郎相合い傘」の〝メロン事件〟とそれに続く出来事〝相合い傘〟は、『男はつらいよ』全作品を象徴すると言っても過言でない一場面であり、フーテンの二要素、常識をはみ出した者、故郷を捨てた者としてのフーテンの寅の風貌躍如たる、いつまでも印象に残る名場面である。この場面を五つに分け、想像力を働かせながら、じっくり味わってみよう。

場面（A）――メロン事件。北海道を寅とリリーと一緒に旅した蒸発男（船越英二）が、世話になった寅へのお礼にと、「とらや」まで持ってきたメロン。二人で旅したリリーが、とらやに突然やって来る。おばちゃんがそのメロンを六等分に分けてみんなで食べようとしたところへ、出かけていた寅が帰ってくる。六等分の中に寅を勘定に入れてなかったから、さあ大変！

さくら　いや、あー、お帰りなさい。

寅　よし、じゃお兄ちゃんも一つもらおうか、じゃ出してくれ、俺の、な。

さくら　あっ、お兄ちゃん、これ一口しか食べてないから。

「いやわたしの」とおばちゃん、「ぼくのをどうぞ」と博、おいちゃん（下条正巳）も「これ食べろよ、なー」と差し出す。

寅　本来ならば、この俺がだ、さぁみんなそろそろ食べ頃だろう、美味しく頂こうじゃないか。あら寅ちゃん、済まないわねぇ、わたしたちもご相伴に与《あずか》っていいの。もちろんだとも。すいませんね、兄さん、それじゃ頂きます。そうやってみんなが感謝して頂くもんなんだろ。それが何だい、俺に断りもなしに、あいつの居ないうちにみんな食っちゃお、食っちゃお、食っちゃお、どうせあいつなんかメロンの味わかりゃしないんだ、ナスの二つもあてがっときゃいい、そうしよう、そうしよう、みんなでもって食おうと思ったとこに俺がパタパタっと帰って来たんで、てめぇら大慌てに慌てたろ。何だお前、てめぇ、皿、この下に隠したな、今出したろ、そこから。

博　いゃ、いゃあれは、あれはですね。

寅　あれは何だい。

さくら　お兄ちゃん、いい加減にして。勘定に入れなかったこと、謝るから、ね、ごめんなさい。

寅　さくら、いいか、俺はたった一人のお前の兄ちゃんだぞ。その兄ちゃんを勘定に入れなかった、ごめんなさいで済むと思ってるのか、お前そんなに心の冷たい女か。

さくら　何よ、メロン一切れくらいのことで、みっともないわねぇ、もう。

寅　バカヤロー、俺の言ってるのはメロン一切れのこと、言ってるんじゃないんだよ。この家《や》の人間の心の在り方について俺は言ってるんだ。

おいちゃん、「何を一人前のこと言いやがって」と言いながら、寅に向けてそこにあった雑誌を投げつける。寅も怒り、手当たり次第何かを投げ返そうとする。さくらと博が止める。おばちゃん泣きながら「もー、メロンなんかもらわなきゃよかったよう」と言い、泣き続ける。博「何だか情けないな」と言えば、寅が「養子は黙ってろ」と。その時リリーが見るに見兼ね、喋り始める。

リリー　寅さん、あんたちょっと大人気ないわよ。冗談じゃないってんだよ。俺のことを勘定に入れなかったの、心が冷てぇだの、そんな文句を言える筋合いかい。ろくでなしのあんたを、こんなに大事にしてくれる家《うち》が何処《どこ》に有るかってんだ。わたし羨ましくて涙が出ちゃうよ。本来ならね、いつもご心配をおかけしております。どうぞメロンをお召し上がりください、私はいりませんから私の分もどうぞと、こう言うのがほんとだろう。甘ったれるのもいい加減にしやがれってんだ。

寅　カァ〜、憎たらしい口聞きやがって！

博の肩を右手でつかみながら、リリーを見つめて、寅「これでも女でしょうか？」全編通じても言えることだが、寅さんの喧嘩には、どんなに一見激しくとも、寅さん自身にはどこかゆとりとユーモアがある。もっとも、周りは大変だろうが。

リリー「男でなくて悪かったねぇ」と答え、寅「大したもんだよ、何でぇ、てめぇの面《つら》なんかもう二度と見たかねぇや。いいよ、俺これからねぇ、うんと楽しい所に行って美味しい酒飲んでパーっと遊んでやるから」。さくらに向かって「バカヤロー」と言い残し、去ろうとする。さくら「お兄ちゃん」と、立ち去る寅を止めようとするが、「メロンなんか食べたかないよー」と、上着片手に出て行く。

場面（B）――寅が出て行ったあと「とらや」の食卓に平和が戻るが、この構造は、人間社会のみならず動物の世界にも見られるものであり、イエスにまつわる殺害もまさに類似の構造である[28]。

すなわち、あるグループの中に、一人調和を乱すものが現れると、それぞれみな問題を抱えているにもかかわらず、いや、問題を抱えているからこそ、その問題を隠すため、そしてグループの不和を鎮めるために、一人に集中し、一人をつるし上げ、その一人を追い出すことによって群れの平和を取り戻す現象である。そして、追い出した後、あいつは何も悪いことをしていなかった、無垢であったと気づくのだが、寅が消えた後、案の定「とらや」の食卓に平和が戻る。

リリー　みなさん、ごめんなさい。わたしつい頭に血がのぼっちゃって。

さくら　あっ、いいのよ。偶《たま》にはあれくらいのこと言ってやらなくっちゃ、ねぇおいちゃん。

おいちゃんも「ほんとのこと言うとね、わたしゃスーとしたんですよ」と言い、おばちゃんも「わたしも」と、そして博まで「ぼくも気持ちよかったなぁ。一度ああ言うことを言ってやりたかった」と皆が同じ感想を。さくらは笑いを堪《こら》え切れず、手で口を押さえながら笑っている。

リリー　ほんと？　でも寅さん大丈夫かしら？　何処へ行っちゃったんだろう？

さくら　大丈夫よ、そのうちきっと帰ってくるでしょ。

おばちゃんも笑いながら、「カバンありますから」と。皆残りのメロンを楽しく食べ始める。

場面（C）——寅は酒屋に飲みに行った訳ではない。寂しい時、つらい時、寅が会うのは舎弟の登（津坂匡章《つさかまさあき》＝現在の秋野太作）であったり、寺男になり、寅を兄貴と呼ぶ源公（佐藤蛾次郎）であったりする。フーテンはフーテン同士、やはり気が合うのだ。今回も帝釈天の源公の所に行く。まあ、金がなかったのかもしれない。

源　兄貴、ラーメン、お待ちどおさん。

寅　遅いんだよ、お前、何だいこれ、チャーシュー麵買って来いって……いいよ、いいよそれで。シューマイもらって来い、シューマイもらって来い。

源公、再びシューマイを買いに行く。源公は時に寅の悪口を言ったり、陰で寅の失敗を笑ったりするが、そして寅もそれを知ってはいるが、それでもやはり二人はかけがえのない仲間である。寅が立ったままラーメンを食べ始めた時、突然の雨、遠くで雷も鳴っている。

場面（D）——寅、上着を頭に被《かぶ》って雨の中とらやに帰って来る。さくら「あー、お帰りなさい！」「帰って来たんじゃねぇよ、バカ！」「そおぉ」「おい」「えっ」「あれどうしたんだ、あれ」「あれって?」「決まってるじゃねぇか。居たろう、何だか薄生意気な女が。あれは何て言うんだい?」「リリーさん」「う、うん、そんなような名前だったかな。何処行ったたい?」「仕事に行った。九時頃帰るって」「へー、雨降ってるなぁ」「そおね」「濡れるな」「大丈夫、わたし傘借りてくから」「お前じゃないよ、バカ！」「あっ、リリーさんのこと」「何？」「何だそうか、お兄ちゃん、リリーさんのこと心配でわざわざ来たの？」

さくら、蛇の目傘を渡しながら「わかった、じゃお兄ちゃん、ほら、迎いに行ってあげて」。喧嘩したあとの兄と妹のほほえましい対話が続く。寅、照れながらリリーを迎えに行く。

場面（E）——さて、ここからが第十五作のタイトルにもなった「寅次郎相合い傘」の名場面である。強い雨、柴又の駅に着いたリリーは困り果てる。その時、斜め後ろ向きで背中を見せながら、傘をさして待つ寅の姿を見つける。ちらっと二人の目があう。リリーの嬉しそうな顔、走り寄り傘に入るリリー。

リリー　迎えに来てくれたの。
寅　バカヤロー、散歩だよ。
（リリー心から嬉しそうに）
リリー　雨の中、傘さして散歩してるの。
寅　悪いかい。
リリー　濡れるじゃない。
寅　濡れて悪いかよー。

リリー　風邪ひくじゃない。
寅　風邪ひいて悪いかい。
リリー　だって寅さんが風邪ひいて寝込んだら、わたし、つまんないもん。

単純な対話の中に、溢れる愛情。寅の左側にリリー、上着をひっかけ、腕を通さない右手で傘を持つ寅の粋な姿。その傘を握る寅の右手にそっと触れるようにリリーの右手も傘を握る。リリーが濡れないよう、僅かにリリーの方に傘を傾けるその角度に、寅の優しさを感じる何とも印象深いシーンである。

以上（A）→（B）→（C）→（D）→（E）と一連の場面を眺めてみる時、（A）のとらやの茶の間のゴタゴタも、単なる甘やかしや甘ったれで片付けることのできない甘えの深淵を垣間見る。今日《こんにち》における深刻な問題は、家庭においても職場においても、ありのままの自分をさらけ出せる甘えの場の喪失であり、喧嘩をしてもまた和解する包容力の欠如である。

妹さくらが寅に言ったように、確かにメロン一切れくらいのことで、こんなドタバタ騒ぎはみっともないと言えなくはないが、山田監督が『映画をつくる』（大月書店）で指摘するごとく、多くの観客は「俺はそれを笑えるほど大人として分別ある振舞を日夜しているだろうか」とふと自問する。その時、寅への共感が大爆笑を生むのだが、その笑いこそ健全な笑いである。

人間とは、そういうものなのだ。表と裏をもっと見せればいいのだ。とらやの茶の間が表と裏をはっきり見せるように、寅が表と裏をはっきり見せるように。表と裏といえば良寛を思い出す。良寛は晩年、下痢で苦しむ。子供と手毬《てまり》で遊んだり隠れんぼうをする良寛の姿とは対照的に、そこには「口に出すのも痛ましいほど、痩せて糞まみれ(29)」の良寛の姿がある。「蓮《はちす》の露」で貞心尼自身が記すように、次の句は良寛自身のものではないとしても、もみじの表裏は良寛の最期をみごとに映し出している。それはまた十字架上のイエスの断末魔の最期を想い起こさせる。

うらを見せ　おもてを見せて　ちるもみぢ

3　イエスの場合――風天のイエス

(a)　フーテン性(I)――常識をはみ出した者

†「大食漢の大酒飲み、取税人や罪人の仲間……」(ルカ七章三四節　マタイ一一章一九節)

「風天のイエス」と、「ふうてん」に「風天」なる漢字を当てたが、実はフーテンの寅と同様、フーテンのイエスであることが、聖書の中から垣間見られる。すなわち、フーテンの二つの基本要素――(一)常識をはみ出した者、(二)故郷を捨てた者としてのフーテン性が、なんとイエスについても指摘できるということだ。

この事実こそ、イエスの実像には寅に類似するものがあったのではなかろうか、イエスは寅さんのように愉快で面白い人物だったのではなかろうか、との意表を衝《つ》く興味深い事柄に繋がる。イエスは寅さんに似ている、などと発言すると、一般の人々でさえ、「まさか」と思うであろうし、敬虔で上品なキリスト教徒は「とんでもない」と言うであろう。

実は、この「上品で敬虔な」が意味深長である。イエスの死後、イエスの信奉者らによって福音書が書かれてゆくが、この信奉者らは結構「品がよく敬虔」であり、もし生きたイエス、すなわちイエスの歴史的実像に多少フーテンの匂いがあったとしても、そういった事実には目をつぶり、できるだけ尊敬に値するイエス像を描こうとしたことは疑う余地がない。

一番最初に書かれるマルコのイエス像が、後に書かれる福音書によって幾分上品な装いになっていることは一目瞭然である。例えば、マルコ福音書では〝怒るイエス、憤るイエス〟も端的に描かれるが、それがルカ福音書になると、〝穏やかな、落ち着いたイエス〟に修正される傾向がある。

具体例を二つ挙げてみよう。

わかりやすい例としては、マルコ三章五節の「怒り（ギリシャ語でオルゲー）をもって彼らを見まわし」が、マルコを手元に置きながら福音書を書いているルカは、六章一〇節において、「怒りをもって」を削除し、「彼らみなを見まわし」に修正している。

二つ目の例としてマルコ一章四一節「イエスが〝憐れんで〟手を伸ばしてその人に触れ、

……」は、マルコの西方型写本では〝怒って〟になっている。〝憐れんで〟と〝怒って〟では随分ニュアンスが違うが、二つの異なった読みが可能である。マルコ全体で把握しうるイエス像からは〝怒って〟は十分可能であるが、興味深いことに、マルコが書かれてから、マルコを見ながら数十年以内に書かれるマタイとルカは共に「イエスが手を差し伸べてその人に触れ、……」と、みごとに問題の単語を削除している。

もともと原典が〝憐れんで〟になっている時、それをわざわざ〝怒って〟に修正する可能性と、逆に原典が〝怒って〟になっているものを〝憐れんで〟に修正する可能性とを考える時、明らかに後者の可能性の方が高いが、マタイとルカは〝怒って〟では違和感を覚えたのか、書き換える代わりにその語自体を削除してしまったと考えられる。

では、イエスは何故怒ったのか。それは、イエスに願う男の、イエスへの全幅の信頼の欠如、煮え切らない態度に対する怒りである。怒ったが故に、その後に続く四三節で「きつく叱りつけて、すぐに追い出す」のである。

要するに、マルコの元来の本文はマルコ全体のイエス像の観点からも〝怒って〟であった可能性を十分残し、〝憐れんで〟に修正されたり、不可解な語が削除された事実は、時が経つに従って、生きたイエスの実像よりも、上品なイエスに作り上げられる方向に進んだことを示している。残念ながら、日本語訳は勿論、我々が手にする多くの聖書はマルコ一章四一節で「怒って」ではなく、「憐れんで」を採用している。

マルコと比較すれば、落ち着いた穏やかなイエスを描く傾向にあるルカが、もしイエスのスキャンダラスな事柄を記事にしている場合は、その描き方は実際よりは「品よく」修正しているはずである。ということはもし、ルカがスキャンダラスなイエスを取り上げている場合、歴史の中に生きたイエスの実像は、ルカが描くイエス像よりもさらにスキャンダラスであった可能性が高い。

そして事実、ルカ七章三三―三四節に以下のような記事がある。

洗礼者ヨハネがやって来て、パンも食べずぶどう酒も飲まずにいると、「あいつは悪霊に憑《つ》かれている」と言い、人の子が来て、食ったり飲んだりしていると、「見ろ、大食漢の大酒飲み、取税人や罪人《つみびと》の仲間だ」と言う。

この箇所及び直前の「笛吹けど踊らず」の箇所は第四章で再び取り上げるが、この部分はルカとマタイだけに共通する記事で、いわゆるQ資料に基づいている。ここに出てくる洗礼者ヨハネとは、イエスの道を整えた男で、マルコの冒頭によると、蝗《いなご》と野蜜《のみつ》を食べながら荒野に生き、「私の後から私より力ある方がお出《いで》になる。私はその方の履物の紐《ひも》を解く資格もない」と言った人物である。そして「人の子が来て」の〝人の子〟とは、イエスのことで、イエスは自分のことを婉曲的に「人間である私」というほどの意味合いで、〝人の子〟を好んで用いた。

イエスも洗礼者ヨハネを尊敬し、ヨルダン川で洗礼を受けるが、両者の生き方はいわば両極端の方向を辿る。洗礼者ヨハネが、難行苦行、断食の荒行に向かうのに対し、イエスは人々と陽気に、食べたり飲んだり話したりの交わりの姿勢を貫く。先ほどの誹謗中傷はそうした両者の徹底した生き方のことを言っている。人々は、洗礼者ヨハネが来て、食いもせず飲みもしないと、あいつは悪霊に憑かれていると罵り、イエスが来て、食ったり飲んだりすると、あいつは大食漢で大酒飲みだと囃《はや》し立てた。

ここで注目すべきは、イエスについての風評である。「大食漢の大酒飲み、取税人や罪人の仲間」とルカが記す以上、前述のごとくこの噂は遠慮深く過小に書かれている可能性が高い。ルカにしてもマタイにしても、最初に書かれたマルコよりは幾分上品に描くことは既に述べたが、ルカとマタイだけがわざわざQ資料に基づいてこの事柄を取り上げていることは特筆に値する。ここから確実な事実として、生前のイエスは好んで取税人や罪人と食事をしたこと、しかもよく食べよく飲んだということが確認できる。

「寅さんの場合――フーテンの寅」の項目で詳述した、「フーテン性（Ⅰ）――常識をはみ出した者」としてのフーテン性は、まさにイエスにも適合する。イエスの取税人や罪人、そして遊女らとの会食や語らいは当時の常識を逸脱していた。特にイエスが生きた時と場において、食事を共にするということは決定的な意味を持っていた。食事を一緒にするということは、友情や団結そして和解のしるしであり、金銭よりも威信を最大の価値観に据えていた当時の人々にとって、自分より低い階級や身分の人たち、とりわけ社会から排除された人たちと一緒に食事をすることは、習慣的にも生理的にもありえなかった。

当時の常識では、取税人や遊女、家畜番や高利貸し等は不浄の職業とされていた。取税人は自分の懐《ふところ》に入る手数料を上乗せすることができるので、詐欺師のように見なされており、また家畜番は他人の土地に家畜を連れて行って畜産物をくすねる可能性を持っていた。こういった人々は皆罪人とされ、細かく規定された諸々の掟を守らない、また守れない罪人と共に社会の除《の》け者であった。

第一章でも語ったごとく、その根本に、この社会には「清さと汚れ」の差別意識が存在しており、それ故、取税人、遊女、罪人等の不浄の民と食事を共にすることは、敬虔なユダヤ人にはありえなかった。イエスはその逸脱行為を堂々とやってのけた。しかも、いやいや仕方なくではなく、陽気に楽しく、食べたり飲んだりしながら。「花婿が一緒にいるのに断食するような婚礼の客があるだろうか」(マルコ二章一九節)と喝破しながら。まあ、そういうイエスだから身内の者も心配して、イエスの常軌を逸した行動を正気の沙汰ではないと考え、ある時イエスを「つかまえにやって来た」(マルコ三章二一節)場面さえあった。

寅さんの常軌を逸した振舞、特に初期の寅さんと相通ずるものがある。両者に共通しているのは、行動の動機であり、他者への思いやり、特に弱い立場の人への温かい眼差しであり、既成の常識よりも、眼前の困っている人、苦しんでいる人、悲しんでいる人への共感であり、人間として当然正しいことを正しいこととする毅然たる態度である。

福音書というものは、第一章で簡単に説明したように、その成立過程は複雑で、一人の人が一気に書き上げる小説とは異なる。四つの正典福音書それぞれ、書いた人も書いた場所も書いた時も、そして誰に語っているかも異なる。とにかくイエス自身は何一つ書き残しておらず、イエス以外の人が、それぞれの視点で、語りかけているグループの必要を考慮しながら、イエスにまつわる言葉や出来事について書いているのである。

しかも利用する資料に基づいて、イエスが話したとする言葉も付加したり削除したり、語った状況もそれぞれの角度から設定しているのであるから、実際に、歴史の現場の具体的な状況の中で語ったイエスの言葉や振舞とは、微妙に変化した形で記録されたものを我々は読んでいる。それ故、イエスの風貌の捉え方も、当然のことながら読み手によって異なってくる。

しかし、福音書をしっかり分析し、各福音書の全体の眺めを把握し、生きたイエスが語った具体的な状況や生《なま》の言葉をより正確に押さえれば押さえるほど、イエスの風貌もより生き生きと捉えることができる。田川建三は『イエスという男』の中で、

どうもこの男、人の家に招かれて飲んだり食ったりわいわい楽しくやるのがひどく好きだったらしい。それらしき場面は福音書でも時々言及されている。イエスにはどうしても、苦虫をかみつぶして、何曜日と何曜日には断食し、などとやることはできなかったのだろうし、まして、荒野に出て行って蝗や野蜜で禁欲的に生きぬくヨハネなど、尊敬はしても、自分の生き方としてはとらなかっただろう。……町や村の敬虔ぶった顔役衆は、イエスのように、働く時に

はやたらとよく働くかもしれないが、人が敬虔な顔をして祈ったりする時刻に、楽しげにそぞろ酔いの陽気な声をはずませたりされたのでは、文句の一つや二つも言いたくもなっただろう。

と述べているが、ほろ酔い気分で誰とでも陽気に語っているイエスの姿や、その周辺の光景がありありと目に浮かんでくる。

Ａ・ノーランもまた『キリスト教以前のイエス』の中で、次のように指摘している。

「イエスはすこぶる愉快な人物であり、彼の喜びが、その信仰と希望と同じく、伝染性のものであったことは、疑問の余地がない。この点が、イエスと洗礼者ヨハネの間の最も特徴的で最も顕著な違いであった。……スヒレベークが適切にも述べたように、イエスの弟子達が断食しなかったという事実は、《イエスと同席しながら悲しむのは実存的に不可能である》ことのあかしになっている」（67頁）

二十世紀の著名な神学者Ｅ・スヒレベークもＡ・ノーランもトマス・アクィナスと同じドミニコ会の我が先輩であるが、イエスに関する右の言及は的を射ている。『男はつらいよ』のラストシーンが常に日本晴れで終わるように、また大貫隆がある時期からのイエスの心境を、ビッグバンの文脈で使う表現で「宇宙の晴れ上がり」と呼ぶように、イエスの平常心は常に「日本晴れ」であり「宇宙の晴れ上がり」の状態であり、澄み渡る心の清さは快活さとなってまわりを照らし明るくしたに違いない。

確かに、イエスと一緒に食事をした者は誰であれ、日常の心配も吹っ飛び、時を忘れ明るく楽しい気分になり、特に毎日重苦しい暗い気持ちで暮らしていた、社会から差別され排除された人々の心には、再び生きる希望が蘇り、漲《みなぎ》る力を感じ取ったことだろう。それはマルコ一〇章の盲人バルテマイが、イエスが呼んでおられるのを知った時、イエスに会える嬉しさのあまり、衣を投げ捨て躍り上がってイエスのもとに駆けつけたように、イエスと共に食事をした人々は、街道に出て喜び踊るほどの解放感であったに違いない。イエスと一緒にいること、ただそれだけで十分であった。

ここにイエスの存在の重さがあるが、それは丁度『男はつらいよ』第十作「寅次郎夢枕」の千代（八千草薫）の言葉を想い起こさせる。「私ね、寅ちゃんと一緒にいると、何だか気持ちがホッとするの。寅ちゃんと話していると、ああ私は生きているんだなぁって、そんな楽しい気持ちになるの」。

常識をはみ出した者として、寅さんについて論じてきた事柄が、そのままイエスにおいても適合していることを示してきた。イエスの生きた社会において〝清さと汚れ〟の領域の問題に、敬虔な義人たちは神経を尖らせた。そして、その〝汚れ〟は外から人間に付着するものと考えた。取税人、遊女、罪人などの不浄の人と同席すれば、当然伝染して、自らも汚れると思い込んでいた。

「よきサマリア人」の譬え話で、半死半生の旅人に、当時尊敬されていた祭司やレビ人が、近づいて助けようとしなかったのも同じ理由による。清さと汚れに関わる清潔規定が細かく定められていたのである。

イエスは、そうした掟に対し、一緒に食事をして汚れるような汚れた人間など、一人もいないことを身をもって示した。第一章の姦淫の女のところで触れたように、当時常識となっていたこうした掟に対し、その構造を根底から引っ繰り返すべく、自ら一切の掟破りをやってのけた。もっとも構造を引っ繰り返す前に、十字架上で殺害されてしまったのだが。

二十世紀の卓越した聖書学者J・エレミアスは、イエスに対する当時の人々の典型的な二つの躓《つまず》き（ギリシャ語でスカンダロン。言動、事柄が理解できず、憤《いきどお》り、捨て去ること）を指摘している。その一つは、今まで述べてきた、イエスの日常の食卓である。社会から除け者にされた人々と食事をするイエスの行為を批判する、いわゆる義人たちに対し、イエスはきっぱりと言い切る。「取税人や遊女の方が、あんたたちより先に神の国に入る」（マタイ二一章三一節）と。イエスの食卓は、言葉ではなく、態度そのもので示した、イエス渾身《こんしん》のメッセージであった。

もう一つの躓き、すなわち当時の人々が理解できなかった事柄は、イエスが十字架上で亡くなったという事実である。なぜなら、十字架刑というのは、ローマ帝国が編み出した、前代未聞の極悪非道な死刑手段であったということ、かつまた、旧約聖書の申命記二一章二三節に「木にかけられた死体は、神に呪われたもの」と明記されているゆえにである。

「イエスは木にかかって死んだではないか。それなら神に呪われた者ではないか」と、詰問するユダヤ人らに対し、ルカ福音書に続いて再びルカが筆を執る「使徒行録」において、「確かにイエスは木にかかって死んだ。しかし木にかけたのはあなたたちではないか。神はイエスを呪うどころか、高く高く挙げて、イエスを復活させ、主《しゅ》とし、キリストとされたのだ」と弁明する。いわゆる社会の常識を逸脱した行動の根幹に、一人一人の具体的なかけがえのない人間への共感がある。この共感を聖書ではスプランクノンというギリシャ語を使い、日本語では「憐れみ」と訳されているが、この語の意味はもっと強烈で、人間の身体の内部から込み上げてくるどうしようもない情動である。

要するに、寅さんの常識からの逸脱も、イエスの常軌を逸した行動も、その根底には他者への温かい思いやりがあり、人間として当然あるべき姿を示しているに過ぎない。寅さんのぶざまな姿を見て、あれよりはまだましだと、何となく自らを慰めた人も多かろうが、あのぶざまな振舞いの中にこそ、神の心の痕跡をみると言っても過言ではなかろう。しかもその背後には、常に笑いとユーモアがあり、明朗な雰囲気が漂っている。

(b) フーテン性(Ⅱ)——故郷を捨てた者

†「言《ことば》は人となって、我らの間に住まわれた」(ヨハネ一章一四節)

フーテン性の二つ目の要素、故郷を捨てた者としての寅についてはすでに語ったが、この要素もまた、イエスにおいても語り得る。イエスの場合、二重の意味で故郷を捨てた者である。

一つ目の意味は、貴種流離譚としてのイエスのところでも触れた内容だが、要するに、父と子と聖霊なる神の生命《いのち》、三位一体の子なる言《ことば》（ロゴス）が、故郷である神の命の寛《くつろ》ぎを離れ、言葉を換えれば、子なる神が神であることを捨て、マリアを通して我らと同じ人間になった、という意味での故郷を捨てた者である。これはまさにヨハネ福音書冒頭の内容である。

初めに言《ことば》（ロゴス）が在った。言は神のもとに在った。言は神であった。……言は肉（人）となり、我々の間に住まわれた。

「三位一体」という言葉は、聖書の中にはない。キリスト教にとって決定的とも言える「三位一体」の教義が確立するのは、三二五年のニケア（ニカイア）の公会議を待たねばならない。その後三八一年にコンスタンチノープルで公会議があり、四三一年にエフェソス公会議、四五一年にカルケドン公会議、そして五五三年にコンスタンチノープルで第二回目の公会議が開かれ、次第にキリスト教の骨格が出来上がってゆく。

その間、アリウス派やネストリウス派の問題、あるいは東方教会と西方教会の分かれ道となる「フィリオ・クエ（と子）」問題など、デリケートな論争が繰り広げられる。キリスト教の教理形成の微妙にして複雑な過程については、友人である坂口ふみの力作『〈個〉の誕生――キリスト教教理をつくった人びと』（岩波書店）がある。

アリウス派はどこに問題があったのか。アリウス派もキリストが神であることは認めるのであるが、本当の神は父なる神のみであり、イエス・キリストを父なる神から生まれた二番目の神とし、いわば、父と子が本質（エッセンチア）において同じであるという教義を危うくする。アリウス派は確かに歴史的には異端として葬り去られるが、この問題は極めて微妙で、「父と子の各ペルソナの特性を強調しているのに、正統派のアンブロジウスなどが、それを拒否する」と反論するアリウス派の主張も存在する（拙著『神と人との記憶――ミサの根源』（知泉書館）参照）。

いずれにせよ、父と子の「子」の神性をアリウス派は危うくするとみた正統派は、特にアウグスティヌスの影響で「フィリオ・クエ」を付け加える。すなわち、ニケア公会議における聖霊の発出の表現「父より出づる聖霊」に「と子」を加え、西方教会は「父と子より出づる聖霊」と表現する。ここにニケア公会議の表現を固守する東方教会と、西方教会との分かれ道がある。しかし、この微妙な表現の違いの中で、今日に至るまで、両者はそれぞれの教会建築、典礼様式、神学を深めてきた。

ちなみに公会議は、カトリック教会の全世界の司教が集まり、教義（ドグマ）などを決定する最高会議で、教皇（ローマの司教）が招集、主宰し、決議を承認する。初期のニケア、第一・第二コンスタンチノープル、エフェソス、カルケドンの五つの公会議は特に重要で、ここでキリスト教の教義の根幹が確立する。この五つの公会議においては、東方教会、西方教会共に共同の歩調をとっている。

近年行われた最も注目すべき公会議は、教皇ヨハネ二十三世と、それに続く教皇パウロ六世によって開かれた第二ヴァチカン公会議（一九六二〜六五年）で、著名なプロテスタント神学者カール・バルトをして「ルターの宗教改革に勝るとも劣らぬ改革である」と言わしめたほどの、カトリック教会を一大方向転換に導いた公会議である。一つは聖書と初代教会への帰還であり、一つは現代世界への開きであり、一つは諸教会、諸宗教との対話である。ミサもそれまで全世界ラテン語で行われていたが、次第に各国語で行われるようになった。

カール・バルトに関して、カンペンハウゼンのユーモア集の中に、「バルト教授は、教皇パウロ六世が話のついでに、バルトを現存する最も偉大な神学者とみなした、と親しい友人から聞かされた。しばらく沈黙していた彼は、やがて、おもむろに、おそらく教皇無謬性《むびゅうせい》の教理は、必ずしも完全に間違いではなかろう、と真面目な顔で言った」とあり、カトリックとプロテスタントの教皇不可謬説の見解の相違を考慮する時、ほほえましい笑いを禁じ得ない。

さて、故郷なる神の懐《ふところ》から離れて人間になることを通常「受肉」（ラテン語でインカルナチオ）という。この受肉をアンティオキアのイグナチオは「永遠の沈黙から生まれ出《い》でた神の御言葉《みことば》こそイエス・キリストである」と表現する。永遠の憩いの中にあるロゴス（言葉）が、マリアを通してイエス・キリストに受肉すること、それがまさにイエスの誕生であり、「クリスマス」である。

イエスの死とほぼ同時期に誕生した、アンティオキアの聖イグナチオの言葉「永遠の沈黙」は意味深長である。「甘え」について述べた箇所で語った「いじめ」の問題も、現代社会がかかえる「依存症」の問題（ギャンブル依存、アルコール依存、薬物依存、ネット依存など）も、現代人の沈黙の喪失と無関係ではない。そしてまた、なぜイエスや寅さんの言葉には力があるのか、という問いかけも「沈黙」と密接に関連する（拙文『言葉の力――《沈黙》とイエスの言葉』「清泉文苑」〔35〕参照）。

ラジオ・テレビ・パソコン・携帯電話の出現は、人間の好奇心を満たし、生活を果てしなく効率的にしてきたが、人間から言葉の力を奪った。最近読んだ、マンフレド・シュピッツァー著『デジタル・デメンチア』は、ドイツの脳科学者による、子供の思考力を奪うデジタル認知障害についての、膨大な研究データに基づく秀作である。急速なデジタル機器の発展は、人間本来の構造に致命的な打撃を与えた。M・ピカートは、『沈黙の世界』の中で、すでにラジオの出現において、「現に存在している者として対象に相対すべき人間……この人間からラジオの騒音は現在性を奪ってしまった」と述べているが、ラジオの時代はまだよかった。テレビの出現を「一億総白痴化」と警告した大宅壮一の言葉は記憶に遠くないが、パソコンやスマートフォンの蔓延は、人間が「パンドラの箱」を開いてしまった感がある。

できるだけ合理的に利益を上げるため、時間と空間の無駄を排除しようとする発想は、功利性に反するもの、有用性に反するものを社会から排除してゆく。無用な空間や空白は我慢ならず、空き地があれば駐車場を作って金儲けをし、電車の中では眼前に困った人が居ようが居まいが、スマートフォンによって自分だけの世界に入り込み、草茫々《ぼうぼう》の広漠とした自然はベンチを並べ公園化してゆく。我々現代人は無意識のうちに空間恐怖に陥っており、空漠としたものに不安を感じ、そこに留まる時にのみ見出し得る何かを、自ら抹殺している。ここにも沈黙の喪失が深く関わる。

「永遠の沈黙から生まれ出《い》でた神の御言葉《みことば》」なる沈黙は、神の懐の永遠無限の三位一体の活動における無限の沈黙で、いわば静かなる嵐、嵐なる静寂の大海であり、すべてのエネルギーの源泉となる沈黙である。

M・ピカートが「沈黙は言葉なくしても存在しうる。しかし、沈黙なくして言葉は存在しえない」「もしも言葉に沈黙の背景がなければ、言葉は深さを失ってしまうだろう」「愛の中には言葉よりも多くの沈黙がある。……愛する男が恋人に語りかける時、恋人はその言葉よりも沈黙に聴き入っているのだ。《黙って！》と彼女は囁《ささや》いているようだ、《黙って！　あなたの言葉が聞こえるように》」と語り、シャルル・ペギーが「沈黙しあえるほどに愛し合っている友は幸福である」と語り、パスカルが「無限なる宇宙の永遠の沈黙は、私の中に戦慄を呼び起こす」と語る沈黙の、さらに根源なる沈黙である。

その沈黙から一人の人間イエスが誕生するという「受肉」は、ヨハネ福音書冒頭の「言（ロゴス）が人（ギリシャ語でサルクス＝肉）となって、我々の内に住み給うた」に土台を置く。

「神なるロゴスが肉を取ってイエスとなる」という「取る」（assumere）というラテン語をめぐ

って独自の「受容」の思想を展開した人物がトマス・アクィナス（一二二五～七四、ナポリ近郊アクィノの生まれ）である。キリスト教の根本思想である「イエス・キリストはまことの神であり、まことの人である」という、ありえない事柄をこれほど見事に理路整然と説明した人物を私は知らない。この「受容」の説明もすでに述べたトマスの「存在（esse）」の捉え方と深く結びついている。

無限の神の命を、有限な人間の言語で表現することは至難のわざである。また、ラテン語（西方教会すなわちカトリックが用いてきた）とギリシャ語（ギリシャ正教など東方教会が用いてきた）の微妙なニュアンスの問題もあるのだが、一応ラテン語で三位一体の教義の説明を試みよう。

（a）父と子と聖霊において、父も神、子も神、聖霊も神であり、それぞれ神としての本質（エッセンチア）は一つ（同じ）である。しかし、（b）ペルソナにおいては三つである。ペルソナというのは、もともと面（マスク）を意味し、役者が面をつけて役割を演じることから、ペルソナはこの世で演じる役割や性格を意味するようになる。すなわち、父と子と聖霊、それぞれ役割においてニつ（異なる）である。ペルソナとは言葉をかえれば、理解し、愛する主体である。

また、キリスト論のもう一つの根幹は、イエス・キリストは神性すなわち神としての本性（ナトゥラ）と、人性すなわち人としての本性の両方を持つということである。

三二五年のニケア公会議に始まる、東西教会の長く複雑な論争を総合した人物はダマスケヌス（六七五～七四九）であるが、極めて大事な結論の一つが、三位一体の一つのペルソナとしてのロゴス（父と子と聖霊の子にあたる言《ことば》）と、イエス・キリストにおいて受肉したロゴス（すなわち人間となったイエス）は同じペルソナであるということである。

両者は二つの別のペルソナであると主張するのがネストリウスであり、この考えはエフェソス公会議で退けられた。一方、神性の中にイエス・キリストの人性は吸収されてしまうと考えたエウテュケスの単一性論は、カルケドン公会議で退けられる。

そこで問題は、三位一体の神の生命《いのち》の、一つのペルソナとしてのロゴスと、受肉し人間となったイエス・キリストが、どうして同じ一つのペルソナと言えるのかという問いかけである。そしてこの難問に独自の解答を与えたのがトマス・アクィナスである。

以前フランシスコ会の友人とアクィノを訪ねたが、アッシジのフランシスコの古里アッシジと違い、閑散とした山村である。生涯トマス研究に打ち込んだ今は亡き我が師によると、トマスは一メートル九一の堂々たる体格の持ち主で、亡くなる前ニシンが食べたいと言ったそうだ。

これ以上中世の森に足を踏み入れると、今度こそ寅さんの、

「インテリというのは、自分で考え過ぎますからね、そのうち、俺は何を考えていたんだろうって、わかんなくなってくるわけなんです。つまり、このテレビの裏っ方でいいますと、配線がガチャガチャに込み入ってるわけなんですよね。ええ、その点、私なんか線が一本だけですから、まあ、言ってみりゃ空っぽといいましょうか、叩けばコーンと澄んだ音がします。殴ってみましょうか？」（第三作「フーテンの寅」）

という言葉が飛んで来そうだ。ちなみにこの箇所は一九九二年度の東大の入試に出題された。

さて私の人生、愛媛の松山にある「愛光」という進学校に入ってみたら、そこがスペイン系のドミニコ会（フランシスコ会の創立と同時期の一二一六年、スペインのカレルエガで生まれたドミニコによって創立されたカトリックの修道会の一つ。トマスは初期の会員）が創設した学校で、玄関にトマス・アクィナスの銅像が置いてあった。

トマスの鼻に触って入試に行けば受かるというジンクスがあって、皆触って出陣したものだ。だから銅像の鼻だけが黒ずんでいた。まあ、そんな訳で、十五歳頃からアウグスティヌスを読んだりトマスを読んだり、中世の思想とも長く付き合ってきた。

「言《ことば》（ロゴス）は肉（人）となり、我らの間に宿られた」というヨハネ冒頭の言葉、すなわち、父と子と聖霊の神の命（存在＝エッセ）の中の、子なるロゴス（言）が人間の本性を取り、受肉したロゴス（言）イエス・キリストになった、とはどういうことか？　その説明にトマス独自の「受容」の思想が発揮される。極めて難解なトマスの「受容」の思想の深淵を、ごく僅かでも伝えることができればと願い、『男はつらいよ』第二十九作「寅次郎あじさいの恋」を用いて語ってみよう。

寅がかがり（いしだあゆみ）を自分のものにするということは、寅がかがりを自分に取り込んで、自分の色に染めてしまおうとすることではない。そのような仕方で寅がかがりを所有しようとすれば、おそらくかがりは逃げてしまったであろう。

寅がかがりを心の底から大切に思っていたからこそ、寅は一夜のチャンスとばかりにかがりを抱いてしまうということもなく、かえって反対に寅という存在を余すところなくかがりに与えることによって、かがりにはかがりとしての自由を保たせながら、自分と同じ生き方を共有せしめることができたのである。その結果、相手を取り込むことなく、自分の優しさを与え尽くした寅に、かがりの心はすっかり奪われてしまったのである。

ラテン語のassumere「受容する」を分解すると、「自分に」ad「取る」sumereであるが、受肉において、「自分」に当たるのが、父と子と聖霊における子なる「言《ことば》」（ロゴス）のペルソナであり、この「言」のペルソナが、人間本性を「自分に取る」ことにより、受肉した「言」（イエス・キリスト）になる。

神のロゴス（言）が人間の本性を取るということは、人間の本性を神の中に取り込んで吸収してしまうことではなく、神がイエスの人間本性に自分の存在（esse）を伝達すること（communicare）によって、すなわち、父なる神と共有している自らの命を注ぐことによって、人間の本性はどこまでも変わることなく、すなわち人性は人性のままでありながら、神の命を共有せしめ、神の命によって生きる者たらしめることである。そのような仕方で、イエス・キリストは人性と神性を有しながら、まことの人、まことの神として、我らの間に住み給うたということである。[31]

フーテン性の二つ目の要素、故郷を捨てた者として、イエスには二重の意味があると、この項目の冒頭で述べた。その一つ目の意味を語ってきたのだが、それは神が、神自身が味わっている永遠の充足を放棄し、我らと同じ人間になったことであるが、そのことを謳《うた》った、イエスを最初に神として信じ始めた人々の古い信仰告白が残っている。それは新約聖書の「フィリピ人への手紙」第二章に古代人の信仰の記憶として記されている。大阪の釜ヶ崎で働く本田哲郎神父はこの箇所を次のように訳している（イエスは名前であり、キリスト〔油を注がれた者〕は本来称号である。だから、逆の表示も聖書には出てくる）。

〝キリスト・イエスは、神としての在り方がありながら、神と同じ在り方にこだわろうとはせず、自分を空け渡して奉仕人の生き方を取られた。イエスは見たところ他の人たちと同じであった。すなわち、姿はひとりの人にすぎないイエスが、自分を低みに置き、神の従属者として立たれた。それも死を、十字架の死を引き受けるまでに。だからこそ、神はキリストをたたえ上げ、あらゆる名に優《まさ》る名をお与えになった。

こうして、天上のもの、地上のもの、地の下のものがすべて、イエスという方を身に帯びて膝を折り、「イエス・キリストは『主』（神）である」と口をそろえて告白して、父である神を輝かし出す（フィリピ二章六～一一節）〟。

†「カエサルのものはカエサルに、神のものは神に……」（マルコ一二章一七節）

「フーテン性（Ⅱ）――故郷を捨てた者」としてのイエスの二つ目の意味は、ナザレのイエスと呼ばれるごとく、イエスの故郷は山間《やまあい》のナザレであるが、いつしか古里を離れ、ガリラヤ湖畔で活動したことである。

第一章でも述べたが、イエスは確かにユダヤ人であるが、エルサレムがあるユダヤ地方で生活したのではなく、また「よきサマリア人」のサマリア地方で生きたのでもなく、サマリアの北、ガリラヤ地方で、ガリラヤなまりのアラム語を話しながら、ガリラヤ湖畔を生活の場とした。イエスの活動の拠点はカファルナウムであったことは、福音書の関連なき二つの資料からわかる。

関連なき資料というのは、例えばマタイはマルコを手元に置いて書いているのであるから、マルコの資料をマタイがそのまま書き写したならば、それは同じ一つの資料であって、たとえマルコとマタイの二箇所に、イエスの拠点はカファルナウムとあっても説得力がない。しかし、関連なき二つの資料が指摘しているならば、その事柄は信憑性が高い。

一つの資料としてマルコ二章の冒頭に「数日たって、イエスが再びカファルナウムに入ると、彼が家に居ることが知れ渡った。それで多くの人が集まったため、戸口の所まで隙間もないほどになった」とある。また、その出来事とはまったく関係のない他の資料として、マタイ一七章二四～二七節がある。いわゆる「ペトロの魚」が登場する場面であるが、神殿税の徴収者が、カファルナウムをイエスの生活の主たる居住地と見なして、そこに集めに来ている。旅人であったイエスの落ち着く場所は、以上の関連なき二つの資料から、カファルナウムであった可能性が高い。

さて、寅さんが税金を払っていなかったことはすでに述べたが、興味深いことに、どうもイエスも税金を払っていなかったか、払うのを渋っていた事実が、前述のマタイ一七章から察知し得る。この税金の問題は、イエスの時代においても抜き差しならぬ重要性を秘めているので、この項目では、故郷を捨てた旅人のイエスが、どのように税金に関わっていたかに焦点を絞りつつ、風天（フーテン）のイエスの風貌を探ってみよう。当時の税金問題を理解するため、少し遠回りして、ヘロデ家をめぐる時代背景を一瞥《いちべつ》しておこう。

ヘロデ大王の系図（巻末を参照）とF・ヨセフスの『ユダヤ古代誌』を頭に入れながら福音書を読むと、より興味深く聖書に接することができる。例えば、オスカー・ワイルドやつかこうへいの戯曲や、ギュスターヴ・モローの絵画等で知られる「サロメの踊り」は、マルコ福音書六章一七〜二九節を元にして、それが次第に変形されたものであるが、洗礼者ヨハネの首を要求したことで、悪女の代表とされるサロメの母ヘロディアの、女としての別の一面を、ヨセフスの『ユダヤ古代誌』から窺い知ることができる。

イエスの時代、パレスチナの住民は、ローマへの人頭税と、神殿に納める神殿税に関わっていた。ローマ帝国への直接人頭税は、紀元六年のローマ帝国によるユダヤ、サマリア地方の直接支配に始まる。

ヘロデ大王は五人の妻、すなわちドリス、ヒルカノス二世の孫娘マリアンメ（ヘロディアの祖母）、大祭司シモンの娘マリアンメ、マルタケ、クレオパトラを持つ。その一人の妻マルタケの二人の息子が、ユダヤ、サマリア地方の領主であったアルケラオスと、サロメの踊りの場面に登場するガリラヤの領主ヘロデ・アンティパスである。

このヘロデ・アンティパスこそ、イエスが「狐《きつね》」と呼んだ（ルカ一三章三二節）男であり、悪女ヘロディアと不倫の恋に陥り、政略結婚であったアラビア王アレタスの娘と別れ、ヘロディアを妻とする。後にヘロディアの兄ヘロデ・アグリッパ一世の陰謀に基づき、当時のローマ皇帝カリグラによって、終身の流刑として、ガリア地方のルーグドゥーノンに追放される運命を辿る。

その時、カリグラはヘロディアに対し、夫と縁を切って、兄の庇護の下に、ガリラヤに残って幸せに暮らす選択肢を提案するのだが、ヘロディアは「今まで夫の幸福に与った私が、今夫が逆境に陥ったからといって、夫を見捨てるのは正義に反します」と、きっぱり提案を退ける。カリグラはこの返事に怒りを覚え、財産を取り上げてヘロディアの兄アグリッパに渡し、夫アンティパスと共にヘロディアも流刑に処する。

ヘロディアの運命を顧みる時、極悪非道な祖父ヘロデ大王によって、溺愛の末嫉妬に狂って祖母マリアンメは殺害され、父アリストブロスも殺される。そして、気が付いてみれば父の腹違いの兄弟（マルコ福音書とヨセフスの『古代誌』ではヘロディアの最初の夫に食い違いがある）と結婚させられていたヘロディア。近親相姦の血腥《ちなまぐさ》いドロドロとした家系に育ち生きてきた悪女ヘロディア（悪女の代表とされるのは、正しい人であった洗礼者ヨハネの首を要求し、娘サロメを通じ盆に載せて持って来させたため）。そうした運命を背負ったヘロディアの、妖婦・毒婦とは言い切れない女としての切ない一面を、カリグラの提案に対する応答の中に窺い知ることができる。

さてヘロデ大王の妻マルタケの息子アルケラオスは、紀元前四年から紀元後六年まで領主として統治するが、失脚の後、ローマ帝国の直接支配がユダヤ、サマリア地方に及ぶ。ローマ帝国はキリニウスを遣わして住民登録の台帳作りを始める。我々にも何年か前、一人一人に番号を打たれたが、こうした番号による整理や台帳作りは、いつの時代も往々にして細大漏らさず税金を搾り取る目的を持つ。

ところでイエスはガリラヤの住民であり、そのためローマ帝国への直接人頭税を払う立場になく、イエスが関わった税金は、むしろ神殿税の方であった。ユダヤ人の成年男子は、パレスチナ以外の離散した者も含め、毎年定まった額の神殿税を支払わされた。

当時の神殿は、祈りの家というよりもユダヤ社会の構造悪そのもので、神殿税のみならず、全収穫物の十分の一の献納も義務づけられ、こうした民衆から搾取した金銭や献納物が神殿に、神殿貴族たちに流れ込む構造になっていた。いわば〝坊主丸儲け〟の構造である。さらに加えて、エルサレム貴族によるガリラヤ地方における大土地所有の問題もあり、ガリラヤ住民としてのイエスはエルサレム神殿そのものの中に、社会の構造悪が潜んでいることを常日頃見抜いていたに相違ない。

イエスにまつわる映画には必ずと言っていいくらい登場する、あの「宮潔《みやきよ》め事件」（マルコ一一章一五〜一九節）、すなわち神殿で売り買いしている者らを追い出し、両替人の机や、鳩を売る者の椅子を引っ繰り返す場面を思い出してみよう。初めてイエスにまつわる映画を観る人は、特にガンジーのような平和主義者のイメージをイエスの中に抱いていた人々は、この場面に少なからず驚きを感ずるようであるが、実はこの事件は重要である。ちなみに、マハトマ・ガンジーが亡くなった時、部屋には復活のキリストの絵一枚しかなかった。その下には、「キリストこそが我々の平和である」（エフェソ二章一四節）とあった。

「宮潔め事件」に関わる福音書の関連箇所を読むと、一見この事件は商売人を神殿から追い出し、祈りの家として神殿を潔める、イエスの敬虔さの現れの出来事のように思われる。

しかし、そうだろうか。ここでの商売も当時の神殿の悪質な構造に加担していたのではなかろうか。両替人や鳩売りの存在も参詣者にとってなくてはならない存在であった。なぜなら、遠方から来た参詣者は、そこで必要な物を買って奉納した。比較的貧しい人らは鳩を買って代用した。また、貨幣も皇帝などの肖像のあるローマの貨幣を神殿に納めることはできなかったから、納めることができるシケル貨幣に両替してもらってから納めた。だから、そうした商活動は当然神殿の経済構造の一端を担っていた。

ちょうど寅さんの叩き売りの光景を思い出すが、祭の屋台のように、神殿の境内は店屋で賑わっていたことだろう。その店屋の場所代もみな神殿に流れ込んだ。だから、この事件は、単にイエスが商売人の机を引っ繰り返して、神殿から商売活動を除去し、神殿を潔めたという出来事ではなく、まさにイエスが政治的経済的権力中枢へ、いわば当時の社会の構造的悪の巣窟へ殴り込みをかけた一大決心の出来事である。

だからこそ、マルコの関連箇所の一八節に記されているように、祭司長、律法学者らはイエスを恐れ、どのようにしてイエスを殺害しようかと探り始めたのである。イエスのことを噂では聞いていたけど、現実に権力の中枢にイエスがメスを入れた時、もう生かしてはおけないと判断したのである。

大祭司カイアファの言葉「国民全体が滅ぼされるよりは一人の人間が死ぬ方が得策である」（ヨハネ一一章五〇節）がまさに、寅さんのメロン事件で述べたように、社会やグループの中に不和を生じさせる者が出た時、その一人に集中し、彼をグループから追い出すことによって群れの平和を取り戻す、人間の本能的集団暴力の構造に、イエスが巻き込まれたことを示している。

神殿事件の後、エルサレム当局によるイエス殺害の共謀があったことは確かであり、おそらくその時期を境に、イエス自身も公然とは動きまわれず、身を隠すべく逃亡したことが福音書から窺われる。

「宮潔め事件」はマルコ福音書とヨハネ福音書では起こった時期について相違があるが、いずれにせよ、イエスの晩年の極めて象徴的な出来事であり、当時の神殿の在り方に対するイエスの渾身の思いが込められている。

神殿に対してそのような思いを抱いていたとするなら、当然神殿税に対しても快く思っているはずがない。ずばりそのことを暗示しているのが「ペトロの魚」の出来事である。

マタイ一七章二四～二七節に次のような話が語られている。場所はカファルナウム。すでに示したように、ここがイエスの生活の拠点と推測されるが、そこへ神殿税を徴収する者がペトロのもとにやって来て、「お前さんらの先生は神殿税を納めないのか」と問い質《ただ》す。この問いかけそのものが、イエスが神殿税を納めていなかったか、あるいは渋っていたことを示している。イエス自身が神殿税を支払わなかった事実がなければ、マタイがわざわざイエスの名誉にもならない、脱税の匂いのする記事を収録するとは考えられない。この箇所は、神殿税を支払わなかったというれっきとした現実が前提としてある。そして、その事実以外のここに描かれるその他の背景の出来事は、むしろイエスの死後作り上げられた伝説の匂いが濃厚である。

納入金を集めに来た者の「お前さんらの先生は払わないのか」との問いかけに対し、ペトロは「払うとも」と答え、イエスのもとに行くと、イエスはペトロに「海に行って釣りをして来なさい。最初に釣れた魚をとらえ、その口をあけると銀貨が見つかるから、それで俺の分とお前の分を払っておきなさい」という。ここから有名な「ペトロの魚」の話に繋がる。

ところで、この「ペトロの魚」であるが、学名をクロミス・シモニスといい、カワスズメの一種で、ガリラヤ湖はもちろん、数百万年続くアフリカの太古の湖タンガニーカ湖などにも今なお棲息する。黒鯛に似ており、ガリラヤ湖の特産物としてローマ時代には塩漬にされて輸出された。

この魚には面白い習性があって、口の中で卵を孵化する。そして孵化した稚魚は住み心地のよい母親の口から出ようとしない。そこで母親は湖底に沈んでいる小石や銀貨などを口に含むことによって、乳離れならぬ口離れをさせる習性がある。したがってイエスがペトロに言った言葉、

「釣った魚の口をあけたら銀貨が見つかるから、それでお前と俺の分、神殿税を払っておけ」は、生物学的には十分起こり得る出来事である。

ちなみに、タンガニーカ湖などに棲息する、「ペトロの魚」と同種のクーへやホーレイについて、面白い事実がある。

例えばホーレイの雌が湖底に卵を産む。そこへホーレイの雄が来て精子をかける。同じ場所に湖のギャング、ナマズがやって来て、ホーレイの卵のそばに精子のかかったナマズの卵を置く。ホーレイの雌は精子のかかった自分の卵とナマズの卵を同時に口の中に入れることを余儀なくされる。その結果、やがて口の中で孵化する段階で、先に孵化したナマズの稚魚がホーレイの卵を食い尽くしてしまうことになり、ホーレイの口から稚魚が放たれた時にはすべてナマズの稚魚の放出と相成る次第である。

それではホーレイは滅んでしまうではないか、ということになるのだが、そこは良くできたもので、個体数がナマズより圧倒的に多いため、滅ぶことなく今に至るまで存続している。

もう一つ感動することは、例えばペトロの魚が自分の稚魚を口から吐き出した際、そこへ湖のギャングが近づいて来て、吐き出された稚魚を食い尽くそうとする。その時咄嗟《とっさ》に、ペトロの魚の雌は危険を察知し、なんと自分の稚魚を守るため、一匹残らず稚魚を口の中に吸い戻す。子を守り抜く母性には感服する。

さて再び税金の話であるが、いつの時代も庶民は税金で苦しみ（日本では昨今「年金」も誤魔化されたが）、そしてまた徴収された税金はしばしば悪用される。イエスの時代は神殿貴族たちが懐《ふところ》を肥やしたわけだが、税金にまつわる人口に膾炙《かいしゃ》したイエスの言葉がある。

それは「カエサルのものはカエサルに、神のものは神に返せ」とか、「皇帝のものは皇帝に、神のものは神に返せ」と訳される言葉である。この場合、ラテン語に従ってカエサルになったり、ギリシャ語に従ってカイサルになったりするが、ここではこの語は皇帝の意味で用いられているので、皇帝と訳してもよい。

この言葉は、私がカナダのドミニコ会の大学やスイスのフリブール大学で十年ほど学んでいた間、講義や講演を聴いたり論文を読んだりして考え続けた、イエスの興味深い言葉の一つである。この言葉は、マルコ一二章一三〜一七節において、以下のような問答の中で語られる。

言葉でもってイエスを負かしてやろうと、ファリサイ派の者とヘロデ派[32]の者がイエスのもとにやって来る。まずは煽《おだ》てながら、「先生、あなたは真実な方で、誰をも憚《はばか》らない方だと存じています。人の顔色を見ず、真実な仕方で神の道を教えておられるからです。ところで、皇帝に税金を納めることは許されることでしょうか、我々は支払うべきなのでしょうか？」と尋ねる。

イエスは彼らの偽善を見抜いて、「何故私を試すのか、デナリ貨幣を持って来て見せなさい」と言う。彼らが持って来ると、イエスは「これは誰の肖像か、誰の銘か？」と尋ねる。彼らは「皇帝のものです」と答える。そこで放った言葉がまさに問題の言葉である。「皇帝のものは皇帝に返しなさい。神のものは神に返しなさい」。これを聞いてみなイエスに驚いたものだ。

ファリサイ派やヘロデ派の者の問いかけに、もしイエスがローマ帝国への人頭税を「払え」と答えたなら、ユダヤの民族主義の観点から、お前は神を蔑《ないがし》ろにしていると、いちゃもんをつけることができるし、逆に「払うな」と答えれば、ローマ帝国の反逆者として訴えることもできる。そこでイエスは答える「皇帝のものは皇帝に、神のものは神に」と。

聖書学者や神学者により、この謎めいたイエスの言葉をめぐって、多種多様な解釈が存在する。実は、「皇帝のものは皇帝に」と「神のものは神に」との間に、ギリシャ語の接続詞「カイ」が挿入されているのだが、この接続詞は本来「そして」と順接に取るべきだが、「しかし」と反説に取ったり、曖昧なまま解釈する者もいる。そこで大貫隆は『イエスという経験』の中で、これまで出て来た解釈を次の五つにまとめている。

（一）「カエサルのもの」、すなわち政治的な領域と、「神のもの」すなわち宗教的領域を二分したとする解釈。

（二）「神の国」の実現の時までに限って、ローマへの納税を認めたとする「終末論的」解釈。

（三）カエサルと政治的なものを神格化することを拒否した上で、ローマへの納税義務を原理的に容認したとする解釈。

（四）「しかし」と取り、後半に強調点があると見て、ローマへの納税を実質的に拒否する回答とする解釈。

（五）「そして」と取って、「カエサルのもの」はローマへの人頭税、「神のもの」はエルサレム神殿への神殿税を指すとする解釈。

当時の神殿や神殿貴族の在り方に対する、日頃のイエスの思い、宮潔め事件にみられる神殿へのイエスの一撃を考える時、(五)の解釈が最も説得力を持つ。この解釈を鮮明に打ち出しているのが田川建三で、彼は一九七二年に『思想的行動への接近――イエスと現代』で、一九八〇年に『イエスという男』で、二〇〇八年に『新約聖書・訳と註(1)マルコ福音書・マタイ福音書』で、一貫して税金の問題として「皇帝のもの」「神のもの」を解釈している。前述の三つの著作から要点を整理してみよう。
(一)政治的領域とか宗教的領域とか「領域」を区別して考える発想は極めて近代的であり、一世紀のパレスチナの人間は、イエスであれ論争相手であれ、そういう問題意識は持ちあわせていない。
(二)「カイサルのもの」「神のもの」というギリシャ語は、「カイサル」あるいは「神」の所有格に、「もの」という中性複数形を付けたものであり、具体的な事柄、事物を意味する。抽象的な事柄を意味する場合は、形容詞の中性複数形を用いる。つまりこの場合の「カイサルのもの」「神のもの」は、かなり具体的なものを念頭に置いている。
(三)カイサルのものはカイサルに、神のものは神に「返す」という動詞は、イエスの時代、税金の納入において普通に用いられた術語で、税金を「納める」と訳すのが適切である。
(四)イエスは相当な皮肉屋であり、特に論争物語、この話も含むマルコ一一章二七節から一二章三七節において、相手の問いかけに対し、相手の水準で直接的に応じるのではなく、相手方の水準そのものを転倒させる、逆説的姿勢で応じている。
（五）イエス自身はガリラヤの住人であり、この問答に際して、イエスはローマ帝国に人頭税を納める必要はなく、一方、神殿税はユダヤ人として納める立場にいた。
（六）前項の（二）と（三）の帰結として、「カイサルのもの」とはローマ帝国に払う人頭税を指し、「神のもの」とはエルサレム神殿に払う神殿税を指す。
（七）神殿及び神殿貴族の在り方に対するイエスの行動と、（一）から（六）を考慮すると、この箇所は以下のように解釈しうる。
（イ）皇帝のものなら皇帝に返せばいいだろう。神のものは神に、というので諸君は神殿税を取りたてているのだからな。
（ロ）カイサルのものはカイサルにお返し申し上げればよいでしょう。何しろ、神様のものは神様にってんで、俺達は毎年二ドラクマずつお返し申し上げてるんですからね。
（ハ）あれ、これはローマ皇帝のものじゃないか。皇帝のものなら皇帝にお返し申し上げればいいだろう。――神様のものは神様にお返し申し上げさせられているんだから。
（イ）と（ロ）は『思想的行動への接近』、（ハ）は『イエスという男』での表現である。逆説的に発せられた言葉を、その逆説の匂いを含みつつ翻訳するのは至難のわざである。最も新しい『新約聖書・訳と註（1）』では次のように説明している。
「あなた方は、神のものは神に納めよ、と言って神殿税などいい気になって徴収して、自分たちのふところにねじこんでいるではないか。そのあなた方が、皇帝に税金を納めるのは是か非か、なんぞと議論をふっかけたって、とてもそんな議論につきあう気は起こらないよ」

いつの時代も、庶民の悩みは汗水流して稼いだ金を税金で持っていかれ、そして徴収された税金が、しばしば正しく運用されず悪用される現実である。イエスの時代も、税金が深刻かつ重要な問題を孕んでいたことを示してみた。よく、イエスの言葉は永遠のみ言葉だと言われるが、イエスの言葉が永遠の価値を持っているとすれば、それはイエスがまさに与えられた現実を徹底的に生き抜いたということであり、自分の生きた具体的な歴史の場から遊離して語っていないということである。

故郷を捨てた風天のイエスも、ガリラヤ湖畔の町カファルナウムで税金を納めていた時期があり、当時の社会の構造悪の根源となっていた神殿税を納めていなかったか、あるいは渋っていた傾きが福音書から窺える。そしてペトロに向かって、「魚を釣ったら、口の中から銀貨が見つかるから、それで俺の分とお前の分を払っておけ」と言い放った言葉の中に、風天のイエスのなんともユーモラスな一面を垣間見る思いである。

(c) 甘えの場としてのアッバ

イエスにおいても、寅さんについてみたように、フーテン性に含まれる二つの要素、常識をはみ出した者と故郷を捨てた者が適合していることを確認してきた。そして、寅にとって「とらや」という家族が、また葛飾柴又という古里が、必要な甘えの場であったごとく、イエスにもまた甘えの場が存在した。それは甘ったれや甘やかしで片付けられない、人間が生きていく上で必要不可欠な要因としての本来的意味における甘えである。

それではイエスにとっての甘えの場は何処に在ったのだろう？　寅さんに妹さくらがいたように、そしてさくらが一貫して寅さんの最大の甘えの場であったように、イエスにはマリアという母がいた。確かに地上でのイエスの生活において、甘えの場はマリアであったかもしれない。

ある片田舎に住む名もなき一人の乙女であったマリアについて聖書は多く語らない。イエスとの言葉のやり取りにしても、「甘え」とは余りにもかけ離れた、母マリアに対する驚くほど冷たい対話がいくつか記されているだけである。

例えばヨハネ福音書二章に、イエスが最初の奇跡として、カナという町における結婚の宴《うたげ》で、水をぶどう酒に変える件《くだり》では、以下のようなやり取りがある。ぶどう酒がなくなったので、マリアは「ぶどう酒がありませんよ」とイエスに告げる。それに対しイエスは、「女よ、私とあなたの間にどういう関係がある。私の時はまだ来ていない」と謎のような返事を返す。

あるいは、イエスが十二歳の時エルサレムで迷子になり、三日の後に見つけ出した際の母と子の対話がルカ福音書二章に記されている。過越《すぎこし》祭の帰り道、両親はイエスを見失う。捜しまわっても見つからず、三日後に神殿で律法学者たちと討論している我が子に出会う。仰天し、母マリアは「どうしてこういうことを私たちにするのです。ごらんなさい、お父さんも私も心配して捜していたのですよ」と言う。それに対しイエスは「私を捜したとはどういうことですか。私が自分の父のもとにいるはずだということを知らなかったのですか」と、これまた謎のような返事を返す。両親はイエスの言葉を理解しなかった、と記されている。

以上のどちらの出来事においても、聖書が記す両者の対話の中には、マリアにとっては理解困難な、むしろ両者間の甘えを切断するイエスの言葉が記録されている。

寅さんにとっては葛飾柴又という古里もまた甘えの場であったが、イエスの故郷とされるナザレはむしろイエスを迎え入れず、イエスにとっては決して甘えの場ではなかったことがマルコの六章やルカ四章などからわかる。それでは家族から離れ、故郷から離れたイエスにとって、何処に甘えの場が在ったのか？

それこそまさに「アッバ」という言葉である。そこにイエスの甘えの場、憩いの場が在った。聖書学者J・エレミアスのアッバ（父さん！　という呼びかけ）に関する極めて優れた論文がある。ユダヤ教に関わる文献のどこを探してみても、一人の個人が神に向かって「アッバ、父さん！」と呼びかけている例を見出せない。

タルムードには「子供がパンの味を知るようになったら、アッバ、インマ（父さん、母さん）と呼ぶことを学ぶ」とあり、またアラム語の西シリア方言が話されているアンティオキア出身のクリソストモスなども、「アッバ」が小さい子供の父親に対する呼びかけであることを証言している。

当時のユダヤ教の、敬虔さを重んじる宗教社会、そして家父長的威厳を尊ぶ社会において、馴れ馴れしく神に「父さん」と呼びかけるなど考えられなかった。そうした社会のど真ん中で、家庭内で幼児が父親に向かって、甘えと親しさを込めて発する言葉でもって、イエスが神に呼びかけたということは、エレミアスが指摘するように、まさにイエスの離れわざであった。

その離れわざの中に、イエスと神との想像を絶する深い交流、素朴な信頼感と底知れぬ安らぎの存在を感じ取ることができる。この幼児語による「アッバ、父さん」という呼びかけの中にこそ、イエスの真実の憩い、奥深く隠された甘えの場が在ったに違いない。

「アッバ」というアラム語自体は、マルコ福音書の中に、イエスが十字架刑に処される直前、ゲッセマネの園で苦しみのさ中に神に呼びかけた言葉として一度出てくるだけだが、おそらくイエスは生涯に亘って「アッバ、アッバ、アッバ」と呼びかけ続けたのだろう。

しかし、人生の終焉《しゅうえん》に、一瞬甘えを断たれたかに思われる事柄がある。それは十字架上での苦痛のさ中、「アッバ」と呼びかける代わりに、詩編二二章二節の「我が神、我が神、どうして私を見捨てられたのか？」を記憶の中に含みながら、「エリ、エリ……、我が神、我が神……」という呼びかけが、渇き切ったイエスの口から溢《こぼ》れたという事実である。

その叫びが、ヘブライ語であったのかアラム語であったのか、学者は議論するが、十字架上の断末魔の叫びを、しかも極めて類似する二つの言語を、誰が正確に聞き取り、伝えることができたであろう。確かなことは、イエスが暗黒の空に向かって、不在の神に向かって「我が神、我が神」と、最後の息を振り絞って叫びながら絶命したという事実である。

言わばそこにこそ、我々が希望なき絶望の淵にあって、もしかしたら、ゲッセマネの園で、またゴルゴタの十字架上で苦しまれた神が実在し、今のこの閉ざされた苦しみにも意味があるのかもしれないと、生きる希望の理由を、そこに見出す可能性が残される。

父なる神は、このイエスを見捨てるままにされず、イエスの全生涯を「よし」とされ、復活させたという証言こそ、キリスト教にほかならない。

寅さんにとって、とらやの家族と古里柴又が必要な甘えの場であったように、イエスにとっては、目に見えない隠れ給う神への「アッバ、父さん」という呼びかけが、憩いの場であり、本来の意味の甘えの場であった。この甘えの場の存在が、寅さんにとっても、イエスにとっても必要不可欠であり、明るく、生き生きと生きる力となったに違いない！

(d) 天の風

風天は、俳句を生涯の趣味とした渥美清の俳号でもある。フーテンの寅を演じた渥美清が風天を俳号に選んだその真意はどこにあるのか？

第八作「寅次郎恋歌」で貴子（池内淳子）に「寅さん、またいつか旅に行くの？　いつ頃？」と聞かれ、「いつ頃でしょうか？　風に誘われるとでも申しましょうか、ある日、ふらっと出て行くんです」と答え、またかがり（いしだあゆみ）には「風に吹かれるタンポポの種のように自由で気まま」と評される。

第三十一作「旅と女と寅次郎」ではるみ（都はるみ）に「寅さん、いつもこんな風に旅しているの」と聞かれ、「ああ、風の向くまま気の向くまま、好きな所に旅してんのよ。まあ、銭になんねぇのが玉に瑕《きず》だけどな」と答え、それに対しはるみは「そんな人生もあるのねぇ。明日《あした》は何をするか、明日になんなきゃ決まらないなんて。いいだろうなあ」と言う。

おそらく、渥美清の俳号「風天」の由来は、以上のような寅さんの言葉と、フーテンの寅のフーテンの両者から来ているのだろう。風天とは、読んで字の如し、天の風である（辞書にはこの意は書かれていないが）。『男はつらいよ』の全作品に、フーテンの寅のフーテン性と共に、天の風の吹くがままに旅する、自由な旅人の要素が含まれている。旅人といえば、J・H・ニューマンの詩を思い出す。

ダートの森のさなかを
暫くさまよふ人があったが、
それを愛することは出来ながらも
思い切って愛し得なかった。
それは輝かしい小川にも、
和《なご》やかに静もった木立にも

わが心を奪われまいとの誓が
彼を縛っていたからである。
ともすれば魅せられがちの眼をば
一々の美しい場所から移し、
楽しい野辺をもひとり寂しくさまようて
歩をも停めず、
わが足跡すら忽ち消えるを知りながら、
ただ前へと進むのは
つらい辛抱のいる仕事だった。
併し彼は旅人の運命《さだめ》を重んじて
わが誓を果たしたのであった(33)。

寅さんも確かに〝ともすれば魅せられがちの眼をば、一々の美しい場所から移し〟ながら、多くのマドンナに恋しながらも、最後まで旅人の誓いを果たしたと言えるだろう。イエスもまた自由な旅人であり、寅さんと同じように天の風の吹くがままに、悲しんでいる人、苦しんでいる人の重力に引っぱられて行動した。
第四十七作「拝啓車寅次郎様」で典子（かたせ梨乃）が、「そう言えば、寅さん、風が吹くように現れたわねぇ」と語るごとく、寅さん自身がまるで風のようであり、それはまた同時にイエスも風と一体になって、今泣いている人のもとへ天の風のように吹き渡っているとも言えるだろう。

私のお墓の前で　泣かないでください
そこに私はいません　眠ってなんかいません
千の風に　千の風になって
あの大きな空を　吹きわたっています

秋には光になって　畑にふりそそぐ
冬はダイヤのように　きらめく雪になる
朝は鳥になって　あなたを目覚めさせる
夜は星になって　あなたを見守る（以下略）

作者不詳、新井満訳詞・作曲のこの歌『千の風になって』を初めて聞いたとき、歌っていたのは秋川雅史であったか、ふと私はイエスを思った。「空《から》の墓」、イエスが十字架上で亡くなって埋葬された後、何人かの弟子が墓を訪ねたら、墓は空になっていた。イエスが神によって復活させられた瞬間は、聖書には何一つ描かれていないが、墓が空であったことをマルコ福音書は報告している。だから「そこに私はいません、眠ってなんかいません」という歌詞に接した時、イエスを想い起こした。

また同時に、ヨハネ福音書一四章の中で、イエスが死を直前にして、我々に残した約束事を想い出した。そこには、イエスが死んだら、我らを守り助けてくれる真理の霊（ヘブライ語でルーアハ。息吹・風）を送ろうとの遺言が語られている。聖霊、すなわち父なる神の霊であると共に復活したキリストの霊を、天から送ろうとの約束である。言葉を換えれば、我らと同じように生活し、悲しみや苦しみをみな経験し尽くした、あのイエスが、天から力強い息吹を、自らの風を送り、神が善人にも悪人にも雨を降らせるように、一人一人の心を照らし、慰め、勇気づけてくれると約束したのだ。

だから、『千の風になって』を初めて耳にしたとき、イエスが風になって、千の風になって、あの大きな空を吹き渡っているんだなあ、と素朴に感じた。天の風、すなわち風天のイエスである！

風天のイエスのもう一つの約束を付記しておこう。風の姿をとって我々の間に吹き渡っている風天のイエスは、世の終わりの時、もう一度生身の姿で我々の所に帰って来るという約束だ。その有様を歌ったジルベール・ベコーのシャンソンがある。絵のようなイメージを伴う『**T'es venu de loin**（あなたは遠くから来られる）』という曲は、一九七〇年の大阪万博にベコー自らが来日し、歌った。ペトロ・ネメシェギ神父の『ひまわり』という書[34]にも引用されたこのシャンソンの内容は、帰って来たイエスと一人の子供との対話である。子供は質問を繰り返し、その質問に対しイエスは一つ一つ静かにていねいに答えてゆく。

遠くから来たの。
　はい、非常に遠くから。
長くかかったの。
　長くかかったよ。
どうして青白い顔をしているの。
　旅の疲れのためでしょう。
飢えているの。
　はい。
子供がいるの。
　子供ですか、はい、はい、いますよ。
絵がかけるの。
　かけると思いますが。
私に絵をかいてちょうだい。
　はい、どうぞ。

あなたのおうちはきれいなの。
はい、とってもきれいです。
どのようにして来たの。
歩いたままで。
お母さんがいるの。
はい。
お母さんのお名前は何と言うの。
マリアです。

この一連の質問が二度繰り返されるのだが、子供はふとイエスの手に釘の傷跡があることに気づく。そして我を忘れたかのように尋ねる。

あなたの手はどうしたの？
あなたの手はどうしたの！

第三章

「つらさ」について

寅さんとイエスを「つらさ」という面から考察する時、他者の幸福を願う両者の生き方から、おのずと共通のつらさを経験したことが推察される。両者とも、他者のための「暇」を持ち、自分を必要とする対象のもとに、おのずから近づいてゆく。他者を生かすため、他者の幸せのため、自分を無化（ケノーシス）する時に生ずるつらさがある。人間として当然正しいことをしたにもかかわらず、まわりの人々から理解されないつらさもある。事実、マルコ福音書の至る所に弟子たちの無理解が指摘されている。寅も、喜ぶと思って、さくらの息子満男におもちゃのピアノ（第十一作）や鯉のぼり（第十九作）を買って来たが、両親が満男に与えたかったのは本物のピアノや鯉のぼりだったと知った時、そしてその事実を隠そうとする両親に接した時、恥ずかしさを伴うつらさも味わった。別離のつらさは共に味わった。イエスもラザロの蘇生の場面（ヨハネ一一章）では涙を流した。寅さんの別離のつらさはこれから語ろう。

第一章の「人間の色気」を起、第二章の「フーテン（風天）」を承、第三章の「つらさ」を転、第四章の「ユーモア」を結として全体の構成を考える。そこで、第三章の転においては、両者に共通の側面から目を転じて、両者の特異性にも目を向けてみよう。

それは、寅さんにあっては、恋のつらさの側面であり、イエスにあっては、イエスが「アッバ、父さん」と呼んだ、父なる神のつらさの側面である。

1　寅さんの場合――《男はつらいよ》

(a)　恋のつらさ

†寅の恋

『男はつらいよ』は、いわば寅さんの恋の物語である。全四十八作品、色とりどりの恋が語られている。第三十作「花も嵐も寅次郎」で三郎青年（沢田研二）から「恋をしたことがありますか?」と問われ、「いいか三郎青年、俺の人生から恋を取っちまったら何が残ると思う?」と答える寅さんは、全身全霊を込めて全四十八作、恋をした。

「つらさ」ということに注目すると、寅の恋をめぐって、四つのつらさが語られている。

まず原点となるつらさ、猛烈な痛みが伝わってくるのは、若き寅さんの最初の六作で経験する、片思いのつらさである。この六作の痛烈なパンチの一撃ならぬ六撃が、以後の寅の恋に色濃く影響を及ぼしている。もっとも第三作・第四作は、監督が山田洋次と異なるため、恋の色彩も異なっているが。

二つ目のつらさは、逆に寅の方がマドンナに慕われながら、そのマドンナの切なる願いに応えられない寅のつらさである。第八、十、二十七、二十八、二十九、三十二作等である。

三つ目は、寅にはめずらしく、寅の恋の鉄則を破った人妻への恋のつらさである。それは第三十四作「寅次郎真実一路」にみられる。

四つ目のつらさは、寅が恋するマドンナを、誰か他の男性も恋していることを知った時、ライバルとして競い合うのではなく、その男の恋が成就するよう、恋の指南番、キューピッド役に転じる、寅の両者に対する切ない優しさからくるつらさである。第十四、三十、三十五作等である。

寅の恋は一途な燃える恋であり、文字通り恋の病に落ちてしまうのだが、一方でまた触らぬ恋であり、かつライバルが現れる時、決して相手を不幸に陥れない恋である。ある意味、『葉隠』の恋の極意に通じるものがある。『葉隠』によると、恋の究極は忍ぶ恋である。「恋ひ死なん　後の煙に　それと知れ　終《つい》にもらさぬ　中の思ひは」。

確かに寅さんは、恋の思いを単純過ぎるほど単純にもらしてはいるのだが、忍ぶところは潔く忍ぶ気品のある恋である。たとえ失敗し、バカにされ、笑いものにされようとも。マドンナは変われども、一回一回真剣であり、具体的な恋の一つ一つによって、寅の心は高められ、清められたと言っても過言ではなかろう。佐藤春夫の詩に「水辺月夜の歌」がある。

せつなき恋をするゆゑに
月かげさむく身にぞ沁《し》む。
もののあはれを知るゆゑに

水のひかりぞなげかるる。
身をうたかたとおもふとも
うたかたならじわが思ひ。
げにいやしかるわれながら
うれひは清し、君ゆゑに。

この詩の終わりの二行の意味は深い。自らがどんなに卑しく惨めな存在であろうと、高貴で清らかな対象を見つめ、心の中で大切にし続けることによって、自らも高貴になり清らかになってゆく。寅の思いは常に清らかであった。第三十四作「寅次郎真実一路」に寅さんの次のような想像の語りがある。

「俺、その顔じいっと見てる。台所で洗い物をしている、そのきれーなうなじを見つめている。針仕事をする白魚のようなきれーな指先に俺はじーっと見惚《みと》れる。買物なんかだってついて行っちゃうよ。八百屋で大根を値切っているその美しい声音《こわね》に思わず聞き惚れる。夜は寝ない。スヤスヤとかわいい寝息をたてるその美しい横顔をじーっと見つめているな、俺は寝ない。いいんだよ、食わなくたって、あんなきれいな人と一緒に暮らせたら、腹なんか、すかないんだよ」

寅さんの清らかな想像力である。恋する対象を想像の中で簡単に服を脱がせ抱いてしまうのではなく、恋人への清らかな思いは、思いの対象である恋人によって、寅さん自身が清らかにされる。

「水辺月夜の歌」のこの二行は、ちょうど「行為及び能力は対象によって種別化される」という公理をみごとに説明しているが、このことに関連してふと思い出すのは、高校時代に世話になった愛光の初代校長田中忠夫先生である。

今もなお暗記しているものに、生徒手帳冒頭の《我等の信条》がある。これは愛光学園最初の入試の日、松山に珍しく大雪が降り、その雪に心洗われ、田中校長自ら一気に書き取ったものである。

我等は世界的教養人としての、深い知性と高い徳性を磨かんとする学徒の集まりである。学問に対する情熱と道義に対する渇望とは我々の生命である。幾千年に渡る人類苦心の業績、この高貴なるものに寄せる愛情と尊敬、これを学びとるための勤勉と誠実、これを伝えこれに寄与するための忍耐と勇気とは我等学徒の本分である。かくて高貴なる普遍的教養を体得して、世界に愛と光を増し加えんこと、これが我等の願いである。輝く知性とくもりなき愛、愛と光の使徒たらんこと、これが我等の信条である。

学徒という言葉には戦争直後の香りが漂ってくるが、この《我等の信条》は人生の道すがら、田中校長の記憶と共に生き生きと甦ってくる。亡くなられる二カ月前にいただいた手紙は、懐かしいつもの筆跡でこんなことが書かれていた。

お尋ねの件忘れましたが、もしかするとこんなのではなかったかと思います。骨董屋が、又は刀の鑑定家が弟子を育てるのに最初は本物ばかりを見せて偽作や下手な刀や絵や器は目に触れさせないようにする。そうして養成をしておくと本物がよく分かり、よいものがよく分かるようになる。その目が育つまでは特別に注意するというような事だったでしょうか。或いは碁や将棋の養成にも、最初は定石の勉強ばかりさせて、素人との対局を禁ずる。ある程度になるまで徹頭徹尾その練習に打ち込ませる。それからでないと、一般大衆との接触を一切させないというような事。

校長先生はなぜか月見草（待宵草《マツヨイ》か？）が好きであった。その理由をずっと考えていたのだが、この手紙が解決のヒントとなった。本物を見つめること。待宵草は日没と共に花を開き夜空の月を見つめ続ける。昔は河原でよく見かけた黄色い平凡な待宵草は、そっと月を見つめていたら、いつの間にか、静かで優しいお月様のような姿になってしまった。

自己にとって最も価値あるもの、大切なものを愛情込めて見つめていると、取るに足りない自分自身もおのずからにその価値あるものに類似してくる。月見草は象徴的にその真実を教えている。だから校長先生は月見草が好きだったのではなかろうか。

それはまたヒマワリと太陽の関係も同じ真実を語っている。向日葵はフランス語で tournesol イタリア語で girasole と呼ばれる。それは「太陽に向かって回るもの」の意である。植物学者の牧野富太郎博士は「ヒマワリが日に従って回るというのはウソだ」と述べているが、種類によって、例えばシロタエヒマワリなどは太陽に向かって確かに回転する。

ラテン系の言葉、フランス語やイタリア語やスペイン語が、「太陽に向かって向きを変える」ひまわりの側面を表示するのに対し、英語の sunflower やドイツ語の Sonnenblume は「太陽のような容姿」すなわち日輪草の側面を表示する。黄色い色は太陽の輝きに、中心を囲む花冠は太陽の放つ光冠に類似するヒマワリの姿、太陽を見つめ続ける向日葵はいつしか太陽の淡い写しとなった[35]。

「水辺月夜の歌」、寅さんの恋人への清らかな思い、そしてヒマワリについて述べてきたが、これはまたキリスト教の本質をずばり語っている。キリスト教を一言で言えば、神倣《なら》いの宗教である。神に倣うこと、神を見つめることによって、人間が神に似た者となってゆく。

寅さんの恋に話を戻そう。確かに寅さん（それはまた、それを演じる渥美清）の年齢の推移に従って、恋の形態もおのずからに変わってゆかざるを得ない。当たり前のことである。初期の頃、若き寅さんは第一作から第六作まで、無残な片思いの連続であった。観ていて可哀想になるほど、美しきマドンナたちの無意識の冷酷さの前に、寅の心は深く深く傷ついた。

「つらさ」という側面からすると、最もつらい思いをしたのは、この初期の恋であろう。寅の勝手な片思いなのだから、マドンナの側に落ち度はない、と言われればそれまでだが。

山田洋次の言葉と、ギュスターヴ・モローの言葉が心に浮かぶ。山田監督いわく、「美人は残酷なんだっていう考えが根底にあるのかもしれません。その人の責任でもなんでもないいんだけど、美しく生まれたっていうことは既に罪である（笑）。迷う男が馬鹿なんだけど、男は美人にボーッとしたり、恋に苦しんだりなんかして、一人で自滅するように失恋してしまう。一般的に言って美人は残酷なんじゃないのかな[36]（笑）」。

また、サロメを描き続けたギュスターヴ・モローいわく、「最も根源的な本質に於ける女性。見知らぬもの、神秘的なものに我を忘れ、邪《よこしま》で悪魔的な誘惑の形をした悪に心を奪われる無意識的な存在」（作品『キマイラ』の解説より）。

初期の六つの作品の無残な失恋のつらさを踏まえ、寅さんの恋のつらさの内容も変化するが、ここでは第二作と第三十四作を検証してみよう。

†続・男はつらいよ（第二作）

無意識の冷酷さという点では、やはり第一作と第二作が双璧であろう。第一作でも寅は強烈パンチを浴びるが、第二作はそれに勝るとも劣らぬノックアウトパンチを食らう。一撃、二撃、三撃、四撃と寅はつらい思いを耐え忍ぶ。

【状況】

二十年以上前、葛飾商業で英語を教わった坪内散歩先生（東野英治郎）を訪ね、二人はすっかり意気投合。そこには先生の娘で、寅の幼な友達の夏子（佐藤オリエ）がいた。その夕べ、大いに飲み大いに食べ、寅は突然腹痛を起こし、救急車で入院。見舞いに訪れる、幼き頃いじめた夏子に惚れ直す寅。

入院中は同じ部屋の患者を笑わせ、どんちゃん騒ぎ。「静かにしなさい」と叱る医者の藤村先生（山崎努）に対しては、「てめぇ、さしずめインテリだな」とやり返す。藤村医師、見舞いに訪れる夏子に寅のことで苦情を言う。藤村医師と夏子の微妙な出会い。入院中寅は病院を抜け出し、飲み屋で喧嘩騒ぎを起こし、警察のやっかいになる。一度柴又に帰り、再び旅に出た寅は、嵐山で偶然夏子に再会。坪内先生も京都に来ており、川沿いの料亭で食事。

食事中、ふと寅は三十八年前別れたままの御袋《おふくろ》がまだ生きていることを語る。坪内先生にすぐに会いに行くよう諭され、夏子と共に、ホテルで働くまぶたの母を探しに出掛ける。途中道を尋ねた上品なおばさんを、夏子も寅も母親だと思い込む。連れ込みホテルに入ると、どぎつい女主人。実はこの女主人こそ、まぶたの母（ミヤコ蝶々）であった。

【一撃目の「つらさ」】

菊　そや、わてや、何ぞ用か？　グランドホテルのお菊はわてやが、何やねん。

夏子　あのね、そうじゃないのよ。おばさん、昔東京にいたことありません。

菊　東京におったことあるよ。葛飾で芸者しておったさかいな。

夏子　その頃、男の子生んだでしょ。
菊　えっ、そんなこと、何であんた知ってるねん。
夏子　この人ね、寅次郎さんなのよ。
菊　えっ！　そう、今頃何の用事やねん。あー、銭か、銭あかんで、そんなもん、親子でも銭、関係あらへん。
夏子　おばさん、何てこと言うの。寅ちゃんはね、ただおばさんに、生みのお母さんに会いたくて、それだけでここに来たのよ。
菊　ほんとかいな。そやったん、そりゃえらい悪いこと言うたな。そうか、ごめんな。部屋おいでーな、コーラでも飲もう、な。
夏子　行きましょう、寅ちゃん。
寅　帰ろう、お嬢さん。
以下、耳を覆いたくなるような、罵《のの》り合う、寅と菊の対話が続く。
悲しい出会いであった。つらい出会いであった。三十八年間、ただひたすらまぶたの母に会いたいと、そして会ってひと言「お母さーん」と呼びかけたいと願い続けた寅の夢が、無残に飛び散ったつらい出会いの瞬間であった。
しかしそこには夏子がいた。夏子の温かさが救いであった。悲嘆にくれ、夏子と一緒に「とらや」に帰って来た寅。慰めるとらやの連中と夏子。数日後、夏子は寅を家に招待。坪内先生と三人の心温まる晩餐。寅にほのかな恋心が芽生える。帰り道、嬉しさの余り、寅はスキップしながら、母親との悲しい出会いも忘れたかのように、「おみそなら、ハナマルキ、お母さーん！」と叫ぶ。しかし、三十八年ぶりの産みの母との余りにもつらい出会いであった。

【二撃目の「つらさ」】

坪内先生の突然の死。鰻《うなぎ》が食べたいというので、源公（佐藤蛾次郎）と江戸川で鰻を釣って持ち帰ったところ、椅子に座ったまま死んでいる先生。通夜の席、泣きじゃくる寅。御前様（笠智衆）の言葉、「寅、みっともない。泣くのはやめろ。悲しいのは誰も同じだ。しかし、一番悲しいのは、一番泣きたいのは、あの娘さんだ。その娘さんが涙一つこぼさずに、きちんとしておられるのに、お前は何だ、それでも男か。……」。この叱咤《しった》に、寅は一転し、翌日の葬式では一人で何から何まで取り仕切るのだが、心を開いて何でも話し合える恩師の突然の死は寅にとって余りに悲しくつらいものであった。

【三撃目の「つらさ」】

つらさを振り払い、恋する夏子のために、朝早くから先頭に立って告別式の客に応じる寅。そこへ遅れて、以前世話になった「さしずめインテリ」の市民病院の医師藤村が現れる。「お嬢さん、めずらしい人が来ましたよ。お嬢さん、覚えてますか？　俺が入院した時さ、お世話になった先生よ」。悲しみに堪えながら、ピアノの置いてある奥の部屋に一瞬引き下がる夏子。その部屋へ藤村医師がやって来る。

今まで耐えていた不安や悲しみがどっと溢れ出し、思わず藤村の胸に顔を埋めて泣く夏子。それを優しく受けとめ、学会で遅くなってごめんと言いながら夏子を抱く藤村医師。何とその時、ドアが開き、寅が！　「お嬢さん、お棺出ますよ、出棺ですよ」。何と、何と、この事態は！「てめぇ、さしずめインテリだな」とからかった、あの医者が、知らぬ間に夏子との愛を育《はぐく》んでいたとは。思いもよらぬ展開に、寅の心は一瞬にして天から地に。

【四撃目の「つらさ」】

母との出会いのつらさ、坪内先生の死のつらさ、そして今、失恋のつらさ。寅はもうダウン寸前である。とらやの連中も、寅の失恋を知る。

竜造　源ちゃん、ちょっと電気つけろよ。いやもう寅さんの顔見るのが切なくて切なくてなぁ。

博　つらかったろなぁ。全く同情しちゃうなぁ。

つね　火葬場でお骨《こつ》の焼ける間の長かったこと、ねぇ。

さくら　お兄ちゃんと顔合わせなかったわ、気の毒で。

竜造　あーいうのを三枚目って言うんだよなぁ。絵にかいたようだよ。源ちゃん、早くつけろよ。だからおら、言わんこっちゃねえってんだよ。ほんとにあいつはバカだねぇ。

電気が点《とも》ると、おいちゃんは、みなが蒼《あお》い顔をしているのに気づき、うしろを振り返る。何と柱にもたれて意気消沈の寅がそこに！　ダウン寸前の寅に、身内によるさらなる一撃が加わる。

新婚旅行で京都に行った夏子は、偶然寅が母親の菊と親しげに会話しながら橋を歩いている姿に遭遇する。「お父さん、寅ちゃんはお母さんと会っていたのよ。そうなのよ、やっぱりそうだったのよ、お父さん。お父さんがどんな顔するか、とっても見たいわ。でも、そのお父さんはもういないのね」。

寅はおそらく、失恋の余りのつらさゆえに、あの、耳を塞《ふさ》ぎたくなるような言葉で罵りあった産みの母の所に足が向かったのであろう。つらさのどん底においては、その行為も理解できる。この寅の真実のつらさを、すなわち夏子への恋に破れたつらさを、夏子自身は感じとっていたのであろうか？　寅のつらさの最も深い部分への共感は抜け落ちていたのではなかろうか？　あるいは、知っていてかく振舞ったのか？

†寅次郎真実一路(第三十四作)

第一作から第六作まで、美しきマドンナに結果的に弄《もてあそ》ばれたが、寅の恋は一つ一つ真剣で一途である。第十作「寅次郎夢枕」では寅はこんな風に、恋について語っている。「いいかい、恋なんてそんな生易しいもんじゃないぞ。飯を食う時も、うんこをする時も、もうその人のことで頭がいっぱいよ。何だかこう胸の中が柔らかぁくなるような気持ちでさ、ちょっとした音でも、例えば千里先で針がポトンと落ちても、ワァーっとなるような、そんな優しい気持ちになって、いい、この人のためだったら何でもしてやろうと、………それが恋というもんじゃないだろうか」。

寅の恋には濁りがない。決して人妻に手を出さない。しかし、この原則を踏み外し、人妻への恋に悩んだ作品がある。それは第三十四作「寅次郎真実一路」のふじ子（大原麗子）に対してである。

飲み屋で知り合った証券会社の課長（米倉斉加年）が仕事に疲れ突然蒸発する。寅は課長の妻ふじ子と二人で、彼の故郷鹿児島に夫探しの旅に出る。夫の思い出の場所を探し回るが、何一つ手がかりなく、二人は疲れ果てる。タクシーの中でふじ子は「寅さん、私疲れちゃった。どっか泊まらない？」と誘う。

「かどや」というひなびた宿での対話。

寅　帳場で聞いてきたけどね、あした霧島へ行ってみようよ。課長さんも、この霧島懐かしがってたでしょ、ね。（地図を広げながら）ほら、ここが霧島で。ここ温泉がいっぱいあるから、一軒一軒虱潰《しらみつぶ》しに調べて行きましょ、ね。

ふじ子　今日寅さんと一緒にあちこち歩いたでしょ、それだけでもここに来て良かったと思ってるの。あのきれいな海や、静かな温泉見た時、私、今まで気が付かなかった主人の心のうんと奥の方、覗《のぞ》いたような気がしたの。

寅　そうですねぇ、ほんとに課長さんはいい人だから。

ふじ子　そうねぇ、いい人だったのねぇ、あの人。寅さん、私、覚悟してるわ、どんなことが起きても。

泣き出すふじ子。「いいの、もう気休めなんて言わないで」。ハンカチで鼻と口を押さえながら泣き沈むふじ子。その時、宿のおかみさんが「ご免下さい」と言いつつ入ってくる。寅、咄嗟にふじ子の肩に置いた手を放し、地図を広げる。「お客さん、タクシーの運転手さんが呼びに来てますけど」。「あー、今行く、今行く」。寅、慌てて答える。「悪いとこ、お邪魔したみたいですね、ご免なさい」と言って、宿のおかみさん、退く。

寅　じゃ、あの、私これで失礼を。

ふじ子　どこ行くの？

寅　えっ、さっきの運転手の家《うち》に泊めてもらうってことを約束しましたんで。

ふじ子　どうしてそんな遠慮するの？　もう一つ部屋を取ればいいじゃないの。

（ふじ子の言葉が終わらぬうちに、立ち上がり出て行こうとする寅だが、この言葉に振り返りながら）

寅　好きであんな奴の所へ泊まりに行くわけじゃありません。旅先で妙な噂が立っちゃ課長さんに申し訳ないと思いまして。

ふじ子　つまんない、寅さん。

寅　奥さん、俺はきったねぇ男です。ご免なすって。

（出て行こうとする寅、間違えて布団の入っている押入れを開けてしまう。「こっちだったっけ」。決まり悪そうに立ち去る寅を見つつ、堪《こら》えきれず泣き笑いするふじ子）

寅の所為《せい》というよりも、むしろ美しいふじ子の「寅さん、私疲れちゃった。どっか泊まらない？」というタクシーの中での言葉や、宿の対話における「つまんない、寅さん」のひと言に含める、コケットリー（女性の、なまめかしく男性を引きつけるような態度。媚態）の前に、おのずから寅は恋の深みに落ちていったと言えよう。しかし寅は、落ちゆく結果を前もって察知し、タクシーの運転手の家に泊めてもらう約束をしていた。これこそ誰にもできない、寅さんのけじめである。しかし、けじめは示すものの、落ちゆく恋心をどうすることもできない。

寅は二重の意味で苦しむ。一つは人妻に惚れてしまったこと、もう一つは心の片隅で、課長が帰って来ないことを願っている自分がいること。その二重の醜さに気づき、思い悩む寅。「とらや」での対話。

博　兄さん、もういい。それ以上自分を責めないでください。

寅　あー、俺は醜い。

博　自分の醜さに苦しむ人間は、もう醜くはありません。

さくら　御前様もおっしゃってたわ、それは進歩だって。

寅　ありがとう。その言葉を餞別《せんべつ》として俺は行くよ。

再び旅に出る寅。旅人の運命《さだめ》を守りつつ。

第四十一作「寅次郎心の旅路」で、エリートサラリーマン兵馬（柄本明）が、「僕、病気なんです」と言う。寅が「う、うつるの？」と尋ねると、「いえ、時々、死にたくなりまして」と答える。その自殺し損なった兵馬と一夜を共にした宿で、「一体あなたはどういう方なんでしょうか？」と問われ、寅は端的に答える、「どういう方って、そうよなあ、まあ一言で言って旅人、稼業で言うと渡世人といったところかな」。

寅さん自身、自分は旅人と自覚している。仕事に疲れ、人生に疲れ果てたエリートサラリーマンはさらに、「旅人か、いいなぁ！　じゃ、あなたにとって何でしょう、生きがいというのは？」と尋ね、それに対して寅は、「そうさなぁ、旅先で震い付きてぇようないい女と巡り会うことさ」と答えつつ、絶望の男に生きる希望を与えている。

第四十二作から最終の第四十八作までは、さくらの息子満男（吉岡秀隆）と泉（後藤久美子）の恋が、寅さん（同時に渥美清）の老いと共に、寅さんのマドンナへの恋と並行して語られるから、第四十一作は、言わば寅さん単独の恋の、最後の作品である。その終局に発した寅の言葉は重い。「寅とは誰か？」一言で答えれば旅人であり、その生きがいは恋であった。いわば恋のつらさを乗り越え続けた旅人であった。

（b）別離のつらさ

✝寅次郎夢枕（第十作）

『男はつらいよ』全四十八作の中で、あーつらいだろうなあ、と自然に涙が出てくる場面が何箇所かある。それは別離の場面である。例えばその一つは第十作「寅次郎夢枕」の母と息子の別れ、二つ目は第十八作「寅次郎純情詩集」の母と娘の別れ、三つ目は第二十七作「浪花の恋の寅次郎」の姉と弟の別れ等である。

そして、どの作品も、そのつらさに最も深く共感し、無様《ぶざま》であろうと滑稽であろうと、行動をもってつらい立場の人に寄り添うのは寅さんである。人は他者のつらさに遭遇する時、つらいだろうなぁと同情はするが、往々にして同情だけで終わってしまう。行動となって現れるのは、やはりつらさへの共感の深度に呼応する。

第十作のマドンナはお千代坊（八千草薫）であるが、寅次郎とは同級生であり幼馴染みである。寅が旅先から「とらや」に帰って来ると、御前様の甥で東大理学部、素粒子についての専門家で、稀にみる天才、岡倉先生（米倉斉加年）が寅の部屋に下宿しており、寅は快く思わず、怒って出て行こうとするところに千代が入って来る。「こんばんは、寅ちゃんじゃない？」「お千代坊？どうしたんだよ、一体？」「懐かしいわ」。

千代が帰った後、例によって寅は、千代が人妻かどうか確かめるため、博（前田吟）に打診する。「えー、それが、いろいろ訳あって二年ほど前に別れたらしいんですよ」。さー寅さん、それを聞くや恋心に火が点《とも》る。そして今回は点火したのは寅さんにだけでなく、岡倉先生の恋心は寅以上に発火したから、さあ大変。その件《くだり》はまた、「第四章「ユーモア」について」で語るとしよう。

寅のお千代坊への思いは募るばかりだが、そんなある日、ある出来事が起こる。その出来事をさくらは次のように語る。「あのお店の女の子の話なんだけどね、男の子の声で、ママ居ますかって電話がかかってきたんだって。お千代さんが二言三言話したと思ったら、顔色変えて飛び出して行ってね、三十分ほどしたら、目を真っ赤に泣き腫《は》らして帰って来たんだって」。千代の涙の理由は以下の、別れた息子との思いがけない出会いによる。

江戸川の土手で五人の子供たちが遊んでいる。土手に座り草を千切って投げている息子を見つける。「さとし！」と呼びかける千代。振り向き、立ち上がって母のもとへ近づく息子。

千代　よく電話かけてくれたわね。ママ夢かと思った。

息子　この辺、柴又と聞いたもんだからさ。

（しょんぼりとした後ろ姿の息子を、ただ黙って見つめる千代。二人の間に沈黙が流れる）

千代　そう。ぼく、大きくなったわねぇ。

（そう言いながら、息子の頭と襟《えり》についた土手の草を、そっと取り除けてやる千代。その時、「さとし、行くぞ！」との友達の声。「おう」と答えるさとし）

千代　もう行っちゃうの。もう少しいられないの？

息子　だめだよ。みんなと一緒だから、先生も遠乗りをＯＫしてくれたんだもん。

千代　そりゃあそうね。あんまり突然で、何も買えなかったから、これ、みんなで何かおあがりなさい。

（お札をそっと息子の手のひらに入れてやる。「じゃ行く」と言って立ち去ろうとする息子に「うん」と答え、躊躇《ためら》いながら尋ねる千代）

千代　パパ、お元気？

息子　うん。

リリンと出発を促す友達の合図。束の間の再会、もう別れの時。甘えるようにぽつり、うな垂れながら「ママ」と呼びかける息子。そっと服のチャックを上げてやりながら、「早くいらっしゃい、みんなが呼んでるわ」と千代。さとし、手袋をはめ、涙をその手でぬぐいながら去る。もう一度母を一瞬見、四人の友と自転車で振り向くことなく立ち去ってゆく。遠ざかる息子をいつまでも見送りながら涙する千代。離婚の理由は知る由もないが、母と息子の別離のつらさが滲《にじ》み出ている、涙を誘う場面である。

寅は事情を聞き、お千代坊のつらさに深く共感する。そこで、とらやの夕食に招くのだが、「あのな、お千代坊をここへ連れて来たら、坊やだとかせがれだとか息子、そういったようなことは一切口にするなよ」と、みなに口止め。しかし結果は裏目裏目に出て、その類いの言葉が、あっちからもこっちからも、話題を変えようと点《つ》けたテレビからも溢《こぼ》れてくる。

必死で慰めようとする寅だが、かえって座は白ける。その時、お千代坊のひと言、「寅ちゃん、ほんとうに有難う。私ね、寅ちゃんたちの優しい気持ちがよくわかるの。私、ほんとに、うれしいの」。顔を押さえ泣きじゃくるお千代。不細工な寅の、つらさへの共感が、千代の心には届いていた。

†寅次郎純情詩集（第十八作）

二つ目の別離は死の別離であり、綾《あや》（京マチ子）とその娘雅子（檀ふみ）と寅の物語である。旅先で以前知り合った旅芝居の一座と寅は遭遇。徳冨蘆花の『不如帰《ほととぎす》』を演じており、そこには、この物語の一つの主題となる「人間は、何故死ぬのでしょう」の台詞が含まれている。ある日、小学校に入学した満男の先生雅子が、突然、お母さんを連れてとらやに団子を買いにやって来る。そこで旅先から帰っていた寅と雅子の母綾との出会いとなる。

綾は昔羽振りの良かった柳生家のお嬢さん。三十年前の女学生の頃、とらやに団子を買いに来ては、寅から出目金と言われたり、バイオリンケースに悪戯《いたずら》されたりする。破産寸前の柳生家を救うため戦争成金と結婚したが、病弱だったため娘雅子を産むや離縁されてしまう。その後、不治の病を宣告され、今、三年間入院していた病院を退院したばかりである。

とらやの入口で懐かしい女学生時代の話に花が咲く。帰り際、「寅次郎さん、お暇な時には家《うち》へも遊びにいらしてくださいね。この娘《こ》が学校に行った後は、私一人ぼっちで、まぁ寂しくって寂しくって困っているんですの」との言葉を残す。

そのまま綾と雅子に付いて行った寅は柳生家で夕食を振舞われる。その夢のような食事の様子をとらやに帰って夢心地で語る寅。「壁にはキリストとその弟子がご飯を食べている。知ってるか、あの絵、最後の晩酌、これで終わりだって言ってるのよ」。綾も雅子も、柳生家に仕えるばあや（浦辺粂子）もみなクリスチャンである。その無邪気さが、この作品に笑いを添える。「さくら、明日もまた行っていいかなぁ？」「そうねぇ、あんまりご迷惑にならない程度にね」。さくらの御墨付きをいただいた寅は、次の日から、柳生家通いが始まるのは自然の成り行き。

　病弱の綾と寅との楽しい会話。寅がどんなに口から出任せの嘘《うそ》を語っても、みな信じてしまう世間知らずで無垢な綾。柴又の風呂屋では寅さんの噂で持ち切り。娘の方に惚れているのか、おっかさんの方か？　中にはいつ振られるか賭けている連中もいる始末。その噂の元凶は間違いなく柳生家に寅が一緒に連れて行く源公（佐藤蛾次郎）である。

　ある日、綾を喜ばそうと、源公と三人で水元公園にピクニック。病弱の綾を思って電気ストーブも持参するが、もちろん公園にはコンセントはない。

　出かける前のばあやとの会話も滑稽である。「お嬢さま、恋人が来ましたよ」とばあや。恋人と呼ばれて満更《まんざら》でもない寅は「よしなよ。具合が悪いよ。そんなこと言っちゃ」「じゃあ何と言うんだい。旦那様とでも言うのかい」とばあや。「まいっちゃうなぁ、おばあちゃんには」と言いつつ、これで焼芋でもと、お札を一枚渡す寅。「いつもすまないねぇ」とばあや。背後で笑う源公。何ともユーモラスなやり取りである。

　その日、小学校のＰＴＡの集まりの帰りに、さくらは雅子先生に会い、その時「母はね、もう長くないのよ。退院する時、お医者様にもう好きなようにさせてあげなさいって言われたの。そんな風に見えないでしょう」と聞かされる。その夜、水元公園からの帰り、寅は綾を誘い、とらやで夕食。そこへさくらが雅子と一緒に帰って来る。急遽《きゅうきょ》雅子も加わり、それはそれは楽しい晩餐。みな綾が元気になったら、何屋さんになったらいいか、一生懸命考える。そっと席を外し涙ぐむさくら。

（数日後、具合が悪くなったと聞き、心配で柳生家にかけつける寅。秋の終わりの縁側での対話）

綾　江戸川の雲雀《ひばり》が鳴く頃になると、川辺に菖蒲《あやめ》が一面に咲くのね。

寅　その頃には奥さんの病気もすっかりよくなって、お嬢さんやおばちゃんやさくらたちと同じように、元気で働くことができますよ。

綾　寅さん、人間はなぜ死ぬんでしょうねぇ。

寅　人間、うん、そうねぇ、まあ何つうかなぁ、まあ結局、あれじゃないですかねぇ、こう人間がいつまでも生きてると、あのーこう、丘の上がね、人間ばっかりになっちゃうんで、うじゃうじゃうじゃうじゃ、面積が決まってるから、で、みんなでもってこうやって満員になって押《お》し競饅頭《くらまんじゅう》してるうちに、ほら、足の置く場所がなくなっちゃって、隅っこにいる奴が、お前どけよなんてやると、あーあーあー、なんて海の中へボチャンと落っこって、それでアップアップして助けてくれ助けてくれなんてねぇ、死んじゃうんで……まあ結局そういうことになってるんじゃないですかね、昔から。うん、まあ深く考えない方が、それ以上はね。

（縁側に座る綾。庭で箒《ほうき》片手に手振り足振りで語る寅。可笑《おか》しさを堪《こら》え切れず、涙を流しながら笑いこける綾。その夜、綾の容態はさらに悪化する）

その後、ついに綾は息を引き取る。駆けつけた寅とさくらに、雅子は「来てくださったのね。

寅さん、お母様ね、今さっき天国に召されたのよ」と告げる。教会の葬儀。「主よ、みもとに近づかん」の歌。口を閉じて参列する寅の真剣な横顔、普段の寅さんから想像もできぬ、フーテンの寅の人知れぬ真実の顔が窺われる。渥美清の深みとも重なろうが、寅さんの深みが漂って来る。ある日、引越しの荷造りをしている雅子のもとへ寅がやって来る。新潟の小さな村の小学校の先生になるという。

雅子　あのね、寅さん、とっても聞きにくいことなんだけど、寅さん、お母様のこと愛してくれてた？

寅　えっ、そそんな、じょ冗談じゃねぇよ、俺が……。

雅子　でも、お母様はそう思ってたわよ、きっと。最後の床に着いた時もね、寅さんに会える日が来ることだけを楽しみにしてたのよ。意識がなくなりかけた時、私、耳もとでお母様、早くよくなって寅さんに会いに行きましょうね、そう言ったら、お母様、嬉しそうな顔してこっくり頷《うなず》いたわ。誰にも愛されたことのない寂しい生涯だったけど、でもその最期に、たとえひと月でも、寅さんって人が傍に居てくれて、お母様どんなに幸せだったか、私にはよくわかるの。

（ハンカチで顔を押さえて泣き崩れる雅子）

寅さんと引越し前の雅子との縁側での対話は、寅が雅子の悲しみとつらさを十分に受け止めていること、雅子もまた遣る瀬ない今のつらさ、寂しさに、腹の底から寅が共感してくれていること、そして最後まで母に注いでくれた寅の真実の優しさを実感し、深い慰めを感じている場面である。つらさへの共感の深さは、フーテンの寅の人生の歩みの深さに呼応する。

†浪花の恋の寅次郎(第二十七作)

三つ目の別離もまた死の別離である。第十八作は母と娘の死別のつらさであったが、第二十七作は姉と弟の死別のつらさである。今度もまたそこに寅さんの深い共感が心に染み入る。

まず寅とふみ(松坂慶子)との出会いがある。瀬戸内海に浮かぶ島での出来事、海の見える墓で菊を供えている一人の女のもとに寅が近づき、「お身内の方ですか? 旅の者ですが、通りすがったのも何かのご縁、お線香の一本もあげさせて頂けますか?」と尋ねる。

手を合わせ祈りつつ、「こんなお美しいおかみさんを残して先立たれたご主人はさぞかしお心残りだったでしょうねぇ、お気の毒です」と語りかけると、女は笑いながら、「うち、主人はいませんねん。これはねぇ、おばあちゃん」と答える。両親とは訳あって小さい時に別れ、おばあちゃんに育てられたとのこと、そして自分は今大阪で働いているという。

別れ際二人は名を名乗りあう。女の名は浜田ふみ。その後、大阪で叩き売りをしていた寅は偶然ふみと再会。ふみが芸者をしていることを知る。ある日、寅とふみはデート、生駒山宝山寺で絵馬に願いごとを書く二人。その時、ふみの絵馬を覗《のぞ》くと、《弟が幸せになりますように》と書いてある。

寅は初めてふみに弟がいることを知る。両親が離婚する際、母親がまだ小さかった弟を連れて出て行ったこと、色が白く女の子のように優しい弟で、いつもふみが抱いて寝ていたこと、母親と別れるより弟と別れる方がつらかったこと等をふみは語る。弟は今大阪で働いているという。弟に会うのを躊躇するふみを、寅は説得し、二人はそのままタクシーに乗り、弟の職場である山下運輸を探し当てる。車を降りるや、運転主任（大村崑）と出会う。

「こちらの会社に〝みなかみひでお〟という男はいませんでしょうか？」ふみの記憶はみなかみであったが、実際はみながみだった。主任は、みながみ君とどういう関係かと戸惑いながら尋ねる。寅がこの人は姉さんで、事情があって長い間会っていないことを伝える。主任はお姉さんがいたことに驚き、「ここではなんですから、ちょっと中へどうぞ」と部屋に招く。

主任がふみを職場の人に紹介すると、みな言葉が出ない。ふみも寅も異様な雰囲気を感じ取る。寅が「どうしたい？　あ、そうか、ひでお君はもうこの会社やめちゃっていないんだろう？ね」と尋ねる。主任は苦しそうに、「そうじゃないんです。あのー実はですねぇ、まぁまぁどうぞお掛け下さい。あのーお姉さん、みながみ君はもうこの世にいないんです」と答える。

先月亡くなったこと、原因は冠動脈心不全という難病で、血液も大量に必要とのことで職場のO型の連中がみな提供し手術を行なったが、結局そのまま逝《い》ってしまったとのこと。手術室に入る前、一人一人に有難うと丁寧に礼を言って、それが最期の言葉になったとのこと。みながみ君が生きていれば、お姉さんとの出会いをどんなに喜んだことだろうと語りながら、主任は写真を指差して「あれがひでお君です」とふみに教える。

　ふみはその写真をじっと見続ける。そして突然、「なんでうちにゆうてくれなかったんです。なんで！　うちの弟やのに、たった一人の弟やのに、なんでうちにひと言ゆうてくれなかったんです！」その激しい悲しみの問いかけに誰も言葉が出ない。その時、寅が「おふみちゃん、そりゃ仕方がねぇんだよ、な、ここにいる人たちは、誰も姉さんのいるなんてこと知らなかったんだから」と優しく、しかも凛《りん》として語りかける。

「すみません、私たちの調べが足らんかったんです」と謝る主任。会社を一日休みにして、この部屋を片付けて祭壇を作り、みんなの手で心のこもった葬式をしたと言う。それを聞き、ふみは立って窓辺に行く。弟がいつも眺めていた、船の通る川の風景を見つめながら、ふみの目からは大粒の涙がこぼれる。突然、湿った空気を振り払うように寅が立ち上がり、「どうも皆さん、生前ひでおが大変お世話になりました。ありがとうございました」とお礼を述べる。何と潔い言葉か。

　その後、ふみと寅と社員の吉田は、弟が住んでいた部屋を訪ねる。吉田は同僚の思い出を語り、それに聞き入るふみ。そこへ一人の娘がやって来る。

吉田　ひでお君の友達でのぶ子ちゃん言いますねん。この近所で働いてるもんやさかい、今ちょっと電話しましたんや。のぶ子ちゃん、この方がひでお君のお姉さんや。でこっちがご主人。

寅　いや、俺ちょいとした身内よ。
のぶ子　こんにちは。
寅　お姉ちゃん、もしかしたら恋人だったんじゃねぇか？
吉田　実は、この秋に結婚する約束しとったんですわ。
寅　それじゃ、あんたが一番悲しい思いしちゃったなあ。
のぶ子　あんまり急やったから、どないしてええかわからんと、泣いてばっかりいました。
ふみ　どうも有難う。いろいろお世話になったんやね、きっと。
のぶ子　いいえー、あっ吉田さんお茶も入れんで。あっ、お茶っ葉がないわ、下のおばちゃんにもろて来るわ。
（ドアの入口で）
のぶ子　うち、ひでおさんから聞いてました。お姉さんのこと。
ふみ　何てゆうてた？
のぶ子　お母さんみたいに、懐かしい人やて。とっても会いたがってました。

目にいっぱい涙を浮かべるふみ。泣きながらお茶っ葉をもらいに階段を降りてゆくのぶ子。姉と弟、そして恋人どうしの別れ。そのつらさをしっかりと受け止める寅。一連の会話の中で、寅が放った三つの言葉はフーテンの寅の生きざまから出る、つらさを経験し尽くしたぬくもりの言葉であった。

一つは職場の皆の前で、悲しみに心を乱したふみに語りかけた言葉、「おふみちゃん、そりゃ仕方がねぇんだよ、な、ここにいる人たちは、誰も姉さんのいるなんてこと知らなかったんだから」。二つ目は、言葉もなく深い悲しみに沈むみんなの前で、毅然として放った言葉、「どうも皆さん、生前ひでおが大変お世話になりました。ありがとうございました」。そして三つ目は、のぶ子に語りかけた「それじゃ、あんたが一番悲しい思いしちゃったなあ」という言葉。

死の荘厳さの前で、具体的な死の悲哀の前で、誰が咄嗟《とっさ》にこのような温かく澄み切った、真っ直ぐな言葉を発することができようか！

2　イエスの場合——神はつらいよ

(a)　イエスが示す神の顔

†野の花・空の鳥

イエスが示した神の顔は、もうすでに第一章、第二章で語ったように、イエス自身が神の顔であり、イエスの生きざまの中に顕れる。また一方ではイエスの言葉の中にその姿を垣間見ることができるが、その一つは、聖書を開いたことのない人もどこかで聞いたことのある野の花・空の鳥の話に端的に示されている。それはルカ一二章二二～二八節、マタイ六章二五～三〇節に記されているが、以下のような言葉である。

命のことで何を食べようか、体のことで何を着ようかと思い煩うな。命は食べ物よりも大切であり、体は着る物よりも大切なのだから。からすのことを考えてみなさい。蒔《ま》きもせず、刈り入れもせず、納屋もなければ倉もない。けれども神はからすを養っていてくださる。あなたがたは鳥よりもはるかに優れたものではないか。あなたがたのうちの誰が、思い煩ったからといって、自分の命を少しでも延ばすことができようか。そんな小さな事さえできないのに、何故ほかの事まで思い煩うのか。野の花がどのように育つかを考えてみなさい。紡《つむ》ぎもせず、織りもしない。しかし、私はあなたがたに言う。栄華を極めたソロモンでさえ、このような花の一つほどにも着飾ってはいなかった。今日は野にあって、明日は炉に投げ込まれる草をさえ、神はこのように装ってくださるのなら、ましてあなたがたにはどんなによくしてくださることだろう。

マタイはここに、次のような言葉を加える。その言葉はちょうど、第三十一作「旅と女と寅次郎」で、寅さんが「ああ、風の向くまま気の向くまま、好きな所に旅してんのよ」と言ったのに対し、はるみ（都はるみ）が「そんな人生もあるのねぇ。明日は何をするか、明日になんなきゃ決まらないなんて、いいだろうなあ」と羨ましがる場面を思い出させる。すなわちマタイが付加した言葉は「だから明日のことを思い煩うな。明日のことは明日みずからが思い煩ってくれる。その日の凶事（悪）は、その日だけで十分である」（マタイ六章三四節）。

その日のカキア（ギリシャ語で「悪」）を通常「苦労」と訳したり「労苦」と訳したり「苦しみ」と訳したりしている。しかし、ここは素直に「悪」と訳すと、ここにもイエスのユーモアを感じ取ることができる。「明日のことを思い煩うな。明日になったら、明日は明日で十分悪に満ちていることだろう。悪の種をよそから余分に借りてこようと思い煩わなくても、今日一日の悪は今日一日で十分である」。

野の花・空の鳥の話で、空の鳥は種を蒔き、刈り入れをし、収穫物を倉に運ぶ農夫の仕事をイメージし、野の花は糸を紡ぎ布を織る女性の仕事を思い起こさせる。

驚くべきことは、「からす」を見よの一言である。雲雀《ひばり》でもなく、雀《すずめ》でもなく、烏《からす》を見よ、と言う。烏は旧約聖書のレビ記の中で鷲《わし》や鳶《とび》や鷹《たか》や梟《ふくろう》等と共に忌み嫌われていた鳥であった。我々も毎週のゴミ出しの際、烏との戦いに思い煩わされている。今日でも烏を好きという者は少ないが、イエスの時代のユダヤ人の常識では、烏は不浄の鳥であった。イエスは、誰も見向きもしたくない、そのからすを見よと言う。

そのからすをさえ神は養い育て大切に生かしてくださる。一つ一つの生かされて在る生命のかけがえのなさ。善と悪、浄と不浄、有益無益、価値無価値の領域を打ち砕き無化する神、「悪しき者にも良き者にも太陽を昇らせ、正しい者にも正しくない者にも雨を降らせる」（マタイ五章四五節）神。イエスの、神に対する素朴で楽天的な信頼感は揺ぎなく、その神に向かって我々の心を上げさせる。まさに第十一作「寅次郎忘れな草」冒頭での寅次郎の言葉「お天道様《てんと》はお見通しだぜ」、この明るく単純な信頼感である。

†レヴィナスの哲学

神の訪れは謎に包まれていて極めて微妙であり、風のごとく立ち去っていく。十字架のヨハネという十六世紀の神秘家の次の詩は、風のごとく立ち去る神のイメージである。

数知れぬ美を撒《ま》きながら
草原をかすめて去り給いしは誰ぞ
御みずからの美を
その草原によそおわせて（「霊の賛歌」第五歌、竹島幸一訳）

イエスが啓示する神の顔、それは野の花・空の鳥にみられる無限に寛大な神である。そんな神に出会いたいと誰もが願う。

世界や事物、人生を深く思索した哲学者の群れ、西欧に目を向けるとイエスより三百年ほど前に実在したプラトンとアリストテレスをはじめ、その名を誰でも知っているデカルト、カント、ヘーゲル、ニーチェ、ハイデガー等。そして最近ではレヴィナスやリクールの名を耳にする。みな神の問題を真剣に思索した。もしこうした一連の哲学者らに『男はつらいよ』を観せたとして、寅さんの生き方を「それでいいのだ！」と言いそうなのは誰であろうか？　レヴィナスであろうか？

レヴィナスは、神の訪れ、無限の経験は他者のまなざしに出会うことの中にあるという。他者は私を見つめ、私に何かを訴えかけている。突然の他者の顔の訪問は、私という自我のエゴイズムの転覆の機会であり、自己満足の安らぎの放逐の機会であり、自己への飽くなき執着から脱して、他者の時間へ移行する機会であり、「見知らぬ者」「かなた」に向かう運動の機会である。

神はまるで存在しないかのごとく姿を隠しながら、悪人にも善人にも陽を昇らせ、雨を降らせ、一つ一つの、一人一人のかけがえのない存在に花を咲かせる。

その神に我々は気づかない。しかし、神の不在は、我々が他者のまなざしから逃げることに存するとレヴィナスは言う。神は飢えた者、渇いた者、社会から排除された者、病んで苦しむ者、犯罪者のレッテルを貼《は》られた者を通して顕れる。

イエスもまた「これらの最も小さい者らに対して為したのは、私に対して為したのと同じことである」（マタイ二五章四〇節）と語る。そして、飢えていた時食べさせてくれ、のどが渇いていた時飲ませてくれ、よそ者であった時迎え入れてくれ、裸であった時着せてくれ、病んで弱った時世話をしてくれ、牢獄にあった時訪れてくれた人を祝福している。

ギリシャ哲学者として知られる岩田靖夫は、レヴィナス思想の具体例としてゴッホの生きざまを挙げ、藤村信『ゴッホ星への旅』下（岩波新書）を参照しながら次のように述べている。

それは、燃えさかる青い炎を背景にして、何かを凝視するゴッホの自画像に現れるような眼差しである。ゴッホは三〇歳の頃ハーグの町でクリスチーヌという名の娼婦を拾って同棲した。ゴッホの父親は牧師であり、その司牧する村は針の落ちたような事まで知れ渡ってしまう狭い世界である。ゴッホの身持ちの悪さと異常な振舞は忽ち評判となり、清潔な品の良い人々の顰《ひん》蹙《しゅく》を買う事となった。

そう言えば、ゴッホは既に狂気の中に入りつつあったアルル滞在中にもラシェルという名の娼婦のもとに通っている。こういうゴッホが、若い頃説教師としてベルギーの炭坑に入り込み貧しい坑夫たちと冷たいパンを分かち合った同じゴッホなのか。同じゴッホなのである。彼は顔に出会っているのである。「クリスチーヌはあの頃三二歳だから、俺よりは三歳年上で、惨めな生活に荒れ果て、色褪せ、顔も体も骨張って、女の甘い香りやふくよかさはとうに消え失せていた。男に騙《だま》されて生んだ五歳の女の児を抱え、父親の知れない赤ん坊をおなかに宿していた」。聖職者のエスタブリッシュメントの中に生き、牧師館に住む父親にとっては、ゴッホのような行状は救い難い狂気と映ったであろう。また、良風美俗を飾り立てる立派な紳士方も彼から遠ざかっていった。

だが、ゴッホはパリに住む弟テオにこう書き送っている。「僕はこの冬、男に捨てられ、日々のパンを稼ぐために、君もご推察の生業《なりわい》をして路頭に迷う、妊娠した一人の女と出会った。彼女をモデルに雇い、ひと冬の間一緒に働いた。お陰様で、僕は彼女とその娘を飢えと寒さから救い出した。靴底の革くらいの値打ちしか持たない人間でも、この様な場合に当面したらば、僕と同じ様に振舞うだろうさ。僕の仕事に進歩があったらば、それは良いモデルを使ったからだ。僕が彼女と結婚するのは最善の策ではなかろうか。さもなければ、貧窮が彼女をして断崖へ行く道を再び辿らしめるばかりだろう」。

これに対して「あんな女を抱え込んだために、兄さんは生活を目茶苦茶にした」と非難する弟に、さらに「見捨てられて病んでいる憐れな人間が何処まで落ちてゆくものか、考えたことがあるか」と言い、「俺の親父や伯父や坊さんたちは、我々は罪人だと言う。教会の、ざらついた白壁を思わせるような説教は沢山だ。人を愛し、愛に渇き、愛なき人生を送れない事は罪なのか。愛なき人生こそ、背徳の人生なのだ」と書いている。ゴッホは結局クリスチーヌと一緒にはならなかったが、この事件は、ゴッホの生涯が、助けを求める顔に応答する生涯であったことを物語っている。いや、ゴッホ自身が助けを求める顔なのであり、愛を求めては難破する求道者であったのである。

この目に見えない神、敗者に連帯する追放された神、迫害されても無抵抗な神、己が姿を現わすまさにその瞬間に脱臼させる神を追い払うかかき抱くかは私の決断に依存している。私は、エゴイズムに硬直して、他者の顔の表わす悲しみに無感覚であるかもしれない。あるいは、ゴッホのように、己れ自身の人生を破壊するに至るまで、他者の苦しみを背負いうるのかもしれない[38]。

レヴィナスはユダヤ人としてパレスチナ人についての言及は極めて少ない。他者性の哲学者であり、倫理の思想家でありながら、なぜ黙するのか、との非難の声もある。百万を超えるパレスチナ難民を出した第三次中東戦争、今なお壁を築きつつ、イスラエルのパレスチナに対する力による虐殺行為、そこで圧《お》し潰《つぶ》されてゆく《他者の顔》への沈黙は何を意味するのか？

もしレヴィナスが虐げられたパレスチナ人の顔から逃げるなら、寅さんから「お前もさしずめインテリだな」とでも言われそうだが、しかしレヴィナスの哲学は、確かに寅さんの生きざまに対し「よし、これでいいのだ！　これぞ生きるということだ！」と肯定する。なぜなら、突然の他者の顔の訪問は、私という自我の転覆の機会であり、自己への飽くなき執着から脱して、他者の時間へ移行する機会であり、「見知らぬ者」「かなた」に向かう運動の機会と、レヴィナスは捉えるからだ。

その哲学はまさに、プロローグで語った、山田監督と関田牧師との対談に出てくる、他者の眼差しに応える寅の姿に符合する。

他者の眼差しに応える寅の姿を、第四十作「寅次郎サラダ記念日」から検討してみよう。場所は信州の小諸のバス停である。

寅　おばあちゃんよー、次のバスは何時だい？

おばあちゃん　まだ一時間はあるずら。

寅　お、そう。何だい、じゃ出たばっかりだなぁ。

おばあちゃん　おめぇ様、どけぇ行くだ？

寅　うん、どこ行くかねぇ、近くに鄙《ひな》びた温泉でもないかね？　川っぷちに露天風呂があって、頭に手拭いでも乗っけて、月眺めてると、村の娘がちょいと御免なさい、今晩お泊り？　なんて話するような所さ。

おばあちゃん　ええなぁ、お金持ちは。

寅　お金持ち？　いやいや金なんかない。金はないよ、暇あるけど。おばあちゃんどこ行くんだい？

おばあちゃん　うちーけえるだ。

寅　孫に土産買ってか？

おばあちゃん　そんなもん、いねぇわ。

寅　あー、じゃ働きもんの娘夫婦が待ってるんだ。

おばあちゃん　あいつらへー、東京行っちまって。おれ一人留守番だ。

寅　おばあちゃん一人か、そりゃ寂しいなあ。

おばあちゃん　おめぇ様、おもしれぇ人だな。
寅　そうか、おもしれぇかい？
おばあちゃん　今晩おれぇとこ、泊まらねぇか？　ごっつぉするから。
寅　いや、俺、暇なように見えるだろ。だけど結構これでいろいろ忙しいんだ。

「ありがとう」と言って寅は立ち去ろうとするが、もう一度振り返る。一瞬見つめ合う寅と老婆。ほんの瞬間であったが、寅は老婆のまなざしの中に深い孤独を読み取る。そして、二人はバスに乗り、老婆の家に向かう。他者のまなざしの中に、他者の必要を感じ取り、他者の必要を満たすべく、至れり尽くせりのことを実行する。他者のために開かれた暇、レヴィナス流に言えば、「私はここにいます。どうぞ私をお使いください」との開きである。

「友のために自分の命を捨てること、これ以上に大きな愛はない」（ヨハネ一五章一三節）というイエスの言葉を、ヘブライ的表現で「手のひらの中に自らの魂を置く」と置き換えることができる。手のひらの中に自分の一番大切なものを置き、さあ、いつでも取ってくださいとの開きである。他者の必要に応じる決断の中に、他者の孤独のまなざしの前に自己の時間を奪われることを承諾する決断の中に、神は過ぎ越してゆく。

†「よきサマリア人」の譬え

困っている他者、苦しんでいる他者、悲しんでいる他者に近づき、他者のために惜しみなく時間を空け、他者の必要をすべて満たしつつ、その人の友人になりなさい、というのが有名な「よきサマリア人」の譬え話である。もしかしたら、イエス自身の生《なま》の体験が、この話の土台となっているのかもしれない。ルカ福音書一〇章の、「最も重要な掟は何か」についての論争の流れの中で出てくる。

ある律法の専門家がイエスを試そうとして立ち上がる。すでに述べたように、それはそれは多くの掟で人々の生活は縛られていた。

律法の中で、最も重要な掟は何か、イエスに問い質《ただ》したかった律法学者は、「先生、何をしたら永遠の命を自分のものとして受けることができるでしょうか」と尋ねる。イエスは「律法には何と書いてあるか、あなたはどう読んでいるか」と問い返す。律法学者は当時の常識でもある二つの重要な掟、いわゆる《愛の二戒》を答える。すなわち、「心を尽くし、生命を尽くし、思いを尽くし、力を尽くして、主なるあなたの神を大切にし、あなたの隣人を自分のごとく大切にしなさい」と。

そこでイエスは「よく知ってるじゃないか。それを実行しなさいよ。そうすれば命が得られる」と言う。イエスを遣《や》り込めてやろうと考えている律法学者は、「それじゃ私の隣人とは一体誰か、先生はどうお考えか言ってみてくださいよ」と畳み掛ける。

「隣人」というのは、イエスの時代、はっきりとした意味を持っており、それは選ばれたイスラエルの民に属し、掟に忠実な敬虔な仲間内のことを「隣人」と言っていた。しつこい問い掛けにカッときたイエスは、ここで「よきサマリア人」の譬えを冷静に語る。

ある人がエルサレムからエリコ（巻末の地図を参照）に下っていく途中、強盗に襲われた。盗賊どもはその人の着ているものをはぎ取り、滅多打ちにし、半殺しにしたままそこを立ち去った。その現場をいろいろな人が通りかかった。たまたまその道を当時尊敬されていた祭司が下って来る。しかし、その人を見ると、見て見ぬ振りをして道の向こう側を通り過ぎる。次に、祭司よりちょっと格下のレビ人もその現場にやって来るが、これまたその人を見ると黙ってそっと通り過ぎてゆく。

おそらく、律法の専門家は、祭司・レビ人ときたので次は自分たちの例が語られると推測しただろうが、そこは肩透かし、イエスはなんと律法学者たちが忌み嫌うサマリア人を登場させる。祭司やレビ人が強盗の被害に遇った半死半生の男に近寄らなかったのは、死んでいるかもしれぬ者に触れて、汚れの掟を破ることを恐れ、用心して道の向こう側を通って行ったのであるが、あるサマリア人の旅人は倒れている男のそばに近づいてゆく。道端に倒れている人を見てそっと通り過ぎるのは、今日でも同じである。我々は多くの理由をつけて、近づいていくことを拒む。しかし現代でも、全く吸い込まれるように、今苦しんでいる人、倒れて身動きできない人のもとに近づいてゆくマザー・テレサのような人物もいる。

サマリア人も死に瀕している旅人に近づいて行った。そして、かわいそうに思い、何とかしてあげようと心を動かす。ここで使われるギリシャ語の動詞スプランクニゾマイは一般に「憐れに思い」と訳されるが、心の底から、内臓から込み上げてくるどうしようもない情動を表わす。第四章で述べる、帰って来た放蕩息子を迎える父親の感情を表わす時に使われる動詞も同じである。

そばに来たサマリア人は、オリーブ油とぶどう酒を傷に注いで包帯をし、自分のろばに乗せて宿屋まで連れて行き、そこで介抱してあげる。それればかりではない。翌日このサマリア人は宿屋の主人に二デナリのお金を渡し、次のように言う、「この人を介抱してあげてください。もしこれで足りなかったら、帰りがけにここを通る時お払いします」。

さて祭司、レビ人、サマリア人の三人のうち、誰が強盗に襲われ半死半生の目にあった人の隣人になったと思うか、と律法学者にイエスは問いかける。律法の専門家は答える、「その人を助けた人です」と。そこでイエスは「行って、あなたも同じようにしなさい」と言う。

「隣人とは誰か？」と問われ、「隣人とは誰々である」と答える時、隣人の枠から外れた人はもはや隣人ではなくなる。イエスはまずその枠を取り払えと言う。枠や壁を打ち破り、自ら苦しんでいる人、悲しんでいる人に近づいて行き、その人の隣人になりなさいと言う。

現在、イスラエルに築き上げられてゆく壁は一体何を意味しているのか。イエスはそうした壁を崩せという。ベルリンの壁は崩れたが、今やユダヤ人とアラブ・パレスチナ人の間に築かれる壁は一層強固なものになっている。イスラエルの歴史家イラン・パペ(39)は『テキストの人間化』という論文の中で、ユダヤ人の選民思想と結びついた民族主義的運動は《テキストの人間化》に反する《テキストの国家化》であることを指摘する。この問題に対し、ドミニコ会の仲間である原田雅樹は次のようにわかりやすく述べている。

テキストの《人間化》は、何に対峙《たいじ》しているかというと、テキストの《国家化》に対峙している。テキストの固定化とナショナリズムは深く結びついている。国家にアイデンティティを与えるようなテキストを固定して、その絶対性を疑うことを許さないようにしていく。国家のアイデンティティを、固定されたテキストの語る歴史によって維持していこうとする。そういう動きがテキストの《国家化》である。

それに対し、テキストの《人間化》とは、人間を国家の呪縛から解放し、人間と人間の間に、異なった伝統と文化を持つ民族と民族の間に、同一の歴史的事実に対して異なった歴史を語る国家と国家の間に、橋を架けることのできるような歴史、そして物語を語れるようなテキストを生み出していくことである。(40)

血が血を呼び、殺戮《さつりく》が殺戮を生み続けるパレスチナとユダヤの暗闇に、最近鎌田實医師により、希望の灯火が点火された。ヨルダン川西岸のパレスチナ自治区ジェニンで二〇〇五年、十二歳の少年アハメド君がイスラエル兵に射たれるという事件が起こった。パーティーに出席するためネクタイを買いに行く途中の出来事である。

イスラエルの病院で息子の脳死を告知された父親は、苦しい葛藤の末、息子の臓器提供を決断する。その臓器がイスラエル人の十七歳の娘サマーさんに渡り、手術は成功する。

鎌田医師の働きかけで、少年の父がサマーさんの家族を訪れ、対面が実現した。この時の三人の言葉が胸を打つ。サマーさんの父親の言葉、「アハメド君の心臓をもらい、娘はとても元気になり、この家は幸せになりました。ご家族のことを考えると心が痛みます。私たちイスラエル人はパレスチナ自治区に入ることができません。もっと自由な関係が実現すれば、親戚のようになれます。平和が欲しい」。

アハメド君の父親の言葉、「息子の心臓が生きているサマーさんを見ると、私の子供のように思えます。すばらしいことです。しかし本当の平和が来ない限り、未来を断ち切られた息子に申し訳ない」。サマーさんの言葉、「医師になって病気の人を救いたい。来年、医学部を受験します。将来は平和のためにも働きたい」(41)。

憎しみの壁が崩れ、何かが新しく生まれる可能性は、こうした勇気ある出来事によってしか残されていないのかもしれない。

レヴィナスの哲学のように、ゴッホの生きざまのように、また寅さんの生き方が示すように、他者のまなざしの中に、他者の孤独や悲哀を読み取り、その空白、隙間を埋めてあげようと、自らの時間を捨てる行為こそ、人間が本当に人間らしくなってゆく、人間性回復の道であることを「よきサマリア人」の譬え話は語っている。

(b) 神の痛みの神学

一九四六年に出版された本に、北森嘉蔵《かぞう》の『神の痛みの神学』がある。刊行十年前の一九三六年、福音の本質は神の痛みに基礎づけられた神の愛である、との着眼以来、第二次世界大戦の苦悩を通して思索された書である。一九六五年に英語、一九七二年にドイツ語、一九七五年にスペイン語とイタリア語、一九八七年に韓国語に翻訳され、多くの人に読まれた。その中に、日本人の心こそ神の心を理解し、しかもそれは「つらさ」において理解する、という件《くだり》がある。(42) 要点を整理してみよう。

(一)「こころ」は感覚ともいうべきものである。それは思想や理論ではない、さらには精神でさえもない。精神よりもさらに深く具体的なもの、すなわち感覚である。精神は、ともすれば国《くに》人《びと》のうちの上層の者、修養を積める者のみの所有であって、庶民のものではない場合がある。国人のこころは庶民によってこそ代表されるごときものでなければならない。

(二)日本の庶民に感覚として浸透しているこころは悲劇の精神である。教養もなく、修養も積まず、宗教心もないごとき市井《しせい》の民が心底より感動し慟哭《どうこく》するのは、日本の悲劇に対してである。

(三)日本の悲劇は他の国の悲劇と著しく相違している。他の国の悲劇が多くの場合、事件の悲劇や性格の悲劇であるのに対し、日本の悲劇はいわば人間関係の悲劇である(ふと考えるのだが、理路整然とした死刑廃止論が一方ではあり、それにもかかわらず、日本人の多くは死刑廃止に反対する事実は、北森が指摘する日本人固有の悲劇に関する庶民感覚と結びついているのかもしれない）。

（四）この人間関係はつらさという日本語特有の言葉によって表現される。つらさは苦しさ、悲しさと同じではない。日本的人間の深さはこのつらさにおいて極まる。日本的に言って深さのある人間、もののわかる人間は、このつらさのわかる人間である。つらさのわからぬ人間は、浅い人間であり、味気ない人間であり、要するに日本人らしくない人間である。そして市井の民の方が上層の人間より、かえってこの点において感覚が鋭敏である。

北森嘉蔵が語る意味において、寅さんこそ人のつらさのわかる人間であり、日本人らしい人間であると言える。第十作「寅次郎夢枕」で母と息子の、第十八作「寅次郎純情詩集」で母と娘の、第二十七作「浪花の恋の寅次郎」で姉と弟の、それぞれの別離のつらさ、そのつらさへの寅さんの人一倍の共感を示した。それればかりではない。『男はつらいよ』全編にわたり、寅さんの一つ一つの仕草や眼差しの中に、他者のつらさへの深い共感を読み取ることができる。

ところで、神のこころと日本の悲劇はどこで接触するのか？　それは次の点にあると北森は述べる。

日本の悲劇根本たる「つらさ」は、他者を愛して生かすために、自己を苦しめ死なしめ、もしくは自己の愛する子を苦しめ死なしめるという点において、実現する。しかもその苦しみを自己の内に蔵《おさ》めて耐えようとするが、その努力の隙を洩れて慟哭の声が聞こえるのである。この慟哭の声を聞くとき、日本の民は滂沱《ぼうだ》として涙を流すのである。日本の民のこころはかかる対象以外のものには、厳密な意味において感動しない。

以上の主張点を踏まえて、神の痛みの論理を簡潔に示すと次のようになる。

（一）日本のこころは、それは庶民のこころとして戯曲文学の中に顕著にあらわれるが、人間の最も深き姿を「つらさ」において捉える。

（二）人間関係の「つらさ」の中に人間の真髄をみる日本のこころは、絶対者なる神の最も深き姿を「つらさ」「痛み」において捉えることができる。

（三）日本の悲劇における「つらさ」は、他者を生かすために自己を死なしめ、もしくは自己の愛する子を死なしめる時、具体化する。

（四）神は人間を生かすために、自分の最愛の独子《ひとりご》（すなわちイエス）を十字架上で死なしめる。そこには神の痛み、つらさがある。

（五）日本の戯曲文学の中にあらわれる「つらさ」すなわち痛みと、神の痛みとの間には相違もある。日本の悲劇における、他者を生かすための他者は、最も愛すべき尊い者である。しかし神の痛みにおける他者は人間であり、その人間は愛すべからざる者、愛するに値しない者である。したがって神の場合は二重の痛みが伴う。すなわち、愛すべからざる、愛するに値しない人間を愛するが故の痛みと、その人間を生かすために死なしめる最愛の子イエスに注がれる痛みである。

北森が提示する「神の痛みの神学」は多くの神学論争を提起したが、この著作は第二次世界大戦の苦悩と荒廃の中で思索されたものであり、この書の迫力はそこから来る。しかし聖書は、特に福音書は、北森が指摘する神の二重の痛みについて語っているだろうか。

R・ジラールという哲学者は一連の著作、例えば『身代わりの山羊』において、聖書を人間の暴力性の観点から読み直しているが、確かに聖書はアベルとカインの兄弟殺しに始まり、イエスの十字架上の殺害で終わる、人間の奥深くに潜む閉鎖性、暴力性、殺戮《さつりく》性の現実を語る。

それと同時に、聖書は、人間に広大な自由を与えた神が、もろき人間に対し、ゆるしの印を刻み続け、どうしようもないボロボロの人間との交わりを求め続ける神の姿を描く。そしてまた、マリアの「成れかし」で始まるイエスの全生涯に対し、「よし、よくやった」という神の寛大さの応答として、イエスを復活させる神、イエスが生涯「アッバ、父さん」と呼び続けた父なる神が聖書で語られる。

しかし、そうした聖書で語られる神の間隙に、北森が主張する、もろき人間に対する痛み、最愛の子イエスを死なしめる痛み、この二重の神の痛みを読み取るかどうか、福音書自体は直截《ちょくせつ》に語らず、沈黙している。

(c) 神の沈黙と人間の自由

✝『沈黙』（遠藤周作）

遠藤周作の最大の力作に『沈黙』がある。晩年、渋谷のカトリック教会（ドミニコ会本部）のミサで、後ろの方に一人静かに座っておられた姿が思い浮かぶ。『沈黙』は今日に至るまで十三の言語で翻訳され、多くの人々に読まれた。問題の箇所はやはり「踏むがいい」との沈黙を破る声である。「踏むがいい」の言葉は文中三箇所に見られる。一度目は司祭ロドリゴが実際に踏む場面であり、あとの二回はロドリゴの追想の中で反芻《はんすう》される。

（一）司祭は足をあげた。足に鈍い重い痛みを感じた。それは形だけのことではなかった。自分は今、自分の生涯の中で最も美しいと思ってきたもの、最も聖《きよ》らかと信じたもの、最も人間の理想と夢にみたされたものを踏む。この足の痛み。その時、踏むがいいと銅版のあの人は司祭にむかって言った。踏むがいい。お前の足の痛さをこの私が一番よく知っている。踏むがいい。私はお前たちに踏まれるため、この世に生れ、お前たちの痛さを分つため十字架を背負ったのだ。

こうして司祭が踏絵に足をかけた時、朝が来た。鶏が遠くで鳴いた。

（二）それは今日まで司祭がポルトガルやローマ、ゴアや澳門《マカオ》で幾百回となく眺めてきた基督《キリスト》の顔とは全くちがっていた。それは威厳と誇りとをもった基督の顔ではなかった。美しく苦痛をたえしのぶ顔でもなかった。誘惑をはねつけ、強い意志の力をみなぎらせた顔でもなかった。

彼の足もとのあの人の顔は、痩《や》せこけ疲れ果てていた。
多くの日本人が足をかけたため、銅版をかこんだ板には黒ずんだ親指の痕《あと》が残っていた。そしてその顔もあまり踏まれたために凹《へこ》み摩滅していた。凹んだその顔は辛《つら》そうに司祭を見あげていた。辛そうに自分を見あげ、その眼が訴えていた。(踏むがいい。踏むがいい。お前たちに踏まれるために、私は存在しているのだ)

(三)「わしはパードレを売り申した。踏絵にも足かけ申した」キチジローのあの泣くような声が続いて、「この世にはなあ、弱か者と強か者のござります。強か者はどげん責苦にもめげず、ハライソに参れましょうが、俺《おい》のように生れつき弱か者は踏絵ば踏めよと役人の責苦を受ければ……」

その踏絵に私も足をかけた。あの時、この足は凹《へこ》んだあの人の顔の上にあった。私が幾百回となく思い出した顔の上に。山中で、放浪の時、牢舎《ろうしゃ》でそれを考えださぬことのなかった顔の上に。人間が生きている限り、善く美しいものの顔の上に。そして生涯愛そうと思った者の顔の上に。その顔は今、踏絵の木のなかで摩滅し凹み、哀しそうな眼をしてこちらを向いている。(踏むがいい)と哀しそうな眼差しは私に言った。

(踏むがいい。お前の足は今、痛いだろう。今日まで私の顔を踏んだ人間たちと同じように痛むだろう。だがその足の痛さだけでもう充分だ。私はお前たちのその痛さと苦しみをわかちあ

う。そのために私はいるのだから）

以上の箇所で踏むがいい（傍点は筆者）という言葉が、沈黙を破ってイエスの声として語られる。拷問の方法は「穴吊《あなづ》り」と呼ばれ、手足が動かぬよう簀巻《すま》きにして穴に逆さに吊られ、すぐには絶命させないよう耳の後ろに穴を開け、一滴ずつ血が滴るようにする。その小さな穴と鼻と口から血が少しずつ流れ出す、長時間の苦痛を伴う、井上筑後守が考案した拷問手段である。

ポルトガル司祭ロドリゴ神父が実際に踏んだ（一）の場面を補足しておこう。尿の臭《いば》いのする暗闇の牢に入れられたロドリゴの耳に鼾《いびき》が聞こえてきた。「尿でぬれた床に尻《しり》をおろし、司祭は馬鹿のように嗤《わら》った。人間とは何とふしぎなものだろう。あの高く低く唸っている愚鈍な鼾、無知な者は死の恐怖を感じない。ああして豚のようによく眠り、大きな口をあけて鼾をかくことができる。眠りこけている番人の顔が眼に見えるようである」。

ロドリゴ神父がこの鼾の不協和音に耐えられなくなった時、かつての恩師であり、すでに転び、棄教し、今は名を沢野忠庵と改めたフェレイラ神父が鼾の事実を教える。「あれは、鼾ではない。穴吊りにかけられた信徒たちの呻いている声だ」。フェレイラは続ける。

「わしもあの声を聞いた。穴吊りにされた人間たちの呻き声をな。……わしが転んだのはな、いいか。聞きなさい。そのあとでここに入れられ耳にしたあの声に、神が何ひとつ、なさらなかったからだ。わしは必死で神に祈ったが、神は何もしなかったからだ。……この中庭では今、可哀想な百姓が三人ぶらさげられている。いずれもお前がここに来てから吊られたのだが。……お前が転ぶと言えばあの人たちは穴から引き揚げられる。苦しみから救われる。それなのにお前は転ぼうとはせぬ。……たしかに基督は、彼等のために、転んだだろう。……基督は転んだだろう。愛のために。自分のすべてを犠牲にしても。……さあ、勇気を出して」。

そこにいた通辞も言った。「ほんの形だけのことだ。形などどうでもいいことではないか。形だけ踏めばよいことだ」。「今夜、お前はたしかに転ぶだろう」と通辞は言っていた。イエスがペトロに向かって、「お前こそ今日、今宵、鶏が二度鳴く前に、俺を三度拒むだろう」（マルコ一四章三〇節）と言ったように。そして、ロドリゴ神父が踏絵に足をかけた時、朝が来て、鶏が遠くで鳴いた。

†『ポセイドン・アドベンチャー』

ロドリゴ神父は確かに踏んだ。しかしこの踏絵はこうした極限状況における踏絵であった。極限状態で思い出すのは『ポセイドン・アドベンチャー』という映画である。

オリジナル版（一九七二年。ちなみに監督を替えて作られた二〇〇六年のリメイク版は、第二十七回ゴールデンラズベリー賞において、最低リメイク賞にノミネートされた作品）の内容は次の如し。

ポセイドン号はニューヨークからアテネに向け航海中であった。大晦日の真夜中、アテネで大地震、震源地はクレタ島沖、その津波に遇い転覆、生存者は僅か六名の物語である。ちなみにポセイドンはギリシャ神話の海の支配者で地震や竜巻など天災をもたらす短気な神。転覆と同時に、船は天井と床が逆になる。そこから脱出劇が始まる。

じっと動かず、下になった天井に留まり救助を待つ者多数。僅か十名だけスコット牧師と共に船尾の機関室を目指し脱出を試みる。船室の知識に関し重要な役割を果たすロビン少年、姉のスーザン、元警察官と元娼婦の夫妻ロゴとリンダ、イスラエルの孫に会いに行くマニーとベルのローゼン夫妻、独身のマーチンに歌手のノニー、そして船内の食堂で働くエイカーズ。

どんどん海水が浸入、沈みゆくポセイドン号の中で右に行くか左に行くか、上に昇るか下に降りるか、逆様になった船内での一刻を争う判断力と決断力の勝負！ 船尾に向かう十人のグループは、途中船首に向かう多数の集団に会う。しかし、下になった天井で救助を待った者も、船首に向かった者も、結果としては判断を誤り海の犠牲となる。

アカデミー賞を受賞したこの映画は勇気ある十人の、脱出への戦いにおける人間ドラマである。時にぶつかり合いながら、それぞれがそれぞれの役割を精一杯果たしながら、最後に救出されたのは十名のうち六名であった。

問題の場面は以下の如し。脱出に向け、戦い抜き、希望の扉がみえ始めた直前、ロビン少年が牧師に叫ぶ、「蒸気で前に進めないよ」と。牧師は不在の神に向かって叫ぶ、「まだこの上……私たちは神に頼らず自力でここまで来た。助けは請わない、だから邪魔するな！ やめてくれ、何人いけにえが欲しいんだ」と。そして、蒸気を止めるため、赤いバルブ（ハンドル）に飛び付き、ぶら下がりながらお叫ぶ、下は火の海、「何人の命を！　ベルを奪い、エイカーズも、リンダまで。まだ不足か！　なら私をやれ！」その時、蒸気は止まる。牧師は最後の力を振り絞る、「通れる！　行け！　ロゴ、後を頼む！」そう言い残して力尽き、火の海に消える。

†シモーヌ・ヴェイユと神の不在

火の海に消えたスコット牧師の神の不在への叫び、その《神の不在への叫び》について、思い出すのは、若き頃興味を持った思想家、シモーヌ・ヴェイユである。三十四歳の若さで生涯を閉じたが、持病の頭痛をかかえながら、頭脳明晰で、ソルボンヌ大学時代はボーヴォワールと共に学んだ。小説『ペスト』や『異邦人』の著者アルベール・カミュはシモーヌ・ヴェイユの思想と生き方に心打たれ、彼女の遺作を次々と出版させた。

哲学者ガブリエル・マルセルが「シモーヌ・ヴェイユを理解するためには、真理に対する飢餓、実在に対する渇きが必要である」と指摘しているが、彼女の行動自体、常識の埒外にあった。フーテンの寅やイエスの行動が常識をはみ出していたことはすでにみたが、三者とも「不幸」への共感と洞察において他者の追随を許さない。

ヴェイユは哲学者アランに師事し高校で哲学を教えることもあったが、後にユダヤ人であるため国立校教授の資格を剝奪される。パリの工場で女工として働いたり、義勇兵としてスペインの人民戦争に身を投じたり、まさに人生を前に前にと走り続けながら力尽きて息絶えた。

晩年、シモーヌ・ヴェイユが特に深く関わった人物は、マルセイユのドミニコ会修道院の院長であったペラン神父と百姓（農耕）哲学者で知られるギュスターヴ・ティボンである。ティボンは『愛の哲学』（三省堂）や『星の輝きを宿した無知』（みすず書房）の著者である。

シモーヌ・ヴェイユの『重力と恩寵』と題する書の中に珠玉のような言葉がちりばめられている。その中に《時間を捨て去ること》という項目があり、「清められるための一つの方法。神に祈ること。それも人に知られぬようにひそかに祈るというだけでなく、神は存在しないと思いつつ祈る」という言葉がある。マタイ福音書六章六節に「祈る時は奥まった部屋に入り、扉を閉め、隠れてまします神に祈れ」とあり、したがって「人知れずひそかに」祈ることは聖書に書かれているのだが、問題は「神は存在しないと思いつつ」祈るというひと言である。これまさに不在の神への祈りである。

言葉を換えれば、沈黙する神への叫びである。遠藤周作の『沈黙』における、踏絵を前にしたロドリゴ神父の沈黙する神への叫びであり、『ポセイドン・アドベンチャー』における、脱出を目前にした、スコット牧師の不在の神への叫びである。あるいは、最近翻訳されたマザー・テレサの私的書簡『来て、私の光になりなさい！』（女子パウロ会）に込められた、信仰の暗夜の叫びである。

それはまた、十字架上における、イエスの最期の叫び（「わが神、わが神、どうして私を見捨てられたのか！」）でもある。「アッバアッバ、父さん父さん」と呼びかけ、神の手の動くままに、自分を無化して、人間性の回復のために世の矛盾、世の不条理と戦い尽くしたイエスに対しても、神は深く沈黙する。

以前、アウシュヴィッツの広い広い敷地を歩きながら、人間について、神の沈黙について考えた。人間が人間に対して、かくも非人間的な、かくも残虐な行為がどうして可能なのか？　無念の死を遂げた数え切れない人々の叫び、ヒトラーの悪行三昧に対しても、神は不在であり、神は沈黙されるのか？　そこに北森嘉蔵のごとく神の痛み、神のつらさを読み取るかどうか、あるいはまた、遠藤周作のように「踏むがいい」とイエスの口から言わしめるかどうか、それもまた神は深く深く沈黙する。

なぜか？　神は人間に広大な自由を与え、人間の自由な決断に万事を委ねたからだ。神の似姿として人間が創られたという時、悪に身を委ね、何処までも何処までも落ちてゆくことを選択する、自由の決断の可能性の中に、神の無限性の似姿としての人間を垣間見ることができる。世界の中で、宇宙の中で神は深く沈黙する。人間の自由に花を咲かせるために。人間の責任に世界を委ねるために。

しかし、神の沈黙は神の不在を意味しない。否、神の沈黙こそ、神の存在への予感であり、神の存在の確信に通じる希望ではなかろうか？　M・ピカートは『沈黙の世界』の中で言う、「なるほど、喧噪は刻々に増大する。万事は喧噪のなかで集結し、喧噪の一部と化してしまう。しかし、恐らく、万事がそこに集結しているのは、一旦沈黙が喧噪を襲撃する時、あらゆる喧噪が相い接して並んでいて、一挙に撃滅され得るために過ぎないのであろう」。騒音の中に埋没している我々は、いつか顕れる「神の沈黙」の想像を絶する力を侮っているのかもしれない。

神は確かに、大虐殺を決心するヒトラーに対し、天から火を投じて滅ぼしたりはしない。しかし、神は、何が善で何が悪か、すべての人に良心を通して呼びかけておられる。神の霊、神の息吹を人間の魂に、そして心の奥に注ぎながら、正しい判断をするよう促しておられる。

神は確かに、踏絵を前にしたロドリゴ神父に、「踏めばいい」と、声に出して囁《ささや》きはしない。そしてまた、火の海に落ちてゆくスコット牧師を、重力に逆らって引き上げたりはしない。そしてまた、人間の閉鎖性と暴力性の前に、十字架上で殺害されるイエスを、天から手を差し延べて助け出しはしない。

しかし、沈黙の神は、イエスの生の全体を「よし」とし、イエスを放擲《ほうてき》することなく、復活させた。それはなぜか？　イエスのように生きる人、誠実に生きたが故に、神の不在に叫び声を上げる人、イエスのように冤罪《えんざい》に泣いた人、自然の猛威の前に、あるいは歴史の闇の中に圧し潰され葬り去られた、無念の死を遂げた人、寅さんのように、他者のための暇を生きる人、あぶくのような、ヤクザな人生に痛恨の涙を流す人、そうした人々を復活させるために。神の目的は、一人一人のかけがえなき人間に、終わりなき生き生きとした命、永遠の生命を与えることである、とヨハネ福音書は語る。

†パスカルの賭けと親鸞の賭け

神は望む、寅さんのように、他者のために時間を捨てる生き方を。イエスが生きたように、互いの足を洗い合い、他者の欠けた隙間を埋めてあげ、皆が普通の生活ができるよう、お互いを大切にしあう生き方を。しかしそうした生き方を拒絶する自由も人間には与えられている。良心に逆らい、悪を選び取る自由に底はない。果てしない奈落の底に沈みゆく、闇を選び取る決断に底はない。

神は一人一人が自由をどのように行使して、自らの人生を築き上げてゆくか、その全貌を予め予知されるが、しかし決して予定しない。運命は万事、一人一人の自由な決断に委ねられている。確かに神は沈黙する。深く深く沈黙する。ただ、キリスト教の眺めの中で、神の沈黙に対し二つのことを補足し得る。一つは第二章「(d) 天の風」で述べたごとく、人間の自由な決断の中に復活したキリストの風が吹く。神の霊が良き決断に、より人間として人間らしい決断に人間の心を促す。そしてもう一つは、神はイエスの死に対して、沈黙したまま放擲されなかったということである。

地上の世界では、自らの息吹を送りながら、人間の自由な決断を助けるという形で神は沈黙を破り続け、また一方、イエスを復活させることによって、人間をも復活させるという形で、隠れ給う神、知られ知られざる神は沈黙を破り続ける。

ところで、神は本当に存在するのだろうか？　哲学者は神の存在証明を試みる。よく知られているトマス・アクィナスやデカルトの神の存在証明がある。哲学者は神（無限なる絶対者にして超越者、一切の根拠であり根源、存在そのもの）と対峙《たいじ》する。科学者もまた然《しか》りである。

ビッグバン理論の提唱者はルメートルという一人の神父である。先日、ベルギーのルーヴァンにあるルメートル研究センターに滞在中の友人、科学哲学者原田雅樹からメールが届いた。そこには、「最近、ホーキングが宇宙の誕生に神は必要ないといった本を出版し、話題を呼んでいます。ルメートルが、ビッグバン理論を唱え始めた時から、宇宙の始めと創造を区別しなければならないと強調していたことには興味をひかれます」という内容が書かれていた。《宇宙の起源》とキリスト教的《無からの創造》の問題も容易ではない。創造における神の意志については、第四章「（c）創造における神のユーモア」で語ろう。

マクロの世界のみならず、ミクロの世界も神と対峙する。最近のｉＰＳ細胞の発見は未来に夢を投じた。しかし、なぜ四つの遺伝子だけでｉＰＳ細胞が作られるのか、その仕組みは解明されていない。生命の謎は深まるばかりであり、山中伸弥教授が指摘するように、人間のからだは測り知れない能力を秘めており、我々の知っているのはほんの僅かであり、未だ解っていないことだらけである。ミクロの世界の背後にも、やはり神の問題が潜む。

神は存在するのか、しないのか？　神が存在しなければ、神の沈黙も痛みも問題にならない。第六作「純情篇」の中で、寅さんがこんな言葉を発する場面がある、「そうよ、人生は賭けよ！」人生の途中、人は不安を抱きながら、危険を覚悟で賭けに出なければならない決断の時がある。

寅さんの「人生は賭けよ」は言い得て妙である。

神の存在もある意味で、賭けである。神無しに賭けるか、神在りに賭けるか、どちらに賭けても大事なことは生き方自体である。確かにどちらを選ぶかで生き方は変わってこようが、要は人間という土俵の上の勝負である。

私たち日本人は、神在り、神無しを理論的に追求するというような精神構造に馴染まない。ただ漠然と大いなる存在を背後に感じ手を合わせる、という仕方が通常である。「なにごとの　おはしますかは　知らねども　かたじけなさに　涙こぼるる」（西行法師）、といった仕方で。あるいはまた、「いだかれて　ありとも知らず　おろかにも　われ反抗す　大いなるみ手に」（九条武子）、といった仕方で。和辻哲郎が『風土』で指摘するように、モンスーン的風土、砂漠的風土、牧場的風土では、信仰の在り方も異なってくる。

神在り、神無しを「賭け」という観点から思索した人物がいる。それはパスカルである。第十六作「葛飾立志篇」の寅さんと礼子の対話の中に出てくる「人間は考える葦《あし》」で有名なパスカルである。物理学者、数学者にして哲学者であるパスカルの賭けに関しては、古くから多くの議論が重ねられてきた。

『パンセ』の中で、パスカルは「神在りも不可解であり、神無しも不可解である」と語るが、要するに確率論の創始者の一人であるパスカルの論理は、神在りによって得られる幸福は無限であるのに対し、神無しによって得られる幸福は有限である。無限と有限は天と地の隔たりがある。

それ故、もしかりに神在りの確率が一パーセントに過ぎないとしても、無限の前には無に等しい有限に賭けるよりは、無限の幸福の可能性を秘める神在りに賭けよ、もし外れても損するものは何もない、というのである。

一方でまた、ひとえに法然に賭けた親鸞の賭けがある。『歎異抄』の中に、よく知られた次の箇所がある。「親鸞にをきては、たゞ念仏して弥陀《みだ》にたすけられまひらすべしと、よきひと（法然）のおほせをかぶりて、信ずるほかに別の子細なきなり」。また、「たとひ法然聖人にすかされまひらせて、念仏して地獄におちたりとも、さらに後悔すべからずさふらふ」。

かの有名な「悪人正機」の説も、仏教の常識としては、浄土宗（法然）は善先悪後であり、浄土真宗（親鸞）は悪先善後といわれるが、『歎異抄』で語られる親鸞の言葉に耳を澄ます時、「悪人正機」もまた法然から来ていることが窺える。今もう一度虚心坦懐に親鸞の言葉に耳を傾けてみよう。

善人なをもて往生をとぐ、いはんや悪人をや。しかるを世のひとつねにいはく、悪人なを往生す、いかにいはんや善人をやと。この条、一旦そのいはれあるににたれども、本願他力の意趣《いしゅ》にそむけり。そのゆへは、自力作善《じりきさぜん》のひとは、ひとへに他力をたのむこゝろかけたるあひだ、弥陀の本願にあらず。しかれども、自力のこゝろをひるがへして、他力をたのみたてまつれば、真実報土の往生をとぐるなり。煩悩具足のわれらは、いづれの行にても生死《しょうじ》をはなるゝことあるべからざるをあはれみたまひて、願をこしたまふ本意《ほんい》、悪人成仏のためなれば、他力をたのみたてまつる悪人、もとも往生の正因《しょういん》なり。よて善人だにこそ往生すれ、まして悪人はと、おほせさふらひき。（傍線は筆者）

「善人だにこそ往生すれ。まして悪人は」と仰せられたのは法然でなくて誰であろう。親鸞の賭けはゆるぎない法然への絶対憑依《ひょうい》の賭けであった。

『パンセ』で語られる、神在りに賭けるパスカルの賭けがある。『歎異抄』で語られる、法然に賭ける親鸞の賭けがある。神の在る無しも賭けならば、信仰もまた、ある意味で賭けである。要は決断であり、親鸞の如き「罪悪深重《じんじゅう》」の自覚であり、嘘の無い正直な生き方である。

『男はつらいよ』にならい、「神はつらいよ」と題して考察を試みた。神在りに賭けた時、神の痛み、神のつらさも問題になる。神様自身は「私はつらい」とも「私は痛む」とも溢《こぼ》す訳ではなく、どこまでも深く沈黙されるが。野の花・空の鳥の話の中でイエスが啓示する神、からすという、人々が忌み嫌う鳥も、明日は投げ捨てられる粗末な野の花も、かけがえのない大切な大切な存在として養い育ててくださる神、ましていわんや人間をどれほど大事に思っていることか。その神を、我々はすっかり忘却しているのではなかろうか？　現代人に忘れ去られてしまった神、我が子から無視される父親の如く、神は寂しく、つらいのかもしれない。

目を疑うような、非人間的な事件の連続。かつては存在した沈黙の世界は失われ、情報と騒音に疲弊《ひへい》した現代人の病根は深く、「私は大丈夫」と思っている人こそ、明日は我が身であり、誰もが誘惑に晒《さら》されている。このような現実に対し、神はつらいと言うよりも、現代という病の中で、取り返しのつかない失敗をしてしまった者、絶望のどん底にある人に向かって、負けても負けても起き上がるよう、自らの息吹を送って力づけてくださっているに違いない。

我々が忘却した神。その神は昔、モーセを通して自らの名を名乗った。その名は、「在る者」、「在りて在る者」すなわち、ヘブライ語で「エーイェ　アシェル　エーイェ」である。ヘブライ語で表記すれば明確であるが、神の名は、G・ジョシポヴィッチが指摘するごとく、「言葉としては、限りなく純粋で、呼吸に近く、言語音を作ることもなく、音の切れ目も全くない。神の息遣いは（h）音と（sh）音の繰り返しである」（*The Book of God* p.74.）。とすると、神を忘却したかの我々は、呼吸するたびに、知らずして神の名を呼んでいるのかもしれない。

神はつらいと言っても、神のつらさは、人間のつらさのように行き詰まった遣る瀬ないつらさではなく、その奥に果てしない余裕を湛《たた》えるつらさであろう。それはあたかも、神の活動の奥に無限の憩いが存在するように。そこでこれから第四章において、神のつらさの背後にある、汲み尽くせないユーモアについて、寅さんとイエスに注目しながら考えてみよう。

第四章

「ユーモア」について

この本を書き始める以前、長年に亘り書いてみたいなと考え続けていたテーマは、まさにこの章の寅さんとイエスのユーモアである。今、第三章まで書き上げ、振り返ってみると、思いのほか筆が進み予定の紙数をはるかに超えてしまった。そこでここでは、第三章までの文章の中で、ほぼ無意識的に「これについては第四章のユーモアの箇所で扱う」と記してしまった事柄に限定して、簡潔にまとめ上げよう。読み返してみると、次の六箇所がそれに該当する。

（一）第六作「純情篇」における、夕子の風呂をめぐる場面

（二）第八作「寅次郎恋歌」で飈一郎《ひょういちろう》の「りんどうの話」を寅が受け売りして、とらやの茶の間で語る場面

（三）第十作「寅次郎夢枕」の岡倉先生の恋

（四）ルカ福音書の「放蕩息子」と法華経の「長者窮子《ぐうじ》」の譬え話

（五）マタイとルカ福音書の「笛吹けど踊らず」の箇所

（六）創造における神の意志の問題

前半の（三）までが寅さんのユーモアに関わる話であり、後半の（四）以降がイエスのユーモアに関わる話である。

1　寅さんの場合

(a) 夕子の入浴をめぐる会話

［状況］

寅が旅に出ている間に、とらやのおいちゃんとおばちゃんが寅の部屋に、おばちゃんの遠縁に当たる夕子（若尾文子）を下宿人として入れる。突然旅から帰って来た寅は、美しい女性が下宿人だとは知らず、自分の留守に下宿させたことを拗《す》ねて、とらやを飛び出そうとする。

第五作「望郷篇」でも同じ場面がある。飛び出し際《ぎわ》、寅は「出ていくよ。俺が出て行きゃいいんだろ。どうせ俺は邪魔者だよ、さくら、止めるなよ、おりゃもう二度とこの家に帰って来ないからな、ええ……こんな心の冷てぇ人間の住む所によ、さくら、止めるなよ、畜生、おりゃ本気だからな、止めるなよ、止めるなよ！」と語る。

そして今、第六作でとどめの一発、思わず笑ってしまう寅のひと言、「夏になったら必ず帰って来るあの燕《つばくろ》さえも、何かを境にバッタリ姿を見せなくなることもあるんだぜ」。こう言い終わるか終わらぬ時、雑貨屋にちょっと買い物に出かけていた下宿人夕子が戻って来る。寅との初対面である。美しい夕子に一瞬にして心をときめかせた寅は、とらやを出てゆくのを急遽思いとどまる。

［とらやの茶の間］

ある夕べ、夕子の入浴場面がある。とらやの風呂は木製の昔の五右衛門風呂に近く、台所からガラス戸越しに、脱衣の姿がほんのわずか映る。美女の入浴を想像しながら、寅とおいちゃん（森川信）の実にユーモラスな対話が始まる。

夕子　すいません、じゃお先に頂きます。

寅　どうぞ、あのー汚い風呂ですけど、我慢して下さいねぇ。何しろこのうちは生活が貧しいもんですから。

（夕子、寅を見て笑いながら風呂場に入り、ガラス戸を閉める。セーターを脱ぐ姿がガラス戸越しに薄《うつす》らと映る。寅、ちらっと見て、慌てて卓袱台《ちゃぶだい》に戻る。おいちゃんは只管《ひたすら》新聞を読んでいる。寅、もう一度ガラス戸越しに夕子が映ってないか、風呂の方を見る。その時、夕方の六時を告げるお寺の鐘が鳴る）

寅　なんだ、おいちゃん、何考えてるんだ、うん。

竜造　おめぇとおんなじことよ。

寅　いー、いい年してなんだよー、きき、きたねぇよー、考えてることが不潔だよー、まったくなぁ、あー、俺は恥ずかしいなぁ、こんないやしい爺《じじ》ィが俺の身内だと思うとよー。

竜造　何言ってるんだ、このバカ！　俺はただねぇ、あー今日も日が暮れたなぁと、ただそう思ってただけじゃねぇか。それがなんできたねぇんだい。

寅　嘘だよー、ウァハハハ隠したってだめだよー、今その口で言ったじゃないか、俺と同じ考えだって。そうだろハハハ。

（寅、さくらの方を見て「なぁ、あれ！」「なぁ」と言った瞬間、寅は自分の早とちりに気づく。さくら、無言のまま寅の方を見、お兄ちゃんの愚かさに呆《あき》れながら今度はおいちゃんの方を見る。このさくらの、何とも情けない兄への悲しみすら含んだ無言の動作もユーモラスである）

竜造　そうか、おめぇそういうことを。わかったよ。へぇ、汚ねぇのはてめぇじゃねぇか、恥ずかしいのはこっちの方だい。

おいちゃんと寅の会話はいつも実に愉快である。残念ながら、森川信のおいちゃん役は第八作で終了する。以後十三作まで松村達雄、その後最終作まで下条正巳が演じるが、それぞれに面白さの味が異なる。

森川信は六十歳で急逝するのだが、おいちゃんを失った寅さんも、そして鹿児島でのロケ先から帰る列車の中で訃報に接したという渥美さんも、どんなに悲しく、どんなに寂しく、どんなにつらかったことだろう。

「バカだねぇ」「バカだねぇ、あいつは」「バカだねぇ、まったく」「おれ知らねぇよ、おら」「知らねぇぞおら、知らねぇよ」「あーいやだ、あーいやだ。バカだねぇ、どこまでバカなんだろうねぇ」「おい、まくら、さ、あ、いやいやまくら出してくれよ」「まくら、さくら出しておくれ」。

こういった何ともユーモラスな言葉や言い回し、そして寅さんとのユニークな絶妙のやり取りが、第八作をもって早々と終わってしまったのは返す返す残念である。

この第六作での夕子の入浴をめぐる二人のやり取りも実に滑稽で笑いを禁じ得ない。夕子が湯《ゆ》浴《あ》みする姿を想像する寅。おいちゃんに今何を考えているのかと問えば、お前と同じだという。俺と同じなら、おいちゃんも美しい夕子の入浴シーンを思い浮かべていることになる。まあ、人間考えることは同じようなものだが、この時はたまたま、おいちゃんは夕子の裸ではなく、お寺の鐘を聞きながら「今日も日が暮れたなぁ」と考えていたという。森川信だから、二倍三倍面白く伝わってくる。

美しい女性の湯浴み姿を見たなら、たいていの男性は心奪われるものだ。それは仕方のないことだが、寅さんのように程々の想像が健康である。チャップリンの「ライムライト」に「人生に必要なものは勇気と想像力と少しばかりのお金だ」という言葉がある。至言だが、そのように生きることは至難のわざであり、多くの人はどこかでバランスを欠く。

それにしても、ユーモアとは不思議である。寅の愚かさ、アンバランスの中にユーモアを感じ取る者もおれば、感じ取れない者もいる。その人の人生経験、悲しみや苦しみ、自己の弱さに打ち拉《ひし》がれた苦い体験を潜り抜け培った、人間把握の如何《いかん》に係ってくるのだろう。

(b)「りんどう」と坊さんの話

†りんどうの話

寅さんのユーモアの一つに、誰かから聞いた言葉を、自分なりに解釈して、出会う具体的な一人一人に応じて、巧みに熟《こな》す得意わざがある。その典型的なものが、博の父で北海道大学名誉教授の颷一郎の言葉の聞きかじりである。タンカバイで鍛えた言葉の魔術師、その語り口は、まさに誰かが表現したように、時にオペラのアリアのようであり、時に落語の独演会のようである。颷一郎から聞いた「りんどうの話」（103–104頁参照）は、ある時は恋しい貴子（池内淳子）との語らいの中で（106頁参照）、ある時はとらやの団欒《だんらん》の中で展開してゆく。りんどうの話が、どのように変形し、かつ新しく生かされているか、とらやの団欒を例にとって検討しよう。

寅　例えば日暮時、農家の畦道を一人で歩いていると考えてごらん。庭先にりんどうの花が溢《こぼ》れるばかりに咲き乱れている農家の茶の間。灯りが明々と点《つ》いて、父親と母親がいて、子供がいて、賑やかに夕飯を食べている。これが、これが本当の人間の生活というものじゃないかね。君！

博　えっ、まぁ、その通りですね。

さくら　お兄ちゃん、本当よ。とってもいいこと言うわ。

寅　俺もいろいろ考えたからなぁ。

つね　ちょっと悪いけどねぇえ、親子で晩ご飯食べてるだけのことで、なんでそんなに感心するんだい。

竜造　そうよ、何処でもやってるじゃねぇか、それぐらいのことは。

寅　ただ食べてるんじゃないんだよ。庭先にりんどうの花が咲き溢れていたの。

つね　りんどうの花だったら、うちにも咲いてるよ。
寅　電気が明々と点いてさ。
竜造　夜になりゃ、電気点けるだろう。何処でも。
寅　あーわかってないなぁ。これだから教養のない人はいやなんだよ。話し合えないという感じがするものねぇ。なぁ博君。
博の父の「わかるね、寅次郎君」という口振りまで真似して「なぁ博君」はみごと！
博　えっ、そうですね。つまり、兄さんの言いたいことは、平凡な人間の営みの中にこそ、幸せがあるとでもいうのかなぁ。
寅　そう、いとなみ。
博　言ってみれば、人間には人間の定められた生活があるということじゃないですか。
寅　そうそう。
竜造　あ〜〜〜。
寅　わかんないんだろうねぇ。
日常の、平凡さの中に輝く非凡さが、心に滲みてくる詩がある。ヴェルレーヌが、獄中から見える景色と、音と風だけを頼りに書き記したものである。『叡智』の中のこの一編を河上徹太郎が上手に訳している。

空は屋根の彼方で
あんなに青く、あんなに静かに、
樹は屋根の彼方で
　枝を揺がす。

鐘はあすこの空で、
　やさしく鳴る。
鳥はあすこの樹で
　悲しく歌う。

ああ神様、これが人生です、
　卑《つつ》ましく静かです。
あの平和な物音は、
　街から来ます。

——どうしたのだ？　お前は又、
涙ばかり流して？

さあ、一体どうしたのだ、
お前の青春は？

恋しい貴子との語らいの中では、颱一郎から聞いた「りんどうの話」は、旅の孤独、寂しさを貴子の心にしみじみと染み入らせる。豊かな譬えの連想で女心を摑《つか》むことにかけては、寅は他の追随を許さない。第三十六作「柴又より愛をこめて」で、式根島の小学校の先生になった真知子（栗原小巻）は、海を眺めながら、ふと島での生活の寂しさを寅にもらす。その時、寅は、旅の孤独をりんどうの話でもって貴子に語ったように、今度は次のような譬えで真知子の心の琴線に触れる。

「たとえば、田舎の町を旅してるとしますか。西の空がこう真っ赤に焼けてねぇ、お寺の鐘がゴーン。前掛けかけたおっかさんが「いつまで遊んでるんだよ、ご飯だよ」。子供たちが「さよなら三角またきて四角」。自分たちの家へみんな帰って行っちゃうんですよねぇ。もうあとにはだーれもいねぇ。そんな景色を見てますとね、妙に寂しい気持ちになったりしましてね」

こうしみじみと語りかける寅に対し、真知子は尋ねる。「寅さん、もしかしたら独身じゃない？……やっぱり。首筋のあたりがねぇ、どこか涼しげなの。生活の垢《あか》が付いてないって言うのかしら」。

寅のような譬えを、そしてまたイエスのような譬えを、咄嗟に語れる者がいるだろうか。両者は比類なき譬えの名人である。

貴子とのしみじみとした恋の語らいに使った「りんどうの話」は、とらやの茶の間においては、何ともユーモラスな雰囲気を作り出す。おいちゃんとおばちゃんは、ちっとも理解してくれないが、博が寅以上に寅の言いたいことを補足してくれる。実にユーモアと笑いに満ちた会話が続く。おいちゃんとおばちゃんは本当に寅の言っていることがわからないのだろうか？　わかっていて寅をおちょくっているのだろうか？　どちらにしても面白い。平凡な生活を営んできた夫婦ゆえ、旅の経験は少ない。だから本当にわからなかったのだろう。

旅人であった寅は、颱一郎以上に、旅の孤独の経験だけは、いやというほどしてきたことだろう。寅さんのユーモアはこの深い孤独の体験に裏打ちされているのではなかろうか。その味が醸《かも》し出されるのは、寅さんを演じる渥美清自身の孤独の体験から来るものであろう。

†坊さんの話

博の父颱一郎の話にすぐ影響される寅は、第二十二作「噂の寅次郎」でも颱一郎から聞いた『今昔物語』が寅流に変形され、ユーモアと共に語られる。また第十六作「葛飾立志篇」では、十五年ほど前の知り合いである、お雪さんの墓参りに山形まで出向いた際、そこで出会った和尚（大滝秀治）の話が起爆剤となる。

寅　和尚さん、私にはお雪さんの気持ちがよーくわかります。私も学問がないから、今までつらい思いや悲しい思いをどれだけしたかわかりません。本当に私のようなバカな男はどうしようもないですよ。

和尚　いや、それは違う。己《おのれ》の愚かさに気がついた人間は愚かとは言いません。己を知る。これが何よりも大事なことです。己を知ってこそ、他人も知り世界を知ることができるという訳です。あなたも学問をなさるといい。四十の手習いといってなぁ、学問を始めるのに早い遅いはない。「子曰《のたま》はく、朝《あした》に道を聞けば夕《ゆうべ》に死すとも可なり」。物事の道理を極め知ることができれば、いつ死んでも構わない。学問の道はそれほど遠く険しいという訳だ。

柴又に帰った寅は、この和尚から聞いた「己を知る」と、論語の「朝に道を聞かば夕に死すとも可なり」をさっそく応用する。喫茶店で出会った、若き考古学研究者礼子（樫山文枝）には、「姉ちゃんは何のために勉強してるんだい」と尋ね、答えに困っていると、「己を知るためよ」と一喝。

御前様の親戚の礼子は、寅の知らぬ間にとらやに下宿しており、その晩の茶の間は大盛り上がり。今度は「朝に道を聞かば」をめぐって、寅独特の解釈が披露され、話はどんどん展開し、タコ社長も交え、爆笑の渦。会話の最後は礼子が締め括る。

博　これから兄さん、考えるんですか。

寅　あー、バッチリ考えるよ。

礼子　大事よ、考えるって。ほら、人間は考える葦《あし》だっていうでしょ。

寅　えっ、誰がそんなこと言ったの？

礼子　西洋の偉い哲学者。

寅　はー、偉い人は足で考えるのかねぇ。俺は頭で考えるのかとずっと思ってたよ。

和尚の話の聞きかじりから、ユーモアが次々と連発されるのだが、和尚と寅の組み合わせは『男はつらいよ』全四十八作を通じ、笑いの種を作り出している。ここでその幾つかを示してみよう。

第二十二作「噂の寅次郎」では、蓬萊橋《ほうらいばし》の上で僧侶と擦れ違う。見知らぬ僧侶の擦れ違いざまのひと言「もし、旅のお方」「何か？」「誠に失礼とは存じますが、あなたのお顔、女難の相が出ております。お気をつけなさるように」。寅は神妙に答える。「わかっております。物心ついてこのかた、そのことで苦しみ抜いております」。頷く僧侶。左手で拝みつつ、「では」と別れを告げる寅。笑いが込み上げてくる光景である。

第三十五作「寅次郎恋愛塾」の冒頭の無言の映像も滑稽である。田圃《たんぼ》が連なる田舎道を歩いてゆく寅。一人の僧侶に道を尋ね、僧侶が導いているのか、寅はうしろに付いて歩いている。反対方向から、一人の上品な着物姿の女性が日傘をさして近づいて来る。手には彼岸花のような赤い花を持っている。その美しい女性と擦れ違う二人。女が僧侶に軽く会釈。通り過ぎる女の後ろ姿を、十秒近く目で追い続ける二人。

寅の方が先に我に返り、元の方向に振り返って歩き始めると、なお佇《たたず》む僧侶にぶつかる。謝る寅。それでもまだ女の後ろ姿を眺め続ける僧侶。寅、僧侶の肩を叩く。やっと我に返る僧侶に寅が何か忠言したのか、決まり悪そうに逃げ出そうとする僧侶。執拗にからかう寅。走って逃げ回る僧侶。ユーモア溢れる無言劇である。僧侶とて人間、いやいや僧侶こそ人一倍煩悩との葛藤でどうにもならない姿に笑いがこぼれる。

僧侶と言えば、全作品を通じ、帝釈天の御前様（笠智衆）と寅のやり取りは味わい深い。子供の頃から御前様には頭が上がらない寅である。第三十二作「口笛を吹く寅次郎」は、おそらく全四十八作中、最も抱腹絶倒を誘う作品であろう（以前オタワで、数年勉強していたある冬の日、近くの公民館で上映されたこの一本、日本語に飢えていたこともあって、笑い転げ、疲れを癒す最良の清涼剤となった）。寺の娘で未亡人の朋子（竹下景子）に恋をした寅は、結婚して住職になる決心をする。とらやの面々に相談しても埒が明かず、結局御前様に相談するのだが。

（さて、題経寺〔通称・帝釈天〕の住職・御前様の登場である。とらやに御前様がやって来る）

御前様　仏教における修行とは、煩悩を断ち切るための命懸けの闘いです。寅の如き煩悩が背広を着て歩いているような男が、どうして修行ができますか。

（おいちゃん、おばちゃん、さくら、皆一緒に「ごもっともでございます」と頭を下げる）

御前様　本人たっての願いゆえ、修行の真似事をさせてはみましたが、三日で音《ね》を上げる始末。

おばちゃんとさくらは「申し訳ございません」と謝り、おいちゃんは笑いをこらえながら、「三日坊主とはこのことでございますね」と言う。御前様、「冗談を言ってる場合ですか。困った人たちだ。当分、寺への出入りを差し止める、左様申し伝えなさい」と言い残し、「困った……」と呟《つぶや》きながら寺へ帰って行く。

道すがら、美しい女性と擦れ違う。朋子である。寺の娘故、自然に見知らぬお坊さんに会釈する朋子。気品ある美しさに御前様うしろを振り返り、朋子の後ろ姿をついニヤニヤしながら追う。「いかん、修行が足りん」と自分に言い聞かせる御前様。頭をかきながら自己反省しつつ寺へ帰る。

愉快な場面であるが、江戸川の土手に寝転んでの源公との対話もユーモアに満ちている。源公、朋子の写真を見ながら、「美人やなぁ、この人が兄貴に惚れてるんでっか」と尋ね、「まあな」と答える寅。「ほな、結婚するんでっか?」と源公。

寅　そうはいかない。その人と一緒になる為には坊主になる資格を取らなきゃいけない。それは簡単にはできない。

源公「でも兄貴、愛があれば何とかなるんやないか」と質《ただ》す。そこで寅のとどめの一発。「それは若者の考えることだ。俺くらいの分別が出てくると、そうは簡単にはいかない。お前たち若者が羨ましいよ。うん」。笑ってしまう。寅さんが言うから笑うのだ。同じ言葉を語っても、それが快い笑いに繋がるユーモアとなるかどうかは語り手と聞き手の全人格、丸ごとの風貌と密接に関わっている。なぜなら漱石が指摘するごとく、ユーモアとは「人格の根底から生ずる」ものだからである。

寅が帝釈天で産湯を使ってから、ずっと温かい眼差しで見守ってきた御前様の優しさが、寅との直接の会話以外にも、言葉の一つ一つから伝わってくるが、第三十五作「寅次郎恋愛塾」にも、御前様とさくらとの面白い対話がある。

この物語は、上五島で行き倒れた老婆（初井言榮）を寅が仲間のポンシュー（関敬六）と共に助け、その晩、年寄りの家で酒盛り、楽しいひと時を過ごすのだが、その夜突然老婆の具合が悪くなる。そしてロザリオを手にアヴェマリアを唱えながら、「寅さんじゃったねぇ、あんたにも神さまのお恵みがありますように」と祈りつつ息を引き取る。

土葬の埋葬作業を手伝い、葬儀のミサで東京から急遽《きゅうきょ》帰って来た孫娘の若菜（樋口可南子）に出会う。その後、東京で若菜と再会し、寅は次第に恋心を抱いてゆく。その状況下での御前様とさくらの対話である。

御前様　あっ、さくらさん。

さくら　ご無沙汰しております。お変わりありませんか。先日、兄が帰って参りまして。

御前様　うん、私に挨拶に来たよ。

さくら　あら、うかがったんですか。

御前様　うん、訳あって、耶蘇《ヤソ》教に宗旨《しゅうし》変えしたいから、よろしくなどと言っとった。

さくら　まぁ、何てことを。申し訳ありません。どうせ気紛れだと思います。

御前様　あれが幸せになるなら、何を信じようと構わんが、あの難儀な男を教会が引き受けてくれるかどうか。

「一度相談してみます。どうもご心配おかけしまして、失礼します」と言いつつ立ち去るさくら。その後ろ姿を見つめながら、御前様がポツリ、「しかし、キリスト様が見離したら、もうおしまいだな、あの男も」

若菜への熱い思いが、若菜と同じ信仰に生きようとして、寅さんの宗旨変えに繋がるのだが、渥美清逝去後、付き人の真心が伝わってくる著作『生きてんの精いっぱい』（篠原靖治著、主婦と生活社、一九九七年）を読む。その中に次のような内容が記されている。

「あの無神論者だった渥美さんが、亡くなる直前にクリスチャンの洗礼を受けたことでも、正子さんに捧げた愛の深さがわかります。白百合出身で学生のころからクリスチャンだった正子さんと、天国に行ったあとも結ばれていたい、たとえこの宇宙が消えてなくなっても、いつまでも二人三脚でいたい――と、人生の最後の最後で、そう願ったからに違いないからです」

黒柳徹子いわく、渥美さんは死に至るまで、家に帰って来ると、玄関で奥さんを「ぎゅっと」抱きしめていたという。二人の子供たち（健太郎・幸恵）は、小さい頃は笑って見ていたのだが、少し大きくなると恥ずかしそうに見つめ、晩年はそっと二階に上がったそうだ。何と微笑ましい話であろう！

「りんどうの話」に始まって、和尚さんの話など、思いつくままユーモアに関わる物語やエピソードを述べてみた。坊さんと寅さんに続き、今度はインテリと寅さんにまつわる笑いを眺めてみよう。

(c) インテリの恋

寅さんの周辺にはなぜかインテリが多い。芸術家としては、歌子(吉永小百合)の父の小説家高見修吉(宮口精二)、日本画家池ノ内青観(宇野重吉)、陶芸家加納作次郎(十三代片岡仁左衛門)。大学教授としては、博の父飈一郎(志村喬)、礼子の恩師である考古学者田所教授(小林桂樹)、そしてこれから語る物理学者岡倉先生(米倉斉加年)などである。

さて、寅さんはこうしたインテリとすぐ仲よしになる。それは、さくらの息子満男が第三十六作「柴又より愛をこめて」で「おじさんのやることは鈍くさくて、常識はずれだけど、世間体なんか全然気にしないもんなぁ、人におべっかを使ったり、お世辞を言ったり、おじさん絶対そんなことしないもんなぁ」と子供ながらに語るように、有名な芸術家であろうが、大学教授であろうが、相手がいわゆる一流であっても、一切付き合い方を変えず、どこまでも一人の人間として向かい合う姿勢が、逆にインテリの方も心惹かれ、両者を結びつける。

インテリの恋も何作か語られる。先ほど挙げた田所教授の、教え子礼子(樫山文枝)への恋や、遠山の金さんも知らず、ひたすら司法試験に挑戦中のインテリ民夫(平田満)の若菜(樋口可南子)への恋。前者は実らず、後者は実る。後者すなわち民夫の恋が実るということは、宗旨変えまで考えた寅さんの若菜への恋は破れるということになるのだが。寅の恋は横恋慕をせず、相手が恋に悩み苦しんでいることを感じるや、潔く恋人を相手に譲る。

第十作「寅次郎夢枕」は、すでに第三章の「（b）別離のつらさ」の箇所で触れたが、全作品中唯一、マドンナの方が積極的に恋の告白をする作品である。マドンナは千代（八千草薫）であるが、もしこの時寅さんが素直に幼馴染みのプロポーズを承諾しておれば、お千代坊と共に、幸せな人生を送っていたこと間違いなしだろうと、私はしみじみと思うのである。もっとも、お千代坊と結ばれていたら、この作品に続く第十一作「寅次郎忘れな草」において、かのリリーとの出会いも実現しない訳だが。

さてすでに紹介した岡倉先生が、ちょうど千代がとらやに来ているところに、東京大学で素粒子論の講義を終え帰って来る。さくらが二人を紹介する。その時、先生の千代を見つめる尋常でない眼差しの中に、寅は一瞬にして、岡倉先生〝恋に落ちたり〟と悟る。確かに一目惚れである。おっとりした千代はそのことに気づかないが、岡倉先生の一連の仕草の中に、インテリが突然恋に落ちたことを、その場にいた源公も気づく。インテリのぶざまな恋の姿に、ざまあみろとばかりに面白がる寅と源公。その二人を見ても千代はまだ気づかない。

ある日のとらやの夕飯時、ほろ酔い気分で戻って来た寅。「何してたの？」とさくらが聞くと、「お千代坊とよ、二人で差し向かえで一杯飲んでたよ」と答える。とらやの家族と一緒に食事をしていた下宿人の岡倉先生、思わず茶碗を落とす。千代という名前が出るだけで落ち着かない先生。「お兄ちゃん、お千代さんの所はね、女所帯なんだから、図々しく押し掛けたりしちゃご迷惑よ」とさくら。

「バカヤローお前、あいつと俺とは幼友達でしょ、大丈夫だよ」と答えながら、岡倉先生の顔色を悪戯《いたずら》っぽく観察する寅。「あ、そー、岡倉先生のこと、褒めてたなぁ、さすが大学の先生だって、立派で真面目そうな人だって言ってたなぁ。好感持ってるんじゃないかなぁ」と、先生の恋心に拍車を掛ける。先生はその言葉に目が眩《くら》み、冷静さを失い、灰皿の煙草をおかずと間違えて口に入れてしまう始末。

ある別の日のとらやの夕餉《ゆうげ》、「これは一目惚れだよ。一度会ったらもう忘れることができない。寝れば夢、覚めてはうつつ幻の、今の先生はそれよ。俺はそっちの方の勘《かん》は鋭いのよ」と語る寅に、「いくら何でも、そんなこと」と否定するさくら。おいちゃん（松村達雄）も「あの先生の頭の中には、難しい学問が一杯詰まってるんだよ。色恋なんかするもんか、お前じゃあるまいし」と、寅の岡倉先生一目惚れ説を否定。

「妙なこと言うねぇ、それじゃ何かい、俺みたいな下等な人間だから恋をして、先生みてぇな上等な人間は恋をしないと、おいちゃんはこう言うのか」「あーそうだよ」「じゃ恋は下等な人間のするものか」「決まってら」と二人の論争は続く。そこへ博の分別あるひと言、「それは違うなぁ、おいさん。人間は誰だって恋をしますよ。恋愛というのは人間の美しい感情ですからねぇ」。この言葉に対し、満足そうに相槌を打つ寅。

そうこうしているうち、ある日、岡倉先生、とうとう恋の病に寝込んでしまう。「寅さん、君は今までに恋をしたことがありますか」「さぁねぇ、あるんじゃない、そういうことは」「それなら、今の僕の気持ちが理解してもらえるかもしれませんね。僕はね、今までに恋を研究したことがないもんだから、よくわからないんですよ」。

インテリと寅さんとの軽妙なユーモアに満ちた会話が続く。益々《ますます》混乱、いや錯乱してくる先生の姿に接し、今迄面白半分でからかってきた寅だが、急にこのインテリを気の毒に思い始める。寅には痛いほど身に覚えのある経験である。そこで寅は岡倉先生のために恋の使者に立つ決心をする。寅自身、幼馴染みのお千代さんが好きで好きでたまらないのだが。

そうしたある日、千代とのデートが実現。橋の上での寅さんと千代との対話。

千代 用があるって何のこと。歌ばかり歌ってないで話してよ。

寅 ……どうもちょっと言いにくいんだよな、これがなあ。

千代 でも、御飯食べて、お茶飲んで、もうかれこれ四時間もたってるのよ。

寅 あ、もうそんなにたっちゃった。じゃ面倒臭いから今日は打ち切りにして帰るか。行こうか……

千代 そんな、折角お店を休みにして出て来たのに。

寅 そうか、はー、何を言ったらいいもんかなあ。……大方察しがついてるだろう、お千代坊は勘がいいから、え。

千代 そりゃあ、まぁ何となく。

寅　それだよ、それでいいんだよ。何だ、四時間かかってくたびれちゃった。……まぁお千代坊もさ、いつ迄一人でいられる訳じゃないんだし、あんまりパッとした相手じゃねぇけどさ、この辺りで手を打った方が、いいんじゃねぇかなぁ。どうだね。

その後の両者の会話は、第二章で示した千代の真心からの言葉（143頁）と共に、読者の想像に委ねよう。四時間をかけた千代とのデートで、寅は岡倉先生の、千代への苦しくも切ない恋を伝えようとする。橋の上でのその告白を、なんと千代は寅からのプロポーズと間違える。そして承諾する！　期せずして、千代の寅への熱い思いを伝える結果となってしまう。ユーモアに満ち満ちた第十作の恋物語は、なんと、全作品通じて、唯一、マドンナの方が寅にプロポーズをするという意外な展開となり、男と女のペーソス（哀感・哀愁）で幕を閉じる。

2　「ユーモア」という言葉

ユーモアという日本語は、英語を通して坪内逍遥により明治の中頃から使われ始め、次第に定着しつつ今日に至っている。元々はラテン語に由来する言葉である。十五年以上大学でラテン語とギリシャ語を講義してきたが、フランス語やイタリア語やスペイン語、あるいは英語やドイツ語など、現代語の語源となっている二つの古典語、ラテン語とギリシャ語から得る知恵は計り知れず、若者らが大いに学び親しんでくれることを切に望んでいる。

ラテン語のhumorは、古代ギリシャの医師ヒポクラテスに基づき、人間の身体に流れている四種類の液体を指す。四種が適切に混じっている状態が健康な状態であり、均衡が破れると特異気質になる。

平凡社の『世界大百科事典』（一九八八）によると、そこから特異気質をもつ変わった人間を意味するようになり、さらに特異な気質の人々を描いて笑いを誘う劇「気質喜劇」という形でこの語が使われ、そこから変化して、そのような笑いを作り出す「滑稽さ・おかしみ」を表わすようになる。フランスの英文学者カザミアンは「なぜユーモアを定義できないか」と題する論文を一九〇六年に書いており、それほどユーモアを定義することは容易ではない。

「フーテン」という言葉を調べた際用いたいくつかの辞典の中から、「ユーモア」の必要な箇所を列挙してみると、次のようになる。

・広辞苑（第六版）――上品な洒落《しゃれ》やおかしみ。諧謔《かいぎゃく》。
・三省堂国語辞典（第六版）――人間味のある、上品な・おかしみ（しゃれ）。
・大辞林（第三版、三省堂）――思わず微笑させるような、上品で機知に富んだしゃれ。
・日本語大辞典（第二版、講談社）――品のよいしゃれ・こっけい。暖かみのあるおもしろさ・おかしみ。
・旺文社国語辞典（第十版）――思わず笑いがこみあげてくるような、温かみのあるおもしろさ。上品な洒落。

・大辞泉（小学館）――人の心を和ませるようなおかしみ。上品で笑いを誘うしゃれ。諧謔。
・精選版日本国語大辞典3（小学館）――人を傷つけない上品なおかしみやしゃれ。知的なウィットや意志的な風刺に対してゆとりや寛大さを伴うもの。
・新明解国語辞典（第六版、三省堂）――社会生活（人間関係）における不要な緊迫を和らげるのに役立つ、婉曲表現によるおかしみ。矛盾・不合理に対する鋭い指摘を、やんわりした表現で包んだもの。

以上を整理してみると、ユーモアは「洒落やおかしみ、滑稽さ、面白さ」であるが、次のような形容句が伴う。「上品な」「人間味のある」「機知に富んだ」「思わず笑いが込み上げてくるような」「温かみのある」『人の心を和ませるような」「人を傷つけない」等である。それは才知を伴うウイットやエスプリ（フランス語で、機知に富んだ精神の働き）とは微妙に異なり、また相手を傷つける可能性があるジョークとも異なり、人間的なゆとりや寛大さ、人の心を和ませる温かさを伴うものである。

先ほど参考にした世界大百科事典に基づくと、イギリスの作家J・B・プリーストリーは、ユーモアを構成する重要なものとして、①皮肉（アイロニー）を感じとれる能力、②ばからしさ（不条理）を感じとれる能力、③ある程度の現実感覚、④愛情、の四つを挙げており、また『吾輩は猫である』の著者夏目漱石は、ヒューマー（ユーモアの英語に基づく表記）とは「人格の根底から生ずる可笑味《おかしみ》」であると言っている。

この百科事典の「ユーモア」の項の執筆者小池滋は、「ユーモアは感情的なものであり、矛盾や不条理を論理ではなく直観と常識で処理しようとする生活の知恵である」と指摘し、さらに、「自分を客観視して笑いのめす余裕と、他者を完全に突き放すことなく愛情によって自分と結びつける能力を兼ね備えてこそ、真のユーモアの持主」になれると述べている。

こうしたユーモアに欠かせない要素を寅さんとイエスが誰よりも豊かに身につけていることは確かであろう。ユーモアとは、他者を思いやる懐《ふところ》が深い人間、他者のみならず自己に対しても寛大である人間が備え得る特性であり、人生の悲しみや苦しみを潜り抜け、汗と涙で生き抜いた者こそが身に帯びる感覚ではなかろうか。それはインテリであるとか一流であるとか、学歴や職業に関係なく、また生まれつき備わった遺伝の問題でもなく、人間としての生き方全体に関わってくる事柄のように思われる。

新明解国語辞典の定義に注目すると、社会生活や人間関係における不要な緊迫を和らげるために、また社会の矛盾や不合理を鋭く指摘するために、婉曲表現、やんわりした表現で包み込んだ可笑味《おかしみ》こそユーモアである。寅さんの軽妙な言葉やこれから述べるイエスの譬え話がそれに符合する。

比喩や譬えは、矛盾や不合理を鋭く指摘する側面と、やんわりした表現で包み込む側面の両面を含み、この比喩と譬えにおいて、寅さんとイエスは双璧であり、まさに神業《かみわざ》である。

そしてまた小池滋が指摘する、矛盾や不合理を論理ではなく直観と常識で処理する生活の知恵は、フーテンの寅も、大工であったイエスも、生きていく過程の中で自然に身につけた知恵であった。また自分を客観視して笑いのめす余裕も、人間というものの弱さや脆《もろ》さをいやというほど知り尽くし、一方で現実の冷たさを醒めた目で捉えていたイエスや寅さんこその成せる業《わざ》であった。

北森嘉蔵が、人のつらさのわからない人間は、浅い人間であり、味気ない人間であり、日本人らしくない人間であると喝破したが、他者のつらさを察知し得ない人間はまたユーモアの感覚を持ち得ない人間であろう。

約六千人の死者を出した阪神・淡路大震災で、多くの人々が理屈抜きに、寅さんの温かさ、笑い、涙を求めたように、人はどん底のつらさに喘《あえ》ぐ時、ささやかな笑いに明日への希望を繋ぐ。

イエスの周辺に当時暗夜を彷徨《さまよ》う人々が集まって来たこと、そして社会から除け者にされた人々は、イエスと一緒に食事をするだけで、嬉しくて嬉しくて堪らず、街道に出て踊りたくなるほどの解放感に満たされた事実こそ、イエスも寅さん同様、ユーモアの持ち主であったことを証明している。

歴史の中に生きたイエスが、寅さんのようにユーモアの塊《かたまり》であったればこそ、絶望のどん底にある人々がおのずからに近づいて来たのであり、子供たちも、そして男性と気楽に対話することが許されなかった女性らも、無心に咲く花の周りをおのずからに蝶が舞うごとく、近づいて来たのである。

3　イエスの場合

ⓐ「放蕩息子」（ルカ福音書）と「長者窮子《ぐうじ》」（法華経）の譬え話

†《イエスの譬え話》の変形

ユーモアの特質に、矛盾や不合理に対する鋭い指摘を婉曲表現で包み込む、という側面があるが、この点に該当するのがイエスの譬え話である。

イエスの譬え話は、イエスの知恵と風貌を知るための絶好の材料である。しかし我々が知り得る材料、すなわち福音書の中に描かれた譬え話は、福音書に記された時点で、もうすでに大いなる変形を被っている。J・エレミアスは、日本語にも訳されている『イエスの譬え』[43]という書物の中で、譬えを変形させる数々の要因について述べているが、中でも注目すべきは、原始キリスト教会（最初期のキリスト教の教団）による変形である。我々が知りたいのは、生きたイエスが、ただ一度限りの具体的状況の中で語った譬えであるが、原始教会はその譬えを教会運営に適用している場合がある。

その結果、生きたイエスの具体的な一回限りの現場で発せられた新鮮な切り込みが鈍り、譬えの強調点が弟子や信徒への勧告になったり、あるいは寓意的（他の物事にかこつけて、それとなくある意味をほのめかすこと）解釈に転位している。

例えば、共観福音書（マルコ・マタイ・ルカ）において、同じ資料からくる「譬え話」が、各福音史家によって、先に述べた変形を伴いながら、それぞれ違った状況の中に設定されていることがある。しかし、歴史の現場のイエスは、その「譬え話」を、しばしば日常の論争の場で用いた。しかも、直接相手を激しい言葉で遣り込めるという方法ではなく、婉曲的表現として譬え話を用いた。そこには論争の相手をも一人の人間として温かく包み込むイエスのユーモアが存すると同時に、相手をおのずからにメタノイア（回心）へと導く鋭い刃《やいば》が潜んでいる。

†聖書的対話

そうした聖書的対話は、旧約聖書のサムエル記Ⅱ（一一章、一二章）の、愛欲に溺れるダビデ王の次のような話の中にもみられる。

その頃、ダビデが率いるイスラエル軍はアンモン人と戦っていた。ダビデはイスラエルの全軍を戦場に送り出し、自分はエルサレムにとどまっていた。

ある日の夕暮れ、ダビデは午睡から覚め、王宮の屋上を散歩している。その時屋上から目に入ってきた光景は、一人の非常に見目《みめ》麗しい女が水浴びをしている姿である。ダビデは人を遣って女のことを尋ねさせる。その女は勇者ウリヤの妻とのこと。愛欲に溺れたダビデはウリヤの妻と床を共にする。そして女は子を宿してしまう。

そこでダビデはウリヤを戦場から呼び戻し、家に帰るよう命じる。家に帰ってウリヤが妻と床を共にすれば、自分の子であるとは誰にも気づかれずに済むと考えたからだ。ところがウリヤは王宮の入口で主君の家臣と共に眠り、家に戻ろうとはしない。戦場で戦っている友を思う時、どうして自分だけ妻と寛《くつろ》ぐことができよう。そこでダビデはウリヤを食事に招き、酔わせて何とかしようと企むが、勇者ウリヤは決して家に帰ろうとはしない。

遂にダビデは最後の手段に出る。ウリヤを激しい戦いの最前線に送り出し、戦死させようとする。その結果、ダビデの望み通りウリヤは戦死する。夫の死を聞いたウリヤの妻は嘆き悲しむ。しかし喪《も》が明けるや、ダビデは彼女を王宮に引き取り妻にする。水浴びする美しい女に目が眩《くら》んでダビデ王がしたことは、主《しゅ》なる神の心に適《かな》わなかった。

ここから先の話は、後で述べる「放蕩息子」の譬え話とその構造が類似しており、いわゆる聖書的対話の妙味を示している。神は預言者ナタンをダビデのもとに遣わす。そして次のような譬えを語る。

「ある町に二人の男がいた。一人は豊かで、一人は貧しかった。豊かな男は夥《おびただ》しい数の羊や牛を持っていた。貧しい男は自分で買った一匹の雌の小羊の他には何一つ持っていなかった。貧しい男はその一匹の小羊を自分の子供と一緒に手塩にかけて育てた。同じ皿から食べさせ、同じ椀《わん》から飲ませ、彼の懐《ふところ》で眠らせ、まるで自分の娘のように育てた。ある日、豊かな男に一人の客があった。彼は訪れて来た旅人を持て成すのに、自分の羊や牛を使うことを惜しんだ。そして何と、貧しい男の小羊を奪い取り自分の客に振舞った」

ダビデは耳を澄ましてこの話を聞いた。そして小羊を奪った豊かな男に激怒して、預言者ナタンに言う、「主《しゅ》は生きておられる。そんな無慈悲なことをした男は死刑だ！」その時、まさにその時、ナタンの声が響いた、「その男はあなたです！」

もしナタンがダビデの犯した罪を、直接責め立てていたなら、ダビデ王は怒ってナタンの命を奪っていたかもしれぬ。しかし、ナタンは静かに譬えを語った。ダビデはその話にじっと耳を傾けた。その譬え話の中に鋭い刃が隠されていることも知らず。

そしてダビデは正しい判断を下し、貧しい男のたった一匹の、大事な大事な小羊を奪った豊かな男に対して激怒した。預言者ナタンの「その男はあなたです！」の一声は、ダビデの魂に響き渡った。ハッと目が覚めたダビデ王の怒りの鼓動は収まり、真実の鋭い刃がダビデ自身の心の奥底に突き刺さり、メタノイア（回心）へと導かれた。

†「放蕩息子」の譬え

次に新約聖書から、誰もが知る「放蕩息子」の譬えを味わってみよう。場面を（A）～（D）の四つに分ける。

（A）取税人や罪人らがイエスの話を聞こうとして近寄って来る。すると、ファリサイ派の人や律法学者らがイエスに対して文句を言う、「この人は罪人《つみびと》たちを受け入れて、食事まで一緒にし

ている」と。そこでイエスは次のような譬えを話す。(ルカ一五章一～三節参照)
(B)ある人に息子が二人いた。弟の方が父親に「お父さん、私に財産の分け前を下さい」と言う。そこで父は身上《しんしょう》を二人に分けてやる。それから幾日もたたぬうちに、弟は何もかもまとめ、遠い国に旅立つ。そしてそこで放蕩の限りを尽くし、湯水のように財産を使ってしまう。何もかも使い果たしたところで、その国に大飢饉が起こり、食べるにも困り始める。そこで、その国のある市民の所に身を寄せたところ、その人は彼を畑にやり豚の世話をさせる。彼は豚の食べるいなご豆を食べてでも腹を満たしたいほどだが、豚はゆずってくれない。
弟は我に返り、こう呟《つぶや》く、「父の所には大勢の雇い人がいるが、有り余るパンがある。私はここで飢え死にしそうだ。ここを立って父の所へ行き、こう言おう、「お父さん、私は天に対して、またお父さんの前に罪を犯しました。もう私は子と呼ばれる資格はありません。雇い人の一人にして下さい」と」。こうして弟は立ち上がり、自分の父のもとに行く。(一一～二〇節参照)
(C)ところが、まだ家まで遠かったのに、父親は息子を見つけ、かわいそうに思い、走り寄って抱き、何度も何度も接吻する。息子は言う、「お父さん、私は天に対して罪を犯し、またお父さんの前に罪を犯しました。もう子供と呼ばれる資格はありません」。ところが父親はしもべたちに言う、「急いで一番良い着物を持って来て、この子に着せなさい。それから手に指輪をはめ、足に履物を履《は》かせなさい。そして肥えた子牛を引いて来て屠《ほふ》りなさい。食べて祝おうではないか。息子は死んでいたのに生き返り、いなくなっていたのに見つかったからだ」。そして祝宴が始ま

る。（二〇～二四節参照）

（D）ところで、兄の力は畑にいたが、帰って来て家に近づくと、音楽や踊りの騒《ざわ》めきが聞こえて来る。それで、しもべの一人を呼んで、これは一体何事かと尋ねる。しもべは言う、「弟さんがお帰りになりました。無事な姿を迎え、お父様が肥えた子牛を屠らせなさったのです」と。すると兄は怒って、家に入ろうともしない。それで父親が出て来ていろいろなだめる。しかし兄は父に言う、「このとおり、私は長年の間お父さんに仕え、言いつけに背いたことは一度もありません。それなのに私には、友達と宴会をするために、子山羊一匹すら下さったことはありません。ところが、遊女に溺れて身上《しんしょう》をつぶして帰って来た息子のためには、肥えた子牛を屠っておやりになる」。

父親は兄に言う、「お前はいつも私と一緒にいる。私のものは全部お前のものだ。だがお前の弟は、死んでいたのに生き返って来たのだ。いなくなっていたのが見つかったのだから、祝宴を開いて喜び楽しむのは当然ではないか」。（二五～三二節参照）

イエスが現実の論争の場で譬え話を語る場合、次のような構造がみられる。

①まずイエスの日常の行為がある。もし仮に、その当時の常識や掟を破っていようと、眼前にいる弱っている人、苦しみ悲しんでいる人が普通の状態に戻るよう、人間として当然正しいことを正しいこととする行為がある。場面（A）の取税人や罪人、すなわち汚れた者として社会から差別され疎外された人々とも楽しく陽気に食事を共にする行為である。

②既成概念の枠にしがみつき、枠からはみ出す者を排除しようとする、いわゆる義人によるイエスの行為に対する批判が起こる。場面（A）のファリサイ派の人や律法学者らの、イエスへの誹謗中傷がそれに当たる。

③まさに、そこでイエスは譬え話を語る。その時イエスは、自分の行為に対して批判する者らの視線を、次の三者に向けさせる。

（イ）社会から差別された者、あるいは貧しく困窮している者。ここでは、放蕩の限りを尽くし、父からもらった財産をばらまき、すっからかんになり、ボロボロになってしまった弟に相当する。

（ロ）批判者自身。ユーモアに関わってくるのはこの部分である。実際の現実生活の場でイエスの行為を批判するファリサイ派の人や律法学者が、イエスが語る譬え話の中に間接的に登場してくる。ここでは、自堕落な生活をしてどん底まで落ち、父親のもとに帰って来た弟を手放しで喜ぶ父の態度を、非難する兄に相当する。

（ハ）かくおわします神。神様とはこういうお方である、ということを示し、イエスが現に行っている行為の正当性を主張する。神は放蕩息子を迎える父親のごとく、限りなく寛大なお方である。自分が社会から除け者にされている取税人や罪人らと食事をしてどこが悪いのか、文句があるなら言ってみろ、という論法である。

以上一連の構造の中に、相手を直接一喝のもとに退けるのではなく、また相手に無関心でもなく、「譬え話」というオブラートで包みながら、相手を回心に導こうとするイエスのユーモアが隠れている。

†「長者窮子」の譬え

ユーモアのテーマとは別に、興味深い事柄を補足しておこう。それは、ルカ福音書が語る「放蕩息子」の譬えと類似する話が、法華経の中にあり、「長者窮子《ぐうじ》」の譬えとして出てくる。この話の概要は次の如し。

金持ちの若い息子が父を捨てて遠国に旅立つ。放浪の末、何処でもうまくいかない。誰も相手にしてくれず、結局落ちぶれて乞食になる。どうしようもなく彷徨《さまよ》っているうち父の家の前に来るが、父の家とはわからない。その家の余りの豪華さに怯《おび》え、自分のような乞食の来る所ではないと恐がり入ることを拒む。父の方は、息子が家を出てから憂い悲しみ、四方を探し回るが見出すことが出来ず、疲れ果て、ある町にとどまり富貴の生活を送っていた。

父は我が子が帰って来たことを知り呼び入れようとするが、びくびくして入ろうとしない。そこで一計を案じ、しもべに命じて息子を家に連れて来させる。しかし、父はすぐには親子の関係を明かさない。自分の息子にふさわしい者となるよう訓練したいと思い、草庵に住まわせ、まずは糞穢《ふんえ》の掃除をすることを命じる。父は絶えず励まし導きながら、息子が次第に変化するのを待つ。草庵にとどまること二十年、父は自分の死期が近づくに及び、もう辛抱できず、ある夜こっそり草庵に行く。

ぼろぼろの衣装に替え、手足も顔も泥でよごし、息子に近づき次のように言う、「俺は下男のかしらだが、ここの主人はよいお方だ。お前はもう何処にも行くな。毎日の暮らしで困るものはないか、あったら俺にこっそり言ってくれ。塩でも酢でも何でもあるから、主人に内緒で分けてやる。俺はお前の父親みたいな者だし、お前は俺の実の子同然だ、何も隠すことはない」と。こうして長い年月をかけ、時満ちた時親子の関係を明らかにし、正式に自分の跡継ぎとして、親族や国王に紹介したという話。仏もまたかくのごとくである、で結ばれる。

†二つの譬え話の比較

増谷文雄は『仏教とキリスト教の比較研究(44)』の中で両者を比較し、共通点と相違点を次のように述べている。

(共通点)

この二つの譬喩《ひゆ》としての説話は、その題材を、まったく等しゅうしておる。そのいずれにおいても、流浪し困窮せる無智放蕩の息子がその主役である。父はその行跡をあえてとがめることなく、大いなる愛をもってその膝下《しっか》に摂取せんとする。それによって、一つは神の大愛を喩《たと》えあらわし、他は仏の大慈悲をあらわし喩えんとしている。その題材と構想の類似は、単なる暗合以上のものを感ぜしめる。……二人の父はともに、その流浪の息子の帰り来たらんことを希《のぞ》んでいた。その息子が帰って来たときには、その父たちの喜びはなにものにも喩えがたいほどに大きかった。

（相違点）

だが、その受けいれ方はまったく相異って、際だった対照をなしていたのである。一人の父は、その息子を見出すやいなや、走りよってその首をいだいて接吻した。また、直ちに美衣を着せ、美食を与えて、善良な兄をして怒らしめるほどに歓待した。だが、もう一人の父は、そうではなかった。彼はその息子に相応しい業を与えて、次第に彼がよりよき人間性を開発するのを待った。形成的段階が一歩一歩と導かれ、高き形成が彼のうえに実現されたとき、それに相応しく彼を遇した。いずれも、それは父の愛の表現であった。だが、一人の父においては感情が物言い、一人の父においては理性が支配していた。（傍線及び共通点と相違点に分割したのは筆者）

増谷文雄は、両者の相違の結論として、ルカ福音書の放蕩息子の父は「感情」が物言い、法華経の長者窮子の父は「理性」が支配していると指摘する。確かにこの指摘は真実を語っているが、この「感情」の意味合いを少し説明しておこう。

この感情はギリシャ語のスプランクノン（名詞）、スプランクニゾマイ（動詞）であるが、よきサマリア人の譬えでも同じ語が使用される。すでに説明したように、この語は内臓全体を指し、当時、情は内臓にあると考えられており、内臓から込み上げてくる激しい情動を意味する。かわいそうに思い、と訳したが、通常は憐れに思いと訳されている。

不思議なことに福音書では、この語は神やイエスの感情、あるいは譬え話に登場する主要人物に限定されて用いられており、人間の情動を表わす同義の語はエレオス（名詞）、エレエオー（動詞）が用いられている。この事実からも、スプランクノン及びスプランクニゾマイの行為の主体である譬え話の重要人物（例えば、放蕩息子の父、あるいはよきサマリア人）は、神のイメージを指し示していると考えられる。

放蕩息子の譬え話の父親の感情は、父と子という唯一無比の関係における、底知れぬ優しさの無償性から生じる強く激しい情動であり、それは理性を踏まえつつ理性を超えて、心の底から、内臓から込み上げてくる痛みの共感（ラテン語でcompassio）である。

両者の比較に関し、もう一点付言しておこう。良寛の話の際参照した（135頁）柳田聖山著『沙門良寛』の中の《草庵より草堂へ》の文章の中で、「放蕩息子」と「長者窮子」を比較して、『法華経』と『聖書』のちがいを、詳しく申しあげる余裕はないのですが、『聖書』はやはり、神の言葉です。息子の悔い改めを、神は直ちに許します。『法華経』は、仏が人となることで、人を仏にするという、方便の構造を明らかにするところに、大きい特色をもっています」と述べている。筆者が付した傍線部については、確かにルカ福音書は指摘通りその特徴として「悔い改め」を好むが、しかし歴史の現場でのイエスの真意は、それほど単純ではなく以下のような現実を踏まえる。

イエスが譬え話を語る背景には具体的な生活がある。すでに見たようにイエスの通常の食事は、威信を重んじる当時のユダヤ社会において、特に敬虔な人々にとって不可解極まる行為であった。それ故人々は「見ろ、大食漢の大酒飲み、取税人や罪人の仲間」と、イエスの行為を嘲笑し、囃《はや》し立てた。

そうした誹謗中傷の現場で、譬え話の中身に、批判する者に相当する人物をそれとなく巧みに登場させ、人間として何が本当に正しいことなのかを悟らせ、誤った価値観からの回心に導いた。そこには病巣を抉《えぐ》り取る鋭い刃と共に、論争相手をも、かけがえなき人間として尊敬する温かいユーモアが存在する。

長者窮子と放蕩息子の譬え話は、仏教及びキリスト教の本質的内容を含んでいる。長者窮子には息子がより良い人間性を自ら開発するよう、息子の覚醒、悟りを待ち望み、時間をかけてゆっくり教育する仏教的父の姿がある。一方、放蕩息子には父と子という唯一無二の関係の中で、かけがえなく大切な愛の対象に素直に向かってゆく父、息子が如何にどん底の状態であろうと、父の懐《ふところ》に戻って来た事実、そのことだけで十分であり、そのことだけが嬉しくて嬉しくてたまらないキリスト教的父の姿がある。仏と神の、在るが儘《まま》の姿を二つの譬えは描いている。

さて寅さんの生きざまは、どちらの姿に類似するか？　第六作「純情篇」に、寅とさくらのこんな対話がある。

寅　いや頭の方じゃわかってるけどねぇ、気持の方がついて来ちゃくれねぇんだよ。ね、だからこれ俺の所為《せい》じゃないよ。

さくら　だってその気持ちだってお兄ちゃんのものでしょう。

寅　いや、そこが違うんだよ。早い話がだよ、俺はもう二度とこの柴又へ戻って来ねぇと、そう思ってもだよな、え、気持ちの方はそう考えちゃくれねぇんだよ。あっと思うと、また俺ここへ戻って来ちゃうんだよ。これ、ほんとに困った話だよ。

柴又界隈の連中の笑い者になっている兄が、妹にとってはつらく、そのことで泣いていたさくらだったが、兄のこの説明に思わず笑みをうかべる。それを見て寅が、「何だよお前、笑いごとじゃねぇぞ、おい」と言うと、「そうね、ほんとに困った気持ちね」とさくら。兄妹の微笑ましい対話である。

増谷文雄流に言えば、頭が理性で、気持ちが感情か。いずれにせよ、寅は理性でいくら頑張っても、からだは素直に懐かしいとらやに向かい、おのずからに大切な人や恋人の方に向かってゆく。この姿は、どう考えても、長い苦行に耐える修行僧や洗礼者ヨハネの姿ではなく、自分を必要とする人々のもとへ真っ直ぐに向かう愚禿《ぐとく》イエス（「愚禿」に親鸞が込める人間把握と謙遜の深淵を含みつつ、イエスは自らを「人の子」と呼んだ）の姿に類似する。

(b) 笛吹けど踊らず(マタイ一一章一六～一九節、ルカ七章三一～三五節)

†洗礼者ヨハネとイエス

第二章「イエスの場合——風天のイエス」の箇所で取り上げた、「大食漢の大酒飲み、取税人や罪人の仲間……」の直前の言葉で、マタイとルカだけに出てくる興味深い言葉を、ここで取り上げよう。

洗礼者ヨハネとイエスに言及する直前の言葉は、マタイもルカもほとんど同じであるが、マタイは子供たちが仲間でない他の者たちに呼びかけ、ルカは「互いに」子供らが呼びかけあっている。

(A)この世代を何に譬えよう。「①(マタイ)広場に座って、他の者にこう呼びかける子供達に似ている。②(ルカ)広場に座って互いに呼びかけながら、こう言っている子供たちに似ている。」(イ)笛を吹いたのに、踊ってくれなかった。(ロ)弔いの歌を歌ったのに、悲しんでくれなかった。

すなわち、

(B)洗礼者ヨハネが来て、食べもせず飲みもしないと「あいつは悪霊に憑《つ》かれている」と言い、人の子(イエスの自称)が来て、食べたり飲んだりすると、「見よ、大食漢の大酒飲み、取税人や罪人の仲間だ」と言う。

（A）と（B）が関連しているとして、イエスは何を言わんとしているのか？　難解であるが、二つの可能性を考察してみよう。
（ｉ）洗礼者ヨハネとイエスは、互いに深く結びつきながら、生き方自体は百八十度逆の方向に向かう。洗礼者ヨハネは難行苦行、断食の方向に、イエスは人々と食べたり飲んだり交わりの方向に。生き方の方向は違いながらも、目的は同じ神への旅であり、かつ生き方の徹底性において両者は共通である。

その徹底した生き方に対して文句を言う輩《やから》がいる。そのぶつぶつ文句を言う輩を批判していると解釈すると、ルカの「互いに」呼びかけ合う子供たちでは、（A）と（B）の続き具合がいまひとつはっきりしないが、マタイの方ならすっきりする。すなわち、子供たちが、自分の仲間でない子供たちに向かって、ある者らに対しては結婚式ごっこをしようと呼びかけ、他の者らに対しては葬式ごっこをしようと呼びかける。

あっちにはこう呼びかけ、こっちには全く正反対の別のことを呼びかける態度。一方では禁欲主義者だと洗礼者ヨハネに対し悪口を言い、他方では禁欲どころか誰とでも楽しく会食するイエスの振舞に対し悪口を言う。このどっちつかずのいい加減さを、イエスが批判している、とする解釈である。
（ii）もう一つの解釈は、笛を吹いたものの「踊らない」こと、弔いの歌を歌ったものの「悲しまない」こと、すなわちイエスと洗礼者ヨハネが、その徹底した生き方を通して神への道を指し示したのに、この世代の人は一向に踊りもせず、歌いもしないことを嘆いた言葉とする見解である。

洗礼者ヨハネがこの世に来て、難行苦行を重ねながら、神の道を徹底して歩み、かつ人々に指し示す時、その歩みに倣《なら》おうともせず、「あいつは悪霊に憑かれている」と罵倒する。

次にイエスがやって来て、社会から除け者にされている取税人や遊女や罪人らと、楽しく陽気に食事を共にしながら、抑圧された人々を解放し、みなが明るさを取り戻すことを通して、神の大いなる恵みを指し示す時、イエスの生き方に倣おうともせず、自己満足の慣習や掟にしがみついて、「あいつは食い意地の張った大酒飲みだ。汚れた取税人、汚らわしい遊女や罪人の仲間だ」と嘲笑する。

洗礼者ヨハネが来て、弔いの歌を歌ったものの、誰も胸を叩いて悲しんでくれなかった。イエスが来て、笛を吹いて楽しい結婚の宴《うたげ》に招いたのに、誰も一緒に踊ってくれなかった。そうしたこの世代の人々を嘆いているとする解釈である。

傍線部（ロ）の葬式ごっこは、葬式の哀歌の悲しい調べの雰囲気をもつ洗礼者ヨハネの音色に、傍線部（イ）の結婚式ごっこは祝宴の明るく喜ばしい雰囲気を持つイエスの音色に呼応する。

（ii）のように解釈すると、今の世代は何に似ているかの答えとして、マタイのように、まるで正反対のことを呼びかけている子供たちがいると考えるよりもむしろ、ルカのように、一方で真剣に呼びかけ合う相方《あいかた》の子供たちがおり、他方でどちらの側もその呼びかけに応じない子供たちがいると考える方がより妥当性がある。真剣に呼びかける洗礼者ヨハネやイエスに対し、誹謗中傷するだけで呼びかけに応じない「この世代」を嘆いている。まさに「笛吹けど踊らず」である。

どちらの解釈にせよ、当面の問題である「イエスのユーモア」に関わって大事なことは、イエスは現実を、あるいは自分が置かれている立場を冷徹に見据えているということである。それはユーモアにとって欠かせない、自分を客観視して笑いのめす余裕がイエスに備わっているからである。この場合も、洗礼者ヨハネのように生きる時、あるいはまた自分のように生きる時、いわゆる義人たち、敬虔なファリサイ派や律法学者たちが、どのような反応を示すかをあらかじめ読み切っている。

そこで面白いことに、イエスが歴史の現場で本当に言ったかどうか定かではないが、ルカもマタイも先ほどの（B）の言葉のあとに、「しかし、知恵はその子ら（写本によっては、その働き）によって、正しさが証明される」という言葉を付け加えている。知恵とは何を指すか諸説があるが、イエス自身のことを知恵と呼んでいるとすると、「お前さんらがつべこべ悪口を言っても、あるいは笛吹けど踊らずとも、そのうち結果として俺の正しいことは証明されるよ、いや現にもう証明されているじゃないか」とユーモア混じりに言ったとしても不思議ではない。

†新しいぶどう酒・古いぶどう酒

さて、自分を客観視して笑いのめすユーモアの例として、もう一つイエスの言葉を取り上げておこう。聖書を開いたことのない人も、新しい革袋・古い革袋、新しいぶどう酒・古いぶどう酒の話をどこかで耳にしたことはないだろうか？　新しいものと古いものを同居させてはいけないという教訓のもとに。ところでこの話は、新しいものと古いものとの同居を戒める話ではない。共観福音書すべてがこの話を伝えているが、元になったマルコ二章一八～二二節の流れを追ってみよう。

洗礼者ヨハネの弟子たちもファリサイ派の者たちも断食していたのだが、イエスのもとにやって来てこういう質問をした者がいる。質問というより、いちゃもんをつけたのかもしれない。「何故ヨハネの弟子たちやファリサイ派の弟子たちは断食するのに、あんたの弟子は断食しないのか」と。

そこでイエスは答える、「花婿（イエスのこと）が一緒に居る間に婚礼の客は断食するだろうか。花婿が一緒にいる限り、断食することなどありえない。しかし、花婿が取り去られる時が来るだろう。その時、その日には断食するだろう」。

問題は以上の言葉に続く次の言葉である。「誰も、まだ晒《さら》していない布切れで古い衣に継ぎを当てたりはしない。そんなことをすれば継ぎを当てた布が古い衣を引き裂き、破れはますますひどくなる。また、誰も新しいぶどう酒を古い革袋に注いだりはしない。そんなことをすれば、新しいぶどう酒が革袋を破り、ぶどう酒も革袋もだめになる。新しいぶどう酒は新しい革袋に入れるものだ」。

新しい布とは、ギリシャ語を文字通り訳すと「まだ晒していない布」のことである。まだ晒していない布は、濡れるとやがて縮んでしまう。だからすでに脆《もろ》くなっている古着に、晒していない布切れを当てれば、当然縮む力によって古い衣を破り裂いてしまうという訳だ。

一方、新しいぶどう酒とは、今まさに発酵しつつある酒のことである。すなわちプツプツ沸き立つ生命力が古い革袋を破ってしまい、ぶどう酒もなくなり、革袋もだめになってしまうという訳である。ぶどう酒は山羊などの動物の革で作ったものに入れられた。やがて革が古くなり乾いてしまうと亀裂が生じ破れやすくなってくる。そのような古くて硬い入れ物に今まさに発酵中の新しいぶどう酒を注ぐと、その生命力、膨張力によって、古い革袋は持ち堪《こた》えられなくなる。

以上のように考えると、この箇所は古いものと新しいものの同居を戒める話というよりも、その内実はこの比喩を通して、イエスの漲《みなぎ》る生命力を指し示している。すなわち、今まさに新しく生まれつつある力が古い殻を、古い体質を、古い壁を打ち破ってゆく、自分はまさにその力であるという、イエスの力強い積極的な意欲がここでは語られている。

マタイもルカも、マルコに基づいて類似の話を記録しているが、この話の最後にルカは次のような、何とも面白い言葉を付加している。「また誰も古いぶどう酒を飲んでから、新しいものを欲しがらない。『古いのが良い』と言い張る」。なんの気なしのこの付加は、思わず笑ってしまう。イエスなら言いそうな、まさにユーモアが感じられる。古い体質、古い壁、古い殻を俺こそがぶち壊し、ぶち破るのだと、意欲満々、生命力に満ち溢れて語ったあと、まあ、そうは言っても現実はそう甘いもんじゃないよ、そうはうまく行かないよ、と茶目っ気たっぷりに言い足しているのである。

さながら寅さんが江戸川の土手に寝転んで、源公に、自分と朋子さんの恋はお前が考えているようには行かない、そう簡単に成就されるものではない、源公のような若僧《わかぞう》にはわかるまいが、現実はそう甘いもんじゃあないぞ、と諭したように。

古い殻にとっぷりと浸かって、現状に満足し切っている多くの輩《やから》は、「古いのが良い（シナイ写本では、古いものの方がより良い）」と言い張り、固執するに決まっているから。ここにまさにユーモアの特質の一つである自分を客観視して笑いのめす余裕と、他者を完全に突き放すことなく愛情によって自分と結びつける能力が発揮されている。現実の灰色をバラ色と錯覚するのではなく、冷徹に覚めた目で、灰色は灰色と捉えつつ。

一方で「俺がやるのだ！　古い体質をぶっ壊すぞ！」と高揚しつつ語りながら、また一方で「そうは言っても、大半は古いぶどう酒、古い体質の方がいいと言うに決まっているよ」と、ユーモアを加えることを忘れない。その心のゆとりが、イエスの懐の深さを物語っている。

そして現実は、まさにその冷徹な読み通り、古い殻、古い壁、古い体質によって十字架に吊《つる》し上げられ、抹殺されるのであるが。

(c) 創造における神のユーモア

第三章までに、このことは第四章の「ユーモア」の項目で語ると、何の気なしに記してしまった箇所が六つあったが、いよいよ最後の六つ目に差し掛かった。それは第三章の「(c)神の沈黙と人間の自由」でふと触れたビッグバン理論の宇宙の起源と創造の問題である。万物の創造をイエスの項目に含めたのは、「万物はロゴス(言葉)によって生じた。それなしには何一つ生じなかった」(ヨハネ一章三節)とあり、かつまた、すでに152頁で述べたごとく、神の命である「父と子と聖霊」の永遠無限の交わりにおける、子なるロゴスのペルソナとイエスのペルソナは同じであるためである。新約聖書の「コロサイ人への手紙」においても、万物の創造とイエスとの関わりが記されている。コロサイ人への手紙の第一章で語られる内容であるが、修道院などでよく唱えられる聖務日課の祈りでは、次のように訳されている。

ひとり子は目に見えない神の姿であって、すべてのものに先だって生まれた方。天と地にあるもの、見えないものと見えるもの、すべては子によって造られた。子はすべてのものに先だってあり、すべてのものは神の子のためにある。子はすべてにおいてかしらとなるため、死者のうちから最初に生まれた方。……神はひとり子のうちにすべての恵みをあふれさせ、子によって、子のうちにすべてを和睦させてくださった。神はひとり子の十字架の血によって平和をもたらし、万物を子によって和解させてくださった。

子供の頃、宇宙はどのようにして生まれたのだろう、と想像した。記憶は定かではないが、ウォルト・ディズニーの漫画映画の場面であったか、墨の一杯ついた筆を一振りすると、パッと墨が飛び散り、瞬く間に世界が出来上がった場面を観たような、幼き日の思い出がある。宇宙はそのようにして、肩の力を抜いた神の一振りで創造されたと想像していた。そこには何か、神の遊び、神の悪戯《いたずら》、神のユーモアを感じていた。

子供の頃の漠然としたそのような記憶が残っていたのだが、三十年ほど前、『神と世界――創造における神の意志』という山田晶の論文に接した時、あー、なるほど！　と小躍りするほど嬉しかったのを覚えている。

自分一人でトマスの『スンマ（神学大全）』を読んだ時には、鮮明なイメージが浮かばなかったのだが、トマス・アクィナスの捉える神の創造が、まさに幼き頃抱いていた想像と類似していたことに対する喜びだ。『在りて在る者』（創文社）に収録されているその論文は、『スンマ』の第一部二五問五項における「神はなさざることがらをなすことができるか」という問題を論じている。

『スンマ』が難解である理由の一つは、あとで触れるスコラ的図式への慣れもあるが、もう一つは、今述べている命題において、他ですでに論じた事柄が前提事項として含まれている点にある。それはグラープマンがその著『聖トマス・アクィナス――その生涯及び思想』で指摘するごとくである。

「並列の体系化又は、外的に鳥瞰を可能ならしむる配置のみでなく、発展の体系化、換言すれば、内的関連に基礎づけられた有機的素材配置もまた、一貫せる留意が払われている」[45]。それ故、一部を説明することはかえって理解困難に陥れるため、神の創造のユーモアに関わる部分のみ、論文に沿って山田先生の言葉で示すことにしよう[46]。

さて今論じている問題は、言葉を換えれば《神は実際には創造しない世界をも創造しうるか》ということであり、また《現実に存在しているこの世界とは別の世界が、神によって創造されうるか》が問われている。更にわかりやすく言えば《現実に存在するこの世界は、神が創造しうる唯一の世界であるか、それとも神は、これとは全然別個の世界を、この世界のかわりに創造することができるか》を論じている。

トマスはこの問題に先立つ項で《神は過去に起こった事柄を、起こらなかったようになしうるか》即ち《そのなした事柄をなさなかったようにすることができるか》を問うていて、この問に対するトマスの答は「否《いな》」である。全能の神であっても、一旦何かをなしたならば、なした事をなさなかったようにすることはできない。しかし、今問うている命題に対するトマスの答は逆に「然《しか》り」である。即ち、神は現実に存在しつつあるこの世界を創造するかわりに、これとは全然別個の世界を創造することもまた可能である。

スコラ的図式とは四つの段階を踏む論法である。例えば、（一）まず最初にトマスの考えとは反対の意見（a、b、c、……）が幾つかに整理されて述べられ、（二）二番目に、（一）に対立する、トマスと同じ見解に立つ立場の意見（例えば聖書の言葉であったり、アウグスティヌスの見解）が述べられ、（三）三番目に主文としてトマス自らの回答を述べ、（四）最後に（一）の自分の考えに反対する立場（a、b、c、……）に対して、それぞれを論駁《ろんぱく》してゆく構造である。

当面の問題の場合、（一）のトマスに反対する意見として、（a）哲学者の説（名前はあがっていないがネオ・プラトニスムすなわち新プラトン主義的主張）と、（b）神学者の説（ペトルス・アベラルドゥスの可能性が強く、この考えはのちにライプニッツに継がれる）が挙げられる。ユーモアの観点から興味深いのは、（b）の神学者の異論に対するトマスの見解に関する山田晶の説明である。思わず小躍りしたのはこの文章である。三十年前の若き日の新鮮な記憶である。

《神はそのなさざるところの事柄をなしうるか》の問に対して、トマスの立場からは《然り》と答えられる。神が「なす」、即ち「造る」ところのものを、神は神自身のために造る。しかるにこの目的は、そのために造られる世界を無限に越えている。それ故、この目的を最高度に実現している最善の世界などというものはありえない。しかしそれにもかかわらず、いや却ってまさにそれ故に、神がこの目的のために造る世界は無限である。この現実の世界は、それが神が有している世界創造の無限の可能性のうちのただ一つにすぎない。

この現実の世界は、それが神によって神のために造られたものたる限りにおいて、神の善と知恵とを反映し、聖書にある如く、「まことに善し」ということができるであろう。しかしそれは、「最も善し」ということはできない。何故ならそれは、神の無限の創造可能性の一つの実現形態にすぎないからである。それ故神は、もし意志するならば、この世界のかわりに、これよりももっと善い世界を造ることもできるのである。従ってまた、この無限の創造可能性の中からその一つを選んで現実の世界を造る神の創造の働きは、完全に自由であって、いささかの必然性をも含んではいない。

「神は世界を最善なるものとして造ったが故に、この世界以外の世界を神は造りえない」というアベラルドゥスの神は、あたかも自己の最善の作品を制作するために自己の全精魂を傾け尽くし、その作品のうちに自己の全生命を注ぎ込む悲壮な芸術家に似ている。この場合、作品は或る意味でその作者にとって alter ego となり、作者と作品との間には、一対一の激しい緊張関係が漲る。そのように、この世界を最善のものとして、その創造のうちに神が全知全能を傾けるとするならば、世界は神にとって alter Deus となり、神と世界との間には、一対一の激しい緊張関係が漲るであろう。

アベラルドゥスの神学的命題を、哲学的形而上学的命題にまで徹底したライプニッツの予定調和の世界とはまさしくそのようなものである。この考えを更に一歩進めるならば、世界が神の反映であるとも、神が世界の反映であるともいえることになり、神と世界との区別は、単に名称のみのこととなるであろう。

これに対し、無限に可能なる世界の中から一つを取り出して世界を造るトマスの神は、溢れ出る無数のイデアを、機に臨み変に応じて、即興的に書きなぐり歌いまくる余裕綽々たる天才的作家に似ている。彼が造り出す作品は、いずれも素晴らしいものであるが、そのいずれを取ってみても作者の片鱗を伝えるのみで、作家そのものの完全なる反映ということができない。現実の世界は無数の可能的世界の一つにすぎず、その無数の可能的世界をうちに含む神は、現実の世界を無限に超越している。この世界は神によって造られてゆくものとして、神の善と知恵とを映しているが、しかしそれは神の完全なる善と知恵との、不完全なる similitudo にすぎない。」（傍線は筆者。文中のラテン語は、順に「もう一つの自己、第二の自己」・「もう一つの神、第二の神」・「類似」の意味）

まさに傍線部のトマスの神が、幼き頃抱いた神の創造のイメージであり、筆に一杯墨をつけて、あたかも寅さんの旅のように風の吹くまま気の向くまま、自由にパッパッと筆を一振り、墨を飛ばし宇宙が創られる。そこには神の無限の余裕と遊び心、人間と世界を温かく包み込むユーモアが含まれているように思われてならない！

エピローグ　ユーモアの塊《かたまり》なる寅さんとイエス

井上ひさしが監修した『寅さん大全』の中に、井上自らによる「寅次郎氏の言語運用」と題する文章がある。その中で、「寅次郎氏は比喩の大家でもある。……比喩のうまい人は当然、喩え話も上手で」と評している。この評価はずばりイエスにも当て嵌まる。イエスの譬えについては触れたが、次の比喩などは聖書を開いたことのない人も、どこかで耳にした言葉であろう。
「金持が神の国に入るよりは、駱駝《らくだ》が針の穴を通る方がもっと易しい」（マルコ一〇章二五節、マタイ一九章二四節、ルカ一八章二五節）
「なぜ、兄弟の目にある塵《ちり》（おが屑《くず》）を見て、自分の目にある梁《はり》に気がつかないのか」（マタイ七章三節、ルカ六章四一節）
「真珠を豚に投げ与えるな」（マタイ七章六節）
こうした言葉が、イエスが生きたどのような現場で、誰に向かって発せられたか、しかと確認はできないが、語られた多くの比喩の中に、ユーモアの匂いが漂ってくる。
寅さんにおいても、イエスにおいても、譬えや比喩の中に、そして何よりも仕草の中に、ユーモアが含まれ隠されていることはすでに見てきた。第一章の「「人間の色気」について」においても、第二章の「「フーテン（風天）」について」においても、第三章「「つらさ」について」においても、第四章「「ユーモア」について」においても、読者はその中に両者のユーモアを感じていただけたと思う。

滑稽の中にある温かさ、フーテンの姿をとり、道化の姿をとり、自己を笑い飛ばしながら自己を無化し、一方で冷たい現実を冷徹に見据え、その時代が無意識的にのめり込んでいる誤った価値観を、ユーモアに包んでメタノイア（回心）に導く、これが二人の姿であった。人間性の喪失、それはイエスの時代も寅の時代も同じである。両者は人間性の回復に生涯をかけたと言っても過言ではない。

人間であること、それはどんなに豊かなことだろう。人間そのものの中に含まれる大きな可能性、譲る心、許す心、他者を生かす喜びを二人は教えてくれた。果てしない利益追求に明け暮れる、ゆとりのないこせこせした生活、時間と空間の「空白」に堪え切れず、それを埋め続ける現代人に、「暇」だらけの、時代遅れの寅が、自《みず》らぶざまな姿を示しながら、「そんなに急いでどうするんだ、空を切ってるよ」と気づかせてくれた。

イエスもまた自ら掟破りの人生を送りながら、生涯、破れに破れた姿を示しながら、当時の誤った価値観、歪《ひず》んだ人間性に、ユーモア混じりの皮肉で喝《かつ》を入れ、立ち上がりの機会を与えてくれた。

印象に残る数多くの言葉、誇張表現によって、二度と忘れられない記憶に刻まれる言葉、常識に風穴を開ける意表を衝く言葉、こうしたイエスの言葉の一つ一つを洗い直し、その背後に逆説的鋭さやユーモアの温かさが潜んでいないかを嗅ぎ分ける作業が残されている。

それは洞察力、想像力、人間力を要する作業である。そしてまたその作業を通じ、聖書の知られざる新鮮な薫りを発見することができる。その作業を残りの人生の楽しみとして、今は先ほど取り上げた比喩の中から一つだけ触れておくことにしよう。

「なぜ、人の目にある塵（おが屑）はよく見えるのに、自分の目にある梁（屋根を支えるために横に渡した、太くて長い材木）に気づかないのか」という言葉である。『キリストのユーモア』[47]の著者トルーブラッドが四歳の息子にこの言葉を語った時、息子はこらえ切れず笑い出したという。子供はイエスのユーモアを見抜く。我々大人はイエスの多くの言葉の中に含まれるユーモアを見落とす。

それは我々だけの責任ではなく、イエスの言葉を直接聴いた弟子たちも、そして福音書記者たちも、イエスのユーモアに気づかない場合があるからだ。ユーモアは謙遜である。それ故ユーモアの感覚を持ちあわせていなければ、ユーモアを的確に感じ取ることは容易ではない。

そこで、ユーモアをユーモアと感じないままイエスの言葉だけを記した可能性、つまり言葉自体は強烈な印象を伴うゆえ正確に伝えてはいるが、イエスの真意を、そこに含まれる逆説的意味合いやユーモアを見抜けぬまま記録した可能性がある。だから、イエスの言葉を想像力を豊かにして味わい、そこに含まれる逆説やユーモアを見抜いてゆく時、聖書はもっともっと面白くなるに違いない。

また確かに、福音書の中にはイエスの笑いは出てこない。ちなみに、最近発見された「ユダの福音書」では、イエスは四度笑っているが、この書は第一章「「人間の色気」」について」で語ったように、グノーシス思想のもとに書かれた福音書で、史実から遠い。正典福音書（マルコ・マタイ・ルカ・ヨハネ）には、怒るイエス、泣くイエスは出てくるが、確かに笑うイエスは登場しない。それ故、キリスト教は伝統的に笑いに関して消極的であり、否定的である。

映画にもなったウンベルト・エーコの小説『薔薇《ばら》の名前』も笑いに関わっている。迷路のように入り組んだ文書館のさらに奥に「アフリカのはて」と呼ばれる謎の空間があり、そこに収められている幻の著作アリストテレスの『詩学第二部』（そこには「人間だけが笑いの能力を備えている」と書かれており、キリスト教正統派にとって許容しがたいものであった）をめぐる事件が展開してゆく話である。

皆が皆そうではなく、明朗で清らかな本当に嬉しそうなキリスト者の笑いに接することもあるが、時にまたクソ真面目で苦虫を噛みつぶしたような雰囲気を持つキリスト者に出会うこともある。その原因の一つは、聖書にイエスの笑いが出てこないことにより、神学的にも笑いが評価されてこなかった傾向にもよる。修道会の会則などに、「空虚な言葉を口にしたり、大笑いや高笑いをしないこと」とあり、確かに品位に欠ける笑いもなくはなく、それはそれで慎まなければならないが。

しかしいずれにせよ、聖書にイエスの笑いが表現されていないから、事実イエスは笑わなかったと信じている者がいること自体、滑稽な話である。人間は笑う。それならばイエスも当然笑うのである。そうでなければ、イエスが人間となった受肉（インカルナチオ）の意味はない。イエスは大いに笑った。人一倍快活であった。ユーモアに満ち溢れた人間はおのずからに健康な笑いを伴うものだ。

「人の目にある小さな屑は気になるが、自分の目の中にある大きな梁には気づかない」という言葉に戻ろう。この言葉はみごとにすべての人間の心の奥に潜む虚栄や偽善を笑い飛ばしているが、昔、この言葉に類似する表現に出会った思い出がある。

三十年以上前、一人の老神父と鹿児島県の甑島《こしきじま》を訪ねた。一六〇二年、この島に初めてドミニコ会の宣教師が上陸したのだが、島に住む一人の婦人の尽力によって、記念碑が建てられた。その婦人と三人で記念碑の建立を祝い、しばし、いにしえの先達の足跡を偲んだ。その帰り道、老神父と別れ、鹿児島市の郊外を一人散歩していた時、ふと目にした山門の黒板の言葉である。「人の悪口は嘘でも面白い。自分の悪口は本当でも腹が立つ」。思わず笑いがこぼれる穿《うが》った言葉である。

長い間、イエスの笑いは注目されなかったため、イエスのユーモアについて書かれた書物は数が少ない。その一つが先ほどあげた『キリストのユーモア』であるが、著者が哲学者であるため、ニーチェやベルクソンやキェルケゴールなどの笑いに対する見解への適切な指摘がみられ、またイエスの言葉に関しても、ユーモアの観点から独自の解釈がなされている。一九六九年に日本語に翻訳されているが、ユーモアに関わる書物の翻訳は、各国の言葉の綾もあり、そのデリケートさ故、至難のわざである。

日本においてイエスの笑いとユーモアを真摯《しんし》に問い続けた人物は椎名麟三である。エッセイ「道化師の孤独」の中で、次のように述べている。

私が聖書を読んで、いつも不思議に思うことが一つある。イエスが、涙を流したり、悲しんだり、怒ったりされる記事はあるにもかかわらず、イエスが笑われたという記事が一行もないということである。実際、私たち人間の有様を見られては、笑うにも笑えないものにちがいなかったろうということは、容易に想像がつく。しかしイエスは、一回も笑われなかったのだろうか。……あの行きすぎの名人であるペテロもいたはずである。彼の言行は、イエスを笑わせたことはないのだろうか。わずかにヤコブとヨハネに、雷の子といういわば綽名らしい名をつけられたという記事に、イエスの笑いが感じられるくらいなのである。

……私はただ、何とかしてイエス・キリストを笑わせてあげたいと思っているということにとどめよう。それにしても、聖書のどこかでイエスが笑っていて下さったら、とただそれだけが残念である。

次作『イエスは四度笑った』（仮題）は、現代聖書学の成果を踏まえながら、正典福音書の中で一度も笑っていないイエスを笑わせる一つの試みである。

イエスが生きた時代は後七〇年のエルサレム崩壊を前にした緊迫した時代でもあり、厳格なユダヤ教の社会でもあったため、イエスが逆説的に放った言葉は、多く辛辣さを伴ったであろう。しかし、その背後には、えも言われぬユーモアが存在したことは確かである。イエスが誰とでも、特に社会から除け者になっていた取税人や遊女や罪人らと、陽気に楽しく、食べたり飲んだり語らったりしたこと、それ自体がその真実を如実に物語っている。

また多くの人々が、特に当時物の数にも入れてもらえなかった女性や子供らが、おのずからにイエスに近づき話しかけた事実こそが、イエスはやはり寅さんのように愉快な人であったと断言できる。女性が男性の所有物であった時代に、男と女が対等に向かい合う関係に置き直したこと、そしてまた神への呼びかけに子供の言葉、幼児の言葉「アッバ、父さん！」をイエスが用いたことはそれだけでも大きな大きな意味がある。

政治も経済も宗教も、生活のすべてが謹厳なユダヤ教の社会にあって、もしイエスが笑いもしない真面目くさった男だったら、決して女性も子供も近寄っては来なかったであろう。

最後に、寅さんとイエスについて、何人かの証言を記しておこう。吉村英夫著『寅さんは生きている』に収録されている、ウィーン市長の言葉と若き学生の言葉がある。『男はつらいよ』全四十八作中、海外ロケは一回だけだった。その舞台はウィーンである。

「寝ないで働き、人生を楽しむことを知らない日本人一般から、かけ離れているのが寅さんであり、寅さんはエネルギーを使わず、人生を楽しむことだけを生きがいにしている。これは、人生を楽しむことを、最大の生きがいにしているウィーンっ子とあい通ずるところがあって、大変親近感を持っていた」とウィーン市長は語っている。

また一人の学生は、「うちの父さん母さんは、むろん映画館へ足を運ぶ人種ではないが、テレビで寅さんが放映される日だけは、日頃の険悪な夫婦の雰囲気を忘れてテレビの前に仲よく座っている。私は寅さんの映画を見たいとは思わないけれども、私も中年になって生活に疲れたら、寅さんに慰めを見出すような気がする」と語る。

イエスの側の証人としてE・スヒレベークとA・ノーランをあげておこう。前者は二十世紀、カール・バルトやカール・ラーナー等と並ぶ著名な神学者であり、後者はドミニコ会の総長に選ばれたにもかかわらず、それを断り、南アフリカでアパルトヘイトの問題などに立ち向かいながら、聖書と神学を深めた人物である。

その二人の短く、しかも重い言葉がある。「イエスの生きざまが神の真実の像であるなら、神はいかなる人間よりいっそう真実に人間らしく、一層徹底して慈悲深い」とA・ノーランは言い切り、またE・スヒレベークは「神はデウス・フマニッシムス、すなわち最高に人間らしい神である」と喝破する。

今、もう一人の証人を加えておこう。それはマグダラのマリアである。十字架の死後、悲しみに暮れつつ空《から》の墓の中で出会ったイエスを、彼女は園の番人（このギリシャ語は「ケーポス＝庭園、園」と「ウーロス＝番人」を合成した言葉で、オリーブ畑のような園で働く番人である）と思い違いをした。まさにイエスの姿は、麦わら帽子をかぶったそこらのおじさんのように、全く素朴な風貌であった。

もしイエスが寅さんのように愉快で面白い人物であるなら、もしイエスが寅さんのようにどこまでも自由で、天の風の吹くままに、悲しんでいる人や苦しんでいる人の所に赴く、そういう人であるならば、もしイエスが寅さんのように、時代に押し流されて無批判的に信じている誤った価値観を、笑いとユーモアに包んで人々に、誤っているなと気づかせてくれる人物であるならば、キリスト教や聖書に対する見方も少しは親しみ深いものになるかもしれない。

そして、もしイエスが、世界の多くの人が信じているように、目に見えない神のみ顔を我々に啓示しているのなら、神もまた寅さんのようにユーモアに満ちた面白いお方ということになる。もしそうなら、こんな愉快なことはなく、冷え切ったこの世界に生きる我々の心にも、何とか最期まで生き抜く希望の光が灯《とも》るに違いない。

寅さんが歩く時、風の吹くまま気の向くまま、ユーモアの塊《かたまり》が歩いている。そのように、イエスが歩く時、優しさの塊が、ユーモアの塊が歩いていたに違いない。そして今、天の風となって、千の風となって、希望を失いかけ行き詰まった我らの間を吹き渡り、寂しい心に勇気を出せと、歌えそして快活であれと、力づけてくださっているに違いない！

＊

筆を擱《お》く直前、東日本大震災が起こった。津波によって壊滅した町の復興に向けて、ガリラヤの漁師らの天上からの応援を切に願いながら、復活のイエスと漁師たちとの心温まるエピソード（ヨハネ二一章）を記して、この本を閉じることにしよう。

ペトロ、トマス、ナタナエル、ヤコブ、ヨハネ、他に二人の漁師らがたむろしていた。ペトロが「俺は漁に行く」と言うと、皆「一緒に行こう」と言い、小舟に乗って沖に出る。しかし、一晩中何も捕れない。夜明け頃、一人の男が岸辺に立っている。その男が一体誰なのか、誰にもわからない。

「おーい、何か食べるものはあるか？　魚はあるか？」男の声が澄んだ朝の沈黙の海に響く。「何もないぞ」と漁師らは答える。「舟の右側に網を下ろしてみろ、そうすれば捕れる！」言われるままに、網を下ろす。そうすると何と、網を引き上げられないほどたくさんの魚がかかる。

その時、イエスが生前かわいがっていた、一人の弟子がペトロに言う、「主《しゅ》だ！」ペトロは動転、嬉しさの余り、裸だったので上着をまとって海に飛び込む。ペトロらしいユーモアが伝わってくる。他の弟子らは陸から遠くない所にいたので、魚が一杯詰まった網を引っ張りながら、舟を漕いで戻って来る。

岸に上がってみると、炭火がおこしてあり、その上で魚が炙《あぶ》られている。そこにはパンもある。イエスが「今捕った魚を少し持って来なさい」と言う。そこでペトロは舟に乗り、大きい魚がなんと一五三匹もかかっている網を手繰り寄せる。こんなにかかっているのに網は破れていない。

「さあ、皆おいで。朝の食事をしよう！」

イエスを囲んで、復活の朝餉《あさげ》が始まる。失ったはずの主《あるじ》、恐くて逃げて置き去りにしてしまった主、その主《しゅ》との思いがけない食事、弟子たちの心に言い知れぬ静かな喜びが満ちる。

食事が終わり、イエスは傍らのペトロに尋ねる。三度同じ質問をし、三度ペトロが答える。その時使う動詞の変化の中に、イエスの優しさとユーモアが溢れ出る。残念なことに、日本語のみならずほとんどの現代語はその味を出し切れていないが、原語のギリシャ語やヒエロニュムスのラテン語ウルガタ訳は、そのニュアンスを伝えている。

例えば日本語では、イエスが三回とも「私を愛するか？」と尋ね、ペトロが「あなたを愛します」と答えているが、イエスが用いるアガパオーとペトロが用いるフィレオーは同じではない。アガパオーは称賛、尊敬をもって尊ぶこと、重んじることであり、反逆する者をも包み込む神の思いに通じる、いわば高級な響きを持つ動詞である。一方漁師であるペトロが用いたフィレオーは、本能から迸《ほとばし》り出る温かい感情であり、好くとか好むという素朴な響きを持つ動詞である。

以上を考慮すると、二人の対話は次のようになる。ガリラヤ湖畔での食事が終わり、イエスはペトロに尋ねる、「ここにいる誰よりもお前は私を大切に思っているか？」ペトロは答える、「ご存知のように、俺ぁ、あんたが好きですぜ」。もう一度イエスは問う、「私を大切に思っているか？」「はい、ご存知のように、俺ぁあんたが好きですぜ」。

三度目のイエスの問いかけ、ここでイエスは今まで用いてきたアガパオーを退け、ペトロが用いるフィレオーに切り替える。イエスは尋ねる、「お前は俺が好きか？」ペトロは心を痛める。三度も、なぜ三度も！　受難の前夜、鶏《にわとり》が鳴く前に「こんな人のことなど、知らない」と三度イエスを拒絶した記憶が甦《よみがえ》る。「主《しゅ》よ、あんたはすべてをご存知です。俺ぁ、あんたが大好きですぜ！」

どうか、イエスと寅さんが、地震・津波そして原発という、かつてない天災と人災の極致の苦しみの中にいる人々に、天上から希望の息吹を力強く注いでくださるように！　イエスと寅さんが、家族や友を失った人々の筆舌に尽くし難い悲痛を、少しでも和らげてくださることを切に切に願いつつ、自然の猛威によって帰天されたお一人お一人のご冥福を心からお祈りする次第である。

あとがき

この書を、山田洋次監督と寅（渥美清）さんと母に捧げたい。
以前「清泉文苑」という清泉女子大学の年刊誌に次のような文章を書いた。

菩提心《ぼだいしん》――母の記憶

菩提心とは、「悟りを求めるとともに世の人を救おうとする心」（大辞泉）をいう。私が属するドミニコ会は、八百年ほど前フランシスコ会と同時期に創立されたが、共に托鉢修道会である。托鉢とは、その日の糧《かて》を求め、鉢をささげて食物などの喜捨を求める行《ぎょう》であるが、同時に相手方から菩提心、優しい心根を引き出す積極的意味を持つ。ギリシャ語のスプランクノンの心である。この語は本来、内臓を意味し、他者の困窮に接し、内臓から、腹の底から込み上げてくる情動である。聖書の譬え話の、よきサマリア人や放蕩息子の父の心を指し示す語である。

記憶の飛ぶ母を京都に呼んで七年半の年月が流れた。足も動かなくなり、失禁も押さえ難く、記憶もゼロに近づいた母を連れて、今回が最後かと思い松山に里帰りをした。昔バレーボールで国体にまで出場した母は、足は丈夫で数年前には清泉企画の長崎・五島の旅にも参加、あの時は大学院生たちにお風呂に入れてもらった。一年一年弱って来たが、母との道すがら、幾度となく菩提心に出会った。

電車の中で二十分以上母と見つめ合う、母親に抱かれた赤ちゃんがいた。沈黙から生まれ出たばかりの赤ちゃんと、沈黙に帰りゆこうとしている老人は、どこか響き合うのであろう。バスの中で小学生の女の子が、わざわざ自分の席に母を招き、座らせてくれたことがある。この娘《こ》はバスから降りても、見えなくなるまで母に手を振ってくれた。困ることもある。それは乗り物の中で幼い子が近づいて来ると、八十にもなる母が席を譲ろうとする事である。これはまさに菩提心、スプランクノンの心であるが、結局は私が席を立たねばならないので、「そのまま座ってて」と念ずるのだが、母は必ず実行に移す。

先日の里帰り、岡山の乗り換えでは駅員さんに随分世話になった。三泊四日の困難な旅も終わりに近づき、新幹線が京都に到着間近、母の一言、「彰男、もうすぐ松山かな?」母ちゃん、それでもいいから、いつまでも元気でいてな。

第十七作「寅次郎夕焼け小焼け」の中に、日本画家池ノ内青観（宇野重吉）と昔の恋人お志乃（岡田嘉子）との味わい深い対話がある。若き日の決断を後悔する青観に対し、お志乃は次のように語る。「私この頃よく思うの、人生には後悔はつきものなんじゃないかしらって。ああすりゃよかったなぁという後悔と、もう一つはどうしてあんなことをしてしまったんだろうという後悔……」。

人生の道すがら、青空の出会いばかりでなく、後悔の出会いもある。「ごめんなあ」との思いを込めつつ、後悔の出来事もまた『寅さんとイエス』を書き上げる力となった。

国木田独歩の小説に『忘れえぬ人々』というのがある。忘れ得ぬ人というのは忘れて叶うまじき人と同じではない。親とか恩師とか、我々には忘れてはならぬ人がいる。

しかし、忘れ得ぬ人とは、そうした人々とは別に、その時その時の心情の中で、例えば孤独のさ中に、ふと擦れ違った人、あるいはもう二度と会うことはあるまいが、染み入るように有難かった一期一会の出会い、そうした人々がその時その時の輪郭を持つ風景を伴って、今もなお涙のように込み上げてくることがある。こうした忘れ得ぬ人々の記憶もまた『寅さんとイエス』を書き上げる力となった。

一冊の本として具体的な形をとるために、仲間や学生諸君の温かい支えがあった。その一人一人に感謝しつつ、鉛筆書き原稿を快く入力してくれた、教え子の藤井さん（森田千恵子）、出版を承諾してくださった筑摩書房の湯原法史氏、そして実現に向けて終始力づけてくださった岩田靖夫先生と兄に、心から「ありがとう」と言いつつ、筆を擱こう。

二〇一二年　復活祭　　　　米田彰男

注

(1)『詩集　病者・花』細川宏遺稿詩集(現代社、一九七七年)。
(2)『信徒の友5』(日本キリスト教団出版局、二〇〇一年)39〜40頁。
(3)吉村英夫『完全版「男はつらいよ」の世界』(集英社文庫、二〇〇五年)383頁。
(4)『男はつらいよ　寅さん読本』寅さん倶楽部編(PHP文庫、一九九六年)。
(5)「朝日新聞」二〇〇八年一〇月一六日夕刊。
(6)志村史夫『寅さんに学ぶ日本人の「生き方」』(扶桑社、二〇〇八年)参照。
(7)「私の映画論」『別冊経済評論』(特集「職業と人生」)一九七一年春号。
(8)ダン・ブラウン『ダ・ヴィンチ・コード』(中)越前敏弥訳(角川文庫、二〇〇六年)176〜177頁。
(9)田川建三『新約聖書　訳と註1マルコ福音書/マタイ福音書』(作品社、二〇〇八年)535〜536頁参照。
(10)山本七平『聖書の常識』(講談社文庫、一九八九年)54頁。
(11)『荒れ野の40年　ヴァイツゼッカー大統領演説全文』(岩波ブックレットNo.55、一九八六年)。
(12)マックス・ピカート『沈黙の世界』佐野利勝訳(みすず書房、一九六四年)参照。
(13)『ナグ・ハマディ文書II「福音書」』荒井献他訳(岩波書店、一九九八年)。大貫隆訳著『グノーシスの神話』(岩波書店、一九九九年)参照。
(14)ハイデルベルク大学「歴史神学」教授。ドイツのルター派神学者。148頁に出てくるユーモア集は、『笑いの伝承　キリスト教ユーモア集』と題し、日本基督教団から出版されている。
(15)山浦玄嗣『人の子、イエス』(イー・ピックス出版、二〇〇九年)213頁。
(16)吉本隆明『マチウ書試論・転向論』(講談社文芸文庫、一九九〇年)及び田川建三『イエスという男』(第二版改訂版、作品社、二〇〇四年)324〜334頁参照。

(17)『岩波キリスト教辞典』岩波書店（二〇〇二年）で大貫隆が次のように説明している。「古代エジプト語がヒエログリフ（神聖文字）からデモティック（民衆文字）を経て達した最終形態。後三世紀にデモティック語はその名に反して土着のエジプト民衆の日常言語から離れて文学語となっていた。その段階の民衆の日常語をギリシア語の字母で表記し始めたのがコプト語の発端で、ギリシア語にない発音については、デモティック語の字母が追加された。同じ時期に、それまでナイル下流および中流域のギリシア語を日常語とする都市部にのみ展開していたキリスト教は、初期修道院運動を主な担い手として、上流域にも拡大した。その際、ギリシア語を理解しない民衆のためにコプト語が教会の言語として採用され、以後旧新約聖書のコプト語訳が進んだ。」404〜405頁

(18) 森林太郎「ファウスト　ゲーテ」第二部第五幕『鷗外全集』第十二巻所収（岩波書店、一九七二年）868〜869頁。

(19) 以下に出てくる辞典の外に『国語辞典・第二版』（集英社）、『必携国語辞典』（角川書店）、『現代新国語辞典・第四版』（学研）、『国語辞典・第六版』（三省堂）を参照した。

(20)「男はつらいよに脱帽」『寅さん大全』（筑摩書房、一九九六年）所収参照。

(21)「デイリースポーツ」一九九五年一月三十日朝刊参照。

(22)『渥美清　わがフーテン人生』「サンデー毎日」編集部編（毎日新聞社、一九九六年）32〜33頁。

(23) 秋山道男「テキヤ稼業の本音」前掲『寅さん大全』所収、106〜111頁参照。

(24) 大村大次郎『寅さんは税金を払っていたのか？』（双葉社、二〇〇七年）。

(25)『「甘え」の構造』（増補普及版、弘文堂、二〇〇七年）1〜9頁参照。

(26) 山田晶『トマス・アクィナスの《エッセ研究》』、『在りて在る者』（いずれも創文社、それぞれ一九七八年、二〇〇四年）参照。

(27) 肯定神学と否定神学は対極をなすものである。肯定神学は「神は……である」という、正面から神を把握しようとする方向に対し、否定神学は「神は……でない」という、負の側面から探究する。知られざる無

限の神について、人間の知性では把握し得ず、人間の言語では表現し得ないことを知りつつ、正と負の方向から神を探し求める二つの態度である。

大森正樹は『岩波キリスト教辞典』の中で、「西方世界では、最後のギリシア教父、ダマスコスのヨアンネスの『正統信仰論』の影響により、神の何でないかを考察し、否定神学が研究された。しかし主流はどちらかと言えば肯定神学の方にあった。トマス・アクィナスなどは神認識について肯定、否定、卓越の道について語り、それらを統合していく途を示した。しかし否定神学は、西方の神学の傍流にあると見られるエックハルトの中に再び力強く出現し、新プラトン主義の受容とともにクザーヌスのもとで十全に花を咲かせた。後代の十字架のヨハネにも否定神学の傾向が見られる」と述べている。929頁。
(28) R・ジラールの一連の著作、例えば『身代わりの山羊』織田年和・富永茂樹訳（法政大学出版局、二〇一〇年）、あるいはK・ローレンツの一連の著作、例えば『攻撃』日高敏隆・久保和彦訳（みすず書房、一九八五年）参照。
(29) 柳田聖山『沙門良寛——自筆本「草堂詩集」を読む』（人文書院、一九八九年）243頁。
(30) 重要な写本には、ヴァチカン写本、シナイ写本、アレクサンドリア写本、エフライム写本、ベザ写本、クレルモン写本、コリデティ写本などの大文字写本がある。そうした写本をグループに分けたものが「型」であり、アレクサンドリア型、西方型、ビザンチン型、カイサリア型などに分類される。西方型は西方グループの諸写本の一致する読みのことで、東ヨーロッパよりも西ヨーロッパに普及していたテクストの型である。詳細な説明は、田川建三『書物としての新約聖書』（勁草書房、一九九七年）の432頁～455頁を参照。
(31) トマス・アクィナスの『神学大全』第三部、前掲山田晶『トマス・アクィナスの《エッセ》研究』、特に『トマス・アクィナスのキリスト論』（創文社）56～97頁参照。
(32) ヘロデ派については、他の文献に出て来ず、どのような集団であったか不明。ファリサイ派はイエスの論争相手として、しばしば登場。シャンマイ派（伝統主義・ユダヤ主義）とヒレル派（自由主義）の二派に分かれ対立。後七〇年のエルサレム崩壊以後、生き残るのはラビ・ヒレルの一派である。ファリサイ派は一般信徒の敬虔な集団で、特に食前の手洗いにこだわる。食前の手洗いは、儀式上、司祭に課せられたもので、一般信徒にとって必要ではなかったが、それにこだわることによって、自分たちこそ救われた者であるという特別意識を持つ。その見せかけの虚栄をイエスから厳しく指摘される。F・モーリヤックの『ファリサイ女』も、その鼻持ちならないファリサイ性を巧みに描いている。

(33) 石田憲次『信仰告白』(研究社、一九三七年) 215〜216頁。

(34) P・ネメシェギ『ひまわり』(南窓社、一九七一年) 164〜176頁参照。

(35) 同前1〜6頁参照。

(36) 吉村英夫『寅さんと麗しのマドンナたち』(実業之日本社、二〇〇二年) 244頁。

(37) レヴィナスの位置づけにつき、ドミニコ会の仲間である宮本久雄は次のように説明している。「フランスのユダヤ人哲学者。ロシア領リトアニアの生まれ。一九二三年からフランスのストラスブール大学に学び、フッサール現象学に出会う。第二次大戦中ドイツ軍の捕虜となり、戦後タルムード研究を深化。他者の倫理学を従来の存在論にかわる形而上学として確立した。その倫理学の中心は、赤裸で弱く貧しい顔 (visage = 個としての他者) の一方的な呼びかけ「殺すなかれ」(十戒の掟) に対して、「私はここに」(me voici) と、個としての応答を返す点にある。そこに「自己の存在保存の努力」から無限な他者への脱自が生じ神が過ぎ越す」。『岩波キリスト教辞典』(岩波書店、二〇〇二年) 1215〜1216頁。

(38) 岩田靖夫『神の痕跡』(岩波書店、二〇〇四年) 143〜146頁参照。

(39) 「イラン・パペは、一九八〇年代後半から一九九〇年代にかけて、ニュー・ヒストリーという流れを作った。ニュー・ヒストリーとは、イスラエルの《正史》、つまりシオニズム史観による建国神話を、資料の綿密な検証による実証的な立場から批判する歴史学の流れである。イスラエル建国時のパレスチナ難民の発生は、D計画と呼ばれる、イスラエルのパレスチナ人に対する民族浄化の作戦であることを、パペは示した」(原田雅樹「聖なる記憶と死者の記憶の政治的濫用――リクールの論考「イスラエルについての困惑」の哲学的解読を通して」『カトリック研究』第七九号、上智大学神学部、二〇一〇年) 27頁。

(40)『仙台白百合女子大学　カトリック研究所論集』十二号（二〇〇九年）252〜253頁。
(41)「読売新聞」二〇一〇年九月二日夕刊参照。
(42) 北森嘉蔵『神の痛みの神学』（教文館、二〇〇九年）173〜180頁参照。
(43) J・エレミアス『イエスの譬え』善野碩之助訳（新教出版社、一九六九年）。
(44) 増谷文雄『仏教とキリスト教の比較研究』（筑摩書房、一九九八年）276〜278頁参照。
(45) M・グラープマン『聖トマス・アクィナス――その生涯及び思想』高桑純夫訳（長崎出版、一九三四年）57頁。
(46) 山田晶『在りて在る者』（創文社、一九七九年）335〜360頁参照。
(47) D・E・トルーブラッド『キリストのユーモア』小林哲夫・小林悦子訳（創元社、一九六九年）。

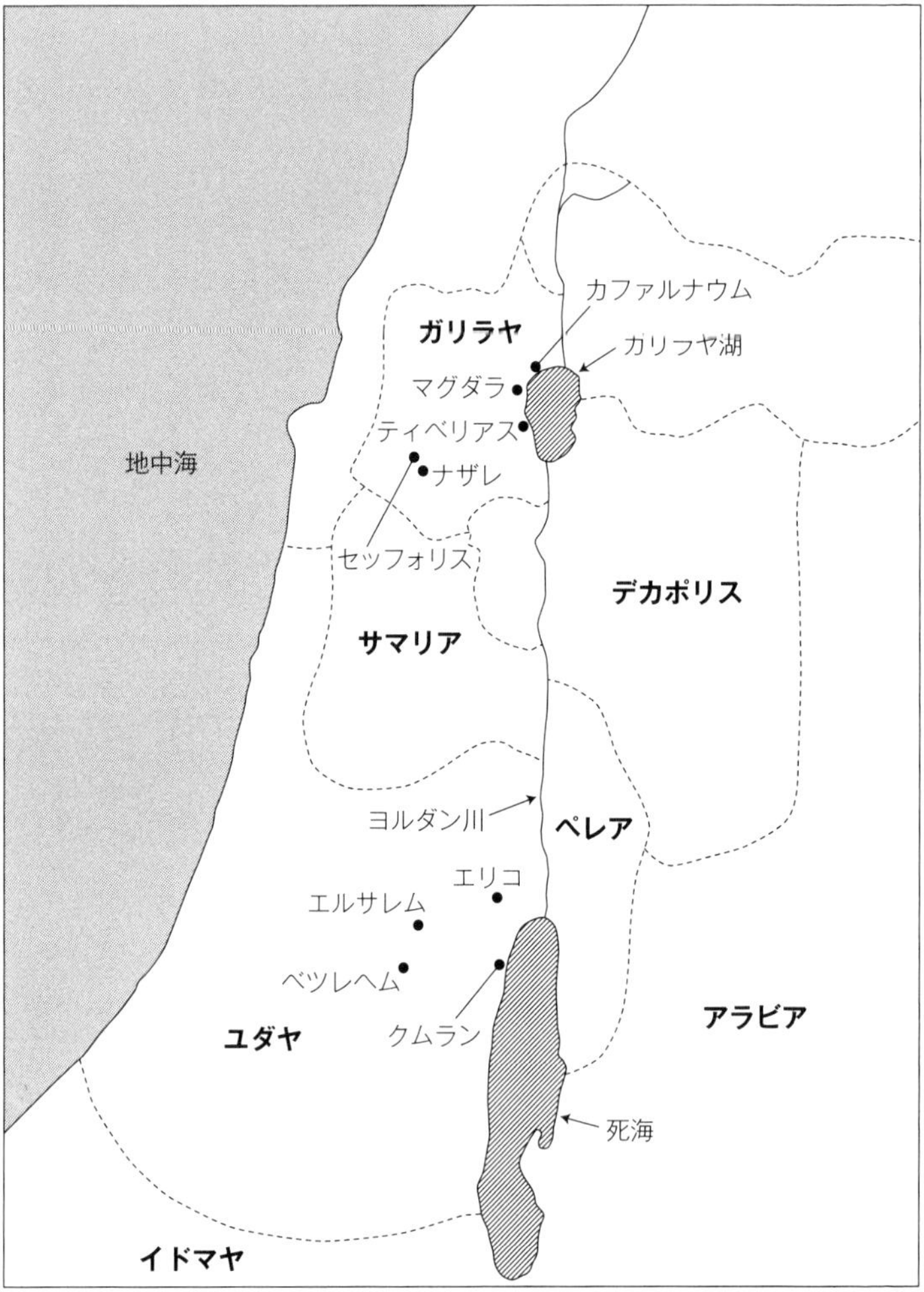

イエス時代の地理（本文に出てくる主要な地名にとどめる）

ヘロデ大王の系図

F・ヨセフスの『ユダヤ古代誌』に基づく。本文に出てくる人物のみにとどめる。×はヘロデ大王によって殺害された人物。

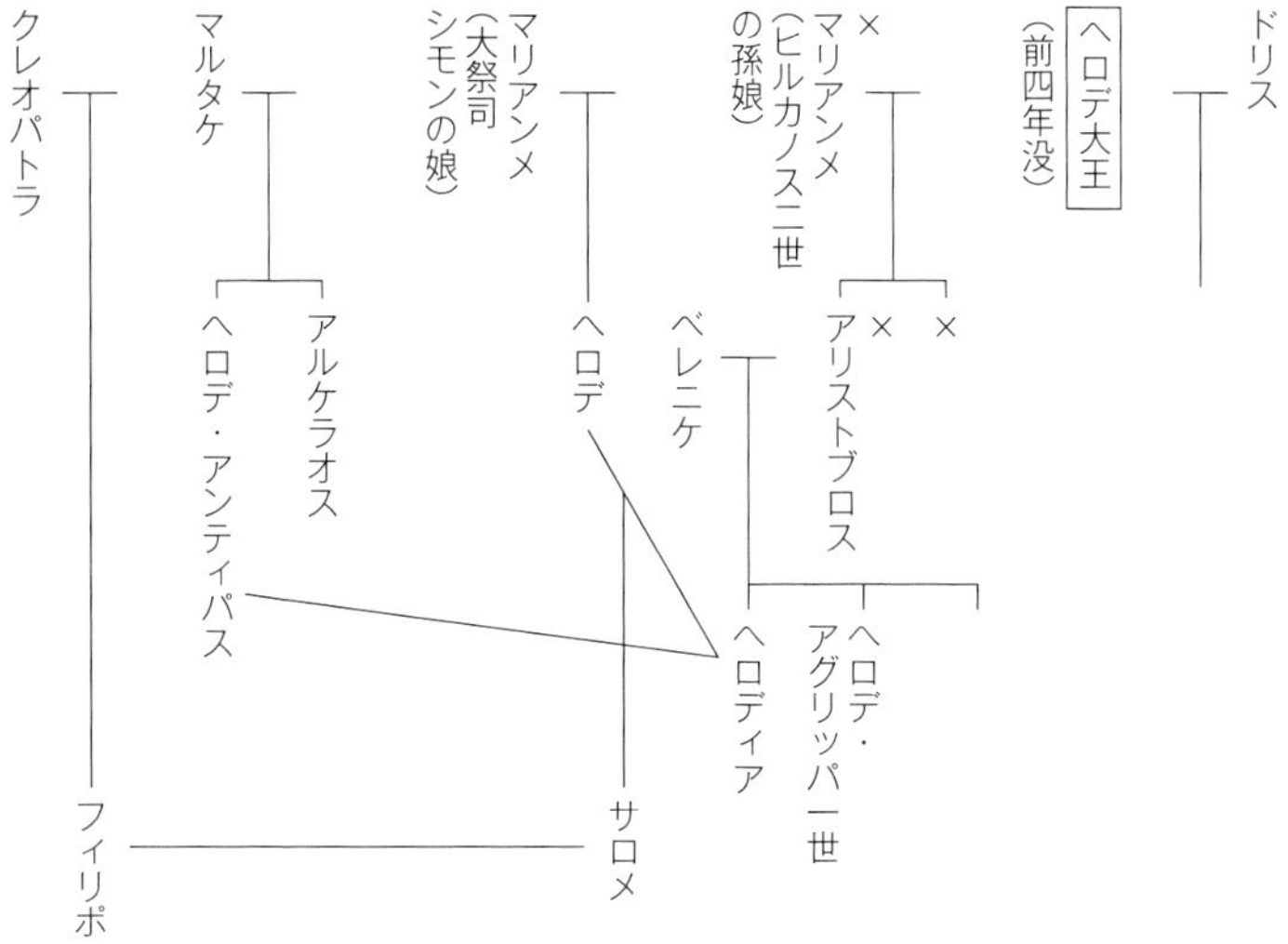

寅さんの系図

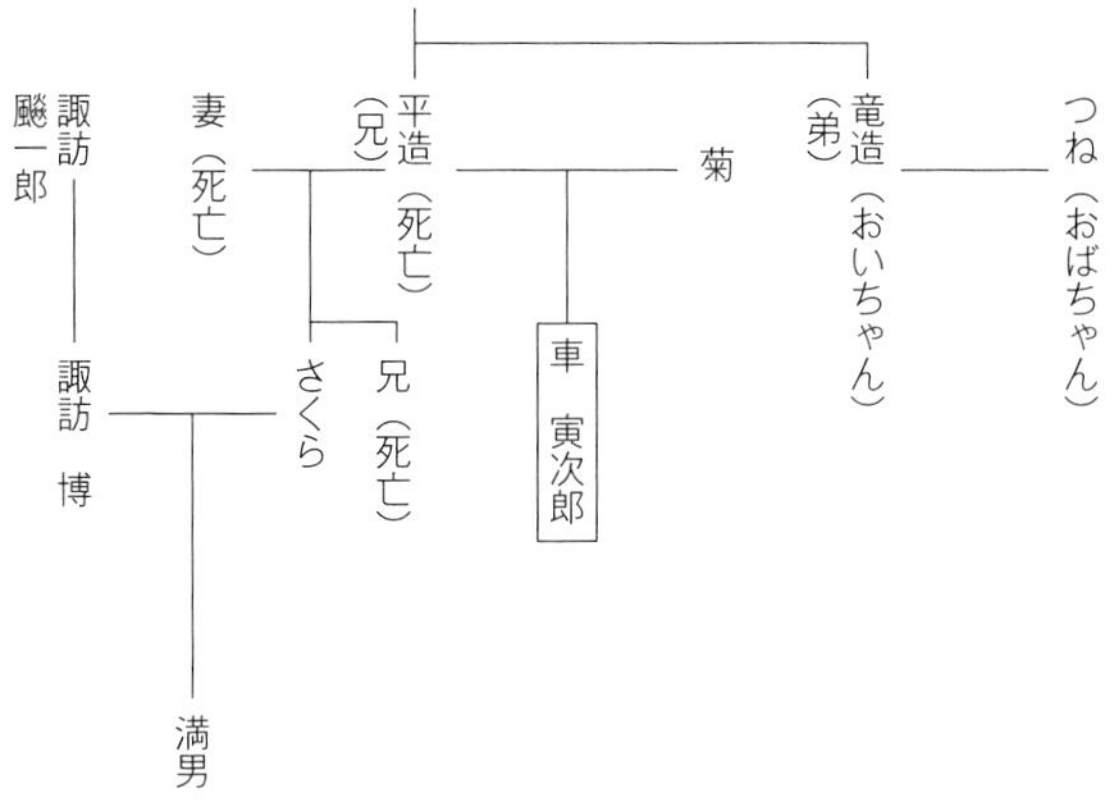

米田彰男 よねだ・あきお

一九四七年、松山市に生まれる。愛光高校（スペイン系ドミニコ会創設）在学中、神父になることを決意。漂泊の五年の間、今は無き「蟻の町」（東京都江東区）等で働く。その後、信州大学理学部を卒業したが、一九八〇年代の十年、カナダのドミニコ会哲学神学院、スイスのフリブール大学で哲学・神学・聖書学を学ぶ。帰国後二十五年、清泉女子大学でラテン語・ギリシャ語・聖書学を、聖アントニオ神学院で秘蹟論（特にミサ）を講義。現在、カトリック司祭。著書に『神と人との記憶――ミサの根源』（知泉書館）、『寅さんの神学』（オリエンス宗教研究所）がある。

筑摩選書 0252

寅《とら》さんとイエス［改訂新版］

二〇二三年四月一五日　初版第一刷発行

著者　米田《よねだ》彰男《あきお》

発行者　喜入冬子

発行所　株式会社筑摩書房

東京都台東区蔵前二-五-三　郵便番号　一一一-八七五五

電話番号　〇三-五六八七-二六〇一（代表）

装幀者　神田昇和

印刷 製本　中央精版印刷株式会社

ISBN978-4-480-01764-2 C0316